Paola Ramos

LATINX

Paola Ramos es presentadora y corresponsal de VICE y VICE News, y colaboradora de Noticias Telemundo y MSNBC. Fue directora adjunta de medios hispánicos para la campaña presidencial de Hillary Clinton en 2016. Anteriormente, fue funcionaria política en la Casa Blanca durante la presidencia de Barack Obama, trabajando en su campaña de reelección en el año 2012. Fue también miembro de Emerson Collective. Ramos recibió su maestría en Políticas Públicas del Harvard Kennedy School, y su licenciatura del Barnard College, Columbia University. Vive en Brooklyn, Nueva York.

www.paolaramos.com

LATINX

LATINX

*En busca de las voces
que redefinen la identidad latina*

Paola Ramos

Traducción de Hugo López Blanco Calderón

VINTAGE ESPAÑOL

Una división de Penguin Random House LLC

Nueva York

PRIMERA EDICIÓN VINTAGE ESPAÑOL, OCTUBRE 2020

Copyright de la traducción © 2020 por Penguin Random House LLC

Vintage Español ISBN en tapa blanda: 978-1-9848-9911-8
eBook ISBN: 978-1-9848-9912-5

Para venta exclusiva en EE.UU., Canadá, Puerto Rico y Filipinas.

Fotografía de la autora © Stephanie Silva
Mapa por Steve Walker
Diseño del libro por Steve Walker

www.vintageespanol.com

Impreso en los Estados Unidos de América
10 9 8 7 6 5 4 3 2 1

A mi madre, Gina, y a mi padre, Jorge.
Su amor me acompaña a donde quiera que voy.

Índice

Introducción: Salir del clóset como "latinx"   11

Un viaje del Oeste al Suroeste

1. El corazón del país   33
2. Iluminar el camino   49
3. Americanos   62
4. El otro muro   76
5. Inquebrantables   91

El Sur

6. *K'exel*   115
7. El epicentro   136
8. Borrados   175
9. Las oscuras sombras de la libertad   188

Del Noreste al Medio Oeste

10. El acto de ser ordinario   207
11. Invisibles   218
12. En casa   257
13. La reina de Estados Unidos   298

Entre las sombras y el sol

En busca de latinx   313

Agradecimientos   331
Lectura adicional   335
Notas   337

Introducción

Salir del clóset como "latinx"

En realidad, yo nunca salí del clóset.

Hasta hace poco.

Incluso cuando mis padres se sentaron a hablar conmigo un par de veces en la escuela secundaria, con la mente abierta, pero con sospechas sobre mi orientación sexual, me negué a usar la palabra "gay" para describir la manera en la que mi corazón había decidido amar. Luego, cuando me mudé a Washington D.C. para trabajar en política, me sorprendió sentir repulsión al entrar a las "reuniones de hispanos" para hacer contactos e intercambiar ideas. No porque no me recibieran bien, sino porque casi nunca sentía que encajara. Desde lejos, cuando veía el noticiero de mi padre en Univision —una pantalla llena de mujeres que parecían salidas de un concurso de belleza latinoamericano—, cuestionaba mi identidad como "latina". E incluso cuando di discursos en el posgrado, mi herencia cubanomexicana quedaba eclipsada por un fuerte acento español que se me pegó sin querer durante mi infancia en el Viejo Continente. Crecer entre el ambiente progresista madrileño y la comunidad cubana conservadora de Miami enturbió mis opiniones políticas de joven. ¿En dónde encajaba exactamente?

Sí, soy *queer*, soy latina; soy cubana, mexicana y estadounidense de primera generación. Son palabras que no me avergonzaba decir en voz alta, pero hay una diferencia entre el reconocimiento pasivo y asumir la identidad propia. No escondía a mis novias, marcaba la casilla de "hispano" en las solicitudes escolares, cargaba con tres pasaportes y admiraba la manera en la que la migración de mis padres era parte esencial de nuestro ser. Sin embargo, la verdad es que, durante años, o bien daba saltitos a ciegas entre esas identidades o sentía que tenía que elegir una sola. Casi como si tuviera que ponerme un sombrero distinto dependiendo del lugar al que entrara o los prejuicios a los que me enfrentara. "Este es seguro aquí, pero no tanto allá". Por supuesto, andar de puntitas por esos espacios solo reflejaba el inmenso privilegio que me otorgaban mi estatus de ciudadana y mi piel clara. Si hubiera sido indocumentada, o un poco más morena, llevaría un blanco en la espalda.

Al mirar hacia atrás, me doy cuenta de que nunca "salí del clóset" por completo, nunca me asumí como yo misma. Todo eso cambió en cuanto la palabra "latinx" empezó a brotar de mis labios.

Aunque ese misterioso término haya existido en redes desde principios de la década de 2000, empecé a usarlo poco después de que Donald Trump ganara las elecciones presidenciales de 2016. En ese entonces, no entendía por completo de dónde había salido esa palabra ni qué significaba, lo único que sabía era que se sentía bien. La sentía más yo. Era una palabra que no reconocía, pero que parecía saber exactamente quién era yo. Ese apéndice, la "x", liberaba las partes de mí que se desviaban de las normas y tradiciones de la cultura latina en la que crecí de una forma que, curiosamente, solo me acercaba más a mi comunidad, en lugar de alejarme de ella. Era una palabra que no me resultaba familiar, pero que parecía sugerir la singularidad y diversidad que definía a los 60 millones de latinos que viven en Estados Unidos. Era una palabra que no pretendía despertar solo a unos cuantos ni a la mitad ni al 90 por ciento de nosotros, sino a todos y cada uno. Incluso a quienes nunca se habían considerado "latinos". Y yo no era la única en sentirlo.

Con la imprevista victoria de Trump surgió un deseo de pertenencia. Su victoria movilizó a millones de personas —mujeres, jóvenes, estudiantes, comunidades negras, latinos, inmigrantes, *dreamers*, víctimas de acoso sexual— que tomaron las calles y llenaron un vacío con sus voces. La gente marchó con furor, organizó a su comunidad y alzó la voz en salas del consejo y ayuntamientos, más alto que nunca. El miedo incitó a la valentía, y el racismo subyacente que había quedado totalmente expuesto nos empujó a enarbolar la inclusión. Un tiempo después de que iniciara ese movimiento resucitado noté que la palabra "latinx" se había empezado a volver parte del vocabulario diario de la resistencia. Rápidamente, "latinx" se normalizó en mis círculos: aparecía en carteles de protesta, teleconferencias, comunicados de prensa, tuits, consignas y titulares. "Pero ¿qué significa 'latinx'?", nos preguntábamos seguido algunos colegas y yo. "¿De dónde salió?". No lo sabíamos, pero la seguíamos usando.

Existen distintas respuestas a esa pregunta, pero el lenguaje inevitablemente evoluciona con el tiempo. Un vocabulario cambiante refleja cómo se transforma la demografía de una comunidad, y las luchas que enfrenta durante distintos periodos de su historia. El lenguaje cuenta historias, y las historias cambian.

La Dra. Nicole Guidotti-Hernandez, investigadora de la Universidad de Harvard, señala que el uso de la "x" no es un fenómeno nuevo, en realidad. En uno de sus artículos escribió: "Los usos más antiguos de la 'x' provienen de la ortografía inspirada en el náhuatl de la palabra 'chicano/chicana', como 'xicano' o 'xicana'". En los años sesenta y setenta, se insertó una "x" para "indigenizar" a los mexicoamericanos. Se usó como herramienta para contrarrestar la historia colonial de América Latina y garantizar que no se borraran los pueblos indígenas. La Dra. Guidotti-Hernandez también brinda varios ejemplos históricos de otras maneras en las que la comunidad latina resistió contra la lingüística en un esfuerzo por corregir malas representaciones, desigualdades de género y exclusiones de nacionalidades. Por eso, como subraya, los *baby boomers* lucharon tanto para institucionalizar los "Estudios Étnicos", como programas de Estudios Cubanoamericanos y Estudios Chicanos en universidades de todo Estados Unidos. La generación *boomer* priorizó las nacionalidades sobre las generalizaciones. Esa era la historia en ese entonces: poder decir "mexicano" o "guatemalteco" en vez de "latino". En algún momento, el término "latino" también fue controversial. Aunque técnicamente incluya dos géneros, la palabra sigue siendo masculina. Por eso, en los años noventa, las feministas se unieron para desmasculinizar el género del idioma español, e insertaron símbolos como "@" y "o/a" en su vocabulario cotidiano. Esa era la historia en ese entonces: lograr la igualdad de género y poder decir explícitamente "soy latina". Al igual que los seres humanos, el lenguaje debe adaptarse, no quedarse estancado.

Ha habido un largo debate sobre la manera apropiada de referirse a nuestra comunidad: ¿hay que decir "hispanos" o "latinos"? ¿Cuál usamos nosotros? ¿Cuál deberían usar los demás? Durante décadas, el término "hispano" fue el dominante. Lo acuñó una mexicoamericana miembro de la administración de Nixon, Grace Flores-Hughes. Está documentado que una de las razones por las que propuso el término "hispano" fue que se derivaba explícitamente de "Hispania", el Imperio Español. La palabra asociaba más a la comunidad con su pasado colonial blanco y europeo que con sus raíces latinoamericanas. Al aceptar el término "hispano", los vínculos históricos de la comunidad con los pueblos indígenas, los africanos esclavizados y los mestizos se borraron del panorama, desaparecieron ante los conquistadores que arrasaron el continente a partir del siglo XV. Esa fue la historia: blanquear la comunidad lo más posible. Con el tiempo, sin embargo, el término "latino/latina" se volvió más popular, pues aceptaba de manera más deliberada a nuestros ancestros latinoamericanos. (Por cierto, Grace Flores-Hughes terminó como miembro del Consejo Asesor Hispano de Trump).

Alrededor de 2004, coincidiendo con la explosión del internet, el término "latinx" empezó a aparecer en comunidades virtuales de latinos *queer*. Estaban insertando la "x" como una manera de expresar su rompimiento con el género binario y de invitar a la conversación a las personas no conformes con el género. Entonces, la razón de ser inicial de la "x" fue darle voz a los latinos LGBTQ, silenciados y casi siempre discriminados, un punto que se fortaleció debido a la Masacre de la Discoteca Pulse en 2016, que contó con 49 muertos, en su mayoría, latinos *queer*. Para 2018, cuando "latinx" se volvió más coloquial, el Diccionario Merriam-Webster lo añadió oficialmente a sus páginas, con la definición: "Palabra de género neutro para personas de ascendencia latinoamericana". Y, si entras a Google Trends, notarás un aumento constante en las búsquedas del término.

Sin embargo, varios años después, la gente se sigue preguntando qué rayos significa en realidad. Si fuera una palabra que solo se usara para ser más incluyentes con las personas *queer*, entonces quizá el término no causaría tanta controversia y confusión. Si solo se usara para marcar la casilla *"queer"*, quizá la gente estaría más tranquila con ella, le tendría menos miedo, se sentiría más en paz. Pero "latinx" está trascendiendo todos los límites imaginables. Todas las fronteras que nos separaban por raza, edad, género, tema, nacionalidad, orientación sexual e identidad. Todas las que nos dividían a "nosotros" de "ellos", a los liberales de los conservadores. "Latinx" no está limitada por la explicación que nos dan los diccionarios, encuestadores y académicos. Y por eso, al pasar de los años, la gente de todos los trasfondos siguió usando el término, señalando el inicio del cambio que todos ansiábamos.

La realidad es que, durante décadas, esas ansias de cambio estaban en nuestro interior. Eran ansias de más unidad, aceptación e inclusión: ansias de ser vistos. No solo se sentían en las burbujas del activismo, la política de Washington y los medios; era un sentimiento que en general existía en los márgenes de esos espacios de élite: en los hogares y fuera de la vista del público. En esos lugares empecé a reconocer que no solo yo estaba saliendo del clóset como "latinx", que muchas personas le estaban dando vida a esa palabra de una manera en la que ningún diccionario podría hacerlo.

Los latinos *queer* y no conformes con el género habían enfrentado la discriminación en sus propios hogares y comprendían esas ansias. También los afrolatinos a los que les habían dicho que no parecían ser lo "suficientemente latinos". Y las latinas transgénero a las que les recordaban constantemente que no eran "latinas de verdad", los asiaticolatinos a los que nunca les habían preguntado por sus raíces, los cubanoamericanos que querían separarse del largo historial de conservadurismo de su familia, los jóvenes latinos que nunca encontraron una voz en el sistema penal, las mamis y las abuelas que querían abrirse un camino distinto, los miembros de la generación Z a quienes habían ridiculizado por "no hablar español", los latinos del Medio Oeste que se sentían totalmente "abandonados", los latinos del Sur Profundo que decían que los habíamos "olvidado", los migrantes indígenas cuya historia había sido borrada y los *millenials* en los pueblos fronterizos y comunidades rurales que querían una plataforma más grande que la que normalmente se le daba a la periferia del país.

A lo largo de casi un año, mientras me preparaba para escribir este libro, me lancé a la carretera en busca de estas voces Latinx. Lo hice antes de que la pandemia del COVID-19 arrasara con la nación, y los asesinatos de George Floyd, Ahmaud Arbery, Breonna Taylor y Tony McDade, entre otros, hicieran estallar un movimiento social masivo por la justicia. Pero lo que revelaron estas crisis es exactamente lo que pude palpar en mis viajes, meses antes de que nuestro país explotase: nuestro sistema, en su estado actual, no está construido para nosotros. Y la única manera de cambiarlo, para que realmente represente a las comunidades negras y latinx, es reconociendo primero quiénes somos realmente.

Recorrí el país de oeste a este, pasando por pueblitos y grandes ciudades, por zonas urbanas y rurales. Mientras lo hacía, mi intención era redescubrir los lugares que creía conocer, escuchar las voces que suelen perderse al fondo de la sala y ver las caras escondidas que han estado ante nuestros ojos todo este tiempo. Conocí a personas que se identificaban de muchas maneras distintas. Algunas querían que les dijeran "latinas", otras, "hispanas". Algunas querían ser consideradas indígenas, otras, blancas. Algunas querían que sus nacionalidades las definieran, mientras que otras querían que su color de piel fuera lo primero en lo que pensara la gente cuando se presentaban, y muchas no tenían idea de cómo referirse a sí mismas. Conocí personas que querían que las asociaran con Allah, y otras, con el legado de los antiguos mayas. Y, al vivir todo eso, comprendí por primera vez que todas esas personas al parecer sin relación —divididas por género, raza, religión, región, política y sexo— tenían más en común de lo que me había imaginado. Aunque el propósito de este libro sea capturar una imagen más holística de quiénes somos como comunidad, una persona y apenas 250 páginas no le pueden hacer justicia a nuestra totalidad y nuestra riqueza. Sin embargo, espero que este libro marque el inicio de ese retrato.

Desafortunadamente, muchas de las personas que entrevisté para este libro pertenecen a las comunidades más afectadas por el COVID-19. Desde indocumentados hasta individuos trans que buscaban asilo en este país, afrolatinos y trabajadores esenciales. El porcentaje de latinos infectados es desproporcionadamente mayor en casi cada estado y, en ciudades como Nueva York, actualmente fallecen más miembros de la comunidad latina que de cualquier otro grupo demográfico. Mientras escribo estas palabras, los latinos están redefiniendo lo que significa sobrevivir en este país. Pero esta pandemia sin precedentes nos ofrece el mejor ejemplo de por qué es tan crucial ver a nuestra comunidad a través de una lente latinx. A través de esta se podrá ver cuán interconectadas están nuestras vidas y nuestros problemas. El virus no es el responsable de esta crisis. Lo que hoy vivimos es el resultado de fracturas y condiciones pre-existentes en nuestra sociedad, muchas de las cuales exploro en este libro.

Abordé cada interacción que tuve durante este proyecto malabareando dos roles a la vez: el de periodista, que me permitiría capturar datos en el terreno; pero también el de activista, que me permitiría leer entre líneas de una manera en la que la objetividad pura a veces no siempre nos permite. Comprendo que estos dos enfoques no necesariamente vayan de la mano —de hecho, podrían levantar críticas—, pero si algo he aprendido en los últimos años es que los periodistas también tenemos que tomar postura, sobre todo ante el abuso y la injusticia. Para mí, la única manera de contar la historia de lo "latinx" fue ocupando ambos roles a la vez. Por lo tanto, las páginas que van a leer contienen mi investigación de campo, junto con algunos reportajes que hice para VICE Media y Telemundo y las ideas que me surgieron a partir de las conversaciones que tuve. Leerán sobre personas que quisieron usar su nombre completo y otras que prefirieron usar seudónimos. Señalaré cuando se utilice un alias. Y quisiera dejar claro que todas las opiniones vertidas en este libro son solo mías.

Aunque algunas de las personas con las que hablé durante este viaje no usaban la palabra "latinx" para identificarse e incluso algunas la rechazaban abiertamente, me di cuenta de que capturaba lo que otros términos no habían logrado aprehender en el pasado: metía las historias de todas esas personas bajo un mismo manto que abarcaba muchas identidades diferentes. Todas sus historias, sus luchas y aspiraciones cabían bajo el mismo techo. Invitaba a intervenir a voces que habían pasado desapercibidas, a que alzaran la voz y empezaran a reclamar su propia presencia.

No necesariamente estoy diciendo que la palabra "latinx" fue lo que empujó a la gente a contar su historia, sino que creó una suerte de solidaridad colectiva que nunca había sentido en mi vida, por lo menos no en mi comunidad. "Latinx" se convirtió en una validación de sentimientos que ni siquiera sabía que existían entre mis pares, parientes y desconocidos. Incitaba a un llamado inconsciente para que todxs estuviéramos bajo los reflectores, para que nos viéramos a la cara y expandiéramos nuestra comprensión de lo que en realidad quiere decir ser "nosotros" en Estados Unidos. Yo creo que "latinx" podría ayudar a las personas a ver el poder que llevan dentro de sí. De hecho, el notable aumento en el uso de la palabra coincidió con niveles inauditos de participación latina en las elecciones de medio término de 2018. Sería exagerado afirmar que hubo una correlación directa entre ambos fenómenos, pero no albergo dudas de que el movimiento de bases que afectó esas altas cifras se basó en la misma premisa de la que proviene "latinx": hacer que contemos todxs. Ayudar a que todxs seamos visibles. De eso se trata "latinx".

A pesar de los intentos de varios académicos, escritores y personas de derecha, hasta ahora no existe una definición clara de la palabra, y ese es precisamente su poder escondido: esa fluidez nos ha permitido formar una sola comunidad, sin importar nuestros antecedentes. A diferencia de Black Lives Matter o de la Marcha de las Mujeres, dos movimientos con definiciones, plataformas y declaraciones de objetivos claras, "latinx" sigue en la transición entre palabra y movimiento. Y eso se debe a que muchxs de nosotrxs seguimos en el proceso de salir del clóset como una comunidad de 60 millones de miembros. Aunque la generación de mis padres se persuadiera fácil con un *"sí se puede"* mal pronunciado —una promesa por aprobar una "reforma migratoria integral" y apariciones en Univision— los jóvenes latinos del país están creando un movimiento que está redefiniendo lo que significa ser latino en Estados Unidos. Este libro pretende llevar a millones de latinos —yo incluida— en un viaje de autodescubrimiento y empoderamiento, que arrojará luz sobre las voces que se han pasado por alto y dará vida al críptico término "latinx". Me sumergí en las subculturas e híbridos que dan vida a este movimiento, para que este libro pudiera desenterrar y señalar las voces que no están capturando las encuestas políticas, las estadísticas y los discursos de campaña.

Las organizaciones de medios de comunicación y las campañas políticas le atribuyen el poder de los latinos a las estadísticas. Empiezan con el hecho de que somos el grupo demográfico más joven del país, con un estimado de 32,5 millones de *millennials* y miembros de la generación Z en todo el territorio. El 60 por ciento de los latinos somos *millennials* o más jóvenes y, año con año, un millón más cumplen 18 años. Los *millennials* latinos no solo tenemos un poder político increíble, puesto que conformamos la mitad de todos los votantes latinos elegibles, sino que también somos de los consumidores más valiosos del país. A ojos de los publicistas, nuestra juventud significa que encajamos con la descripción de los "compradores perfectos". Según un informe de Nielsen, nuestro poder adquisitivo aumentó de 213 mil millones de dólares en 1990 a 1,5 billones en 2018. Para 2023, se proyecta que esa cifra suba a 1,9 billones. El informe señala: "Los consumidores latinxs representan una de las apuestas más seguras para el crecimiento en el futuro". Además, estamos más activos en el internet que los *millennials* no latinos y también los televidentes más religiosos de nuestra generación. No cabe duda de que todas esas cifras suenan increíbles, pero a menos de que contemos las historias de vida de la gente, no son más que dígitos en papel y en las pantallas.

Estas cifras apuntan a un futuro que estamos escribiendo, pero aún no demostramos todo el poder de nuestros números en las urnas. Las elecciones de 2016, que yo presencié de cerca en mi puesto de Subdirectora de Prensa Hispana en la campaña de Hillary Clinton, lo reflejaron a la perfección. El día de los comicios, nuestra comunidad demostró estar más dormida que despierta, y es importante entender que no fue nuestra culpa. Es la culpa de la incapacidad del sistema para entender quiénes somos a cabalidad. En un momento en el que la mayoría de los encuestadores señalaron una participación inaudita del "voto latino", millones de latinos jóvenes prefirieron quedarse en casa, incluso ante el discurso antimigrante de Trump. Cuando recuerdo el tiempo que pasé en la campaña, no tengo memoria de haber mencionado nunca en público las palabras "afrolatinos" o "latinos trans", ni de haber buscado las historias de los activistas *millennials* en la frontera México-E.U.A., ni de la creciente comunidad asiaticolatina, ni de haber acogido a los latinos anglófonos, ni siquiera de haberles prestado atención a las voces latinas perdidas del Medio Oeste, territorios políticos rojos que hemos renunciado a conquistar. Las palabras importan, y en ese entonces simplemente no contábamos con el vocabulario apropiado para articular cómo estaba cambiando frente a nosotros esa comunidad que creíamos conocer tan bien. Así que, si no los vimos ni los llamamos por sus nombres, ¿por qué debíamos esperar que votaran por nosotras?

Del mismo modo, mientras viajaba por el país para empadronar a jóvenes latinos antes de las elecciones de medio término de 2018, noté una tendencia que podría convertirse en la peor pesadilla del Partido Demócrata: los latinos jóvenes cada vez se registran más seguido como independientes y apartidistas. Ya había signos tempranos de esa tendencia desde 2013. Aquel año, Gallup hizo una encuesta que descubrió que más de la mitad de los latinos de menos de 30 años se identificaban al principio como "independientes". Los latinos jóvenes eran más proclives a ser independientes que los mayores. Por lo que presencié en las elecciones de medio término de 2018, esa tendencia se está consolidando. Mientras que nuestros padres históricamente han representado un bloque monolítico de votantes demócratas, los latinos jóvenes están creando sin percatarse una nueva fuerza sociopolítica que está rompiendo sutilmente los esquemas. Hoy en día, los candidatos demócratas ya no pueden dar por hecho el voto latino; tienen que trabajar duro para entender qué está alejando a la generación más joven de los caminos transitados y del Partido Demócrata. Por eso importa tanto contar esta historia, porque nuestra incapacidad para aprovechar el movimiento ha recaído en nuestra incapacidad para verbalizar el significado de "latinx", y tenemos que aprender a hacerlo antes de que sea demasiado tarde.

Hasta ahora, solo hemos escuchado la mitad de la historia. Durante décadas, el discurso predominante se ha concentrado en la travesía de los migrantes. Lo que nadie ha podido asir hasta ahora es qué decidimos hacer con las libertades por las que lucharon nuestros padres y abuelos; cómo hemos elegido vivir libremente entre híbridos y acoplarnos a Estados Unidos mientras mantenemos nuestras raíces. Es como si esperáramos que alguien nos diera un espejo para poder ver por fin nuestro reflejo entero: eso es exactamente lo que pretende lograr este libro.

Cuando salí del clóset como latinx, cuando entré a mi identidad bajo el manto de esa palabra, estaba al teléfono con mi abuelo Carlos. Después de escucharme mencionar la palabra varias veces y leer algunos de mis artículos, preguntó:

—Pao, ¿qué carajo es "latinx"?

Me quedé callada un momento. Traté de darle una definición académica que lo satisficiera intelectualmente, porque sabía que eso era lo que captaría su cerebro. Pero acabé callándome de nuevo. Esa vez durante más tiempo.

—"Latinx" soy yo, abuelo —terminé diciendo. Me sentí nerviosa, pero liberada, cuando lo dije. Sentí como si estuviera saliendo del clóset por primera vez con él. Luego seguí—. Creo que "latinx" se refiere a toda la gente de la comunidad latina que siempre se ha sentido excluida, abuelo. Esa "x" es una invitación para todas las personas que no encajan dentro de una identidad, para la gente que quiere desafiar las normas o la que tan solo quiere reimaginarse a sí misma. ¿Y qué crees? —concluí—. ¡Tú también eres latinx!

Se rio y luego se quedó callado. Me habría gustado ver su cara del otro lado de la línea, él en Miami y yo en Nueva York. Pero estoy segura de que, en ese instante, entendió perfectamente a qué se refería el término, porque mi abuelo es la encarnación misma de lo que representa: es un exiliado cubano que se reinventó después de huir del régimen opresivo de Fidel Castro. Cuando mi madre y mis abuelos llegaron a Estados Unidos huyendo de La Habana, tras haber dejado atrás la única tierra e idioma que conocían, tuvieron que empezar desde cero. Etiquetado como "terrorista" por Castro, mi abuelo tuvo que hacerse un nombre desde lejos. No solo se convirtió en un ávido activista contra las injusticias, sino que también fundó su propia editorial, se convirtió en un destacado periodista y novelista, y en un padre y abuelo cariñoso. A cada paso, mi abuelo Carlos se fue reimaginando, desafió todo lo que le habían puesto en contra y descubrió constantemente todo lo que podía ofrecerle la libertad. A lo largo de los años, ha abierto su casa a otros exiliados cubanos: homosexuales, afrocubanos, disidentes, madres solteras, enfermos. Bajo el techo de mi abuelo, las personas a las que Castro les había dicho que no valían nada tenían un lugar donde podían ser ellos mismos. Para mí, mi abuelo ejemplificó el término "latinx" incluso antes de que se convirtiera en palabra.

Habrá gente que quiera escribir la narrativa de la comunidad latinx usando términos que ya conocemos, como "latino" o "hispano". Dirán que "latinx" es insultante, poco popular e inutilizable. "Una masacre de la lengua española", afirmarán; "propaganda liberal", gritarán; la descartarán como "cosa de *millennials*". Y, entre tanto alboroto, tal vez ni siquiera alcancen a percibir la complejidad que nos conforma, ni a comprender que esta es una historia que también habla de ellos, de que pertenecemos a este país como un colectivo. Es una manifestación de los derechos por los que tantos años lleva trabajando nuestra comunidad.

Como el país reveló sus tendencias supremacistas blancas, antimigrantes y antilatinas tras las elecciones presidenciales de 2016, se vale plantear la pregunta: "¿Por qué pedirle a la comunidad que se una bajo una bandera controversial?". ¿Por qué salir del clóset como "latinx" justo ahora? La respuesta es que esas elecciones se recordarán en la historia de Estados Unidos como el momento que nos empujó a asumir nuestra identidad latina. El lenguaje evoluciona como expresión de la época política en la que nos encontramos, y yo creo que el movimiento latinx es el siguiente paso.

Al escribir este libro, empecé a ver la forma de esa evolución. Déjenme decirles que es increíble. Está llena de potencial. Llena de poder. Pero también está llena de dolor, de miedo y de heridas que merecen ser curadas. A lo largo de estas páginas, mi única intención es sostener un espejo, para que ustedes, los lectores, por fin puedan ver un reflejo entero de esta comunidad.

Mientras escribía este libro, visité a mi familia paterna en la Ciudad de México. Una mañana, mientras desayunábamos juntos, mi tía Carolina me miró y me dijo:

—¿Sabes qué? Tú siempre has sido diferente. Eras diferente de niña. Y lo sigues siendo.

Lo dijo con tanto orgullo en la mirada que me agarró desprevenida. Sentí como si estuviera tratando de reconocer sutilmente mi orientación sexual sin mencionarla de manera explícita. Pero de alguna manera comprendía que sus palabras significaban mucho más que eso. Estaba aludiendo al viaje poco convencional en el que se había convertido mi vida, a las desviaciones que había tomado una y otra vez, y a una complejidad de carácter que no se puede definir en una palabra.

La miré y le dije:

—Tú también, tía.

Ella solo sonrió.

Las siguientes páginas de este libro son el retrato de una comunidad que siempre ha sido única y diferente, y que tal vez, solo tal vez, esté lista para contar su historia con su propia voz.

Sé que yo lo estoy.

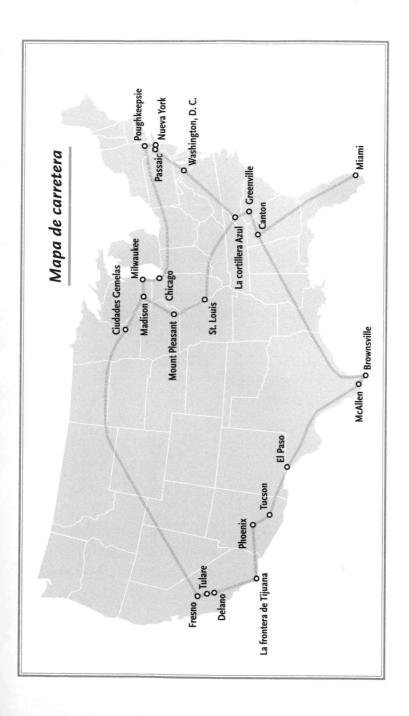

Mapa de carretera

Un viaje del Oeste al Suroeste

1

El corazón del país

Empiezo este viaje lo más al oeste que puedo. Al contrario de lo que podrían pensar, el corazón del país se encuentra en los límites de Estados Unidos, no en el centro. En el Valle Central de California, los interminables acres de tierra son el lugar donde se cultiva más de la mitad de las nueces, frutas y verduras del país. Esa región es hogar de las voces que nos nutren el alma y nos alimentan la cartera día a día. Muchas de ellas no están documentadas, lo que refleja una realidad nacional. Hay aproximadamente 2,5 millones de trabajadores agrícolas en el país. Más de la mitad son indocumentados, y más del 70 por ciento se identifica como latino. Por estadísticas como esta, los estadounidenses llevamos décadas acostumbrados a ver esas zonas rurales a través de una lente migratoria unidimensional. Sin embargo, el marco latinx nos obliga a mirar detrás del discurso y descubrir las vidas que albergan esas regiones y comunidades.

El día comienza en el Valle Central. Dos horas al norte de la bulliciosa ciudad de Los Ángeles, donde las montañas que te acompañan en el trayecto son majestuosas y exuberantes, se encuentra el monumento al líder sindical César Chávez, guarecido en la antigua sede del sindicato agrícola United Farm Workers Union, en la ciudad de Keene. Han pasado más de cinco décadas desde 1965, cuando Chávez dirigió la Huelga de la Uva en Delano y los jornaleros mexicanos y filipinos de la zona marcharon contra sus patrones para exigir mejores condiciones laborales. Pero en estas colinas aún se siente el clamor de los años sesenta y setenta por todo el valle. El eco de las marchas, protestas, huelgas de hambre y boicots que sentaron las bases de *La Causa*, un grito para proteger los derechos más básicos de los trabajadores agrícolas.

Al igual que incontables hijos de jornaleros de la zona, Byanka Santoyo, una joven activista por la justicia ambiental del Valle Central, creció en el condado de Kern viendo los abusos que sufrían sus padres en los campos. Pero cuando la injusticia ya no se define solo por el abuso físico, toma más tiempo distinguir lo correcto de lo incorrecto.

Cuando Byanka tenía ocho años, sus dos padres quedaron directamente expuestos a una corriente de pesticida mientras trabajaban en los plantíos con su cuadrilla. Aprendí que esas "corrientes" se refieren al movimiento accidental de residuos de pesticida por el aire. Imaginen que están en un área limpia y de pronto sienten el polvo del pesticida que rociaron en un plantío vecino. Bueno, pues Byanka recuerda que cuando la cuadrilla de sus padres recibió la corriente, algunos de los jornaleros sintieron efectos secundarios pequeños pero inmediatos, como vómito y náuseas. Hoy en día, más de una década después, tres mujeres de la *cuadri-*

Byanka, frente a los campos del Valle Central.
Fotografía: Dayana Morales

lla han muerto de cáncer y la mamá de Byanka padece una enfermedad autoinmune. Coincidencia o no, el dolor y los abusos que los padres de Byanka normalizaron en pos de mejores salarios y oportunidades ahora son la batalla que libra su hija. Ya no se trata de una lucha por mejores derechos, sino una lucha por la vida.

—¿Sigues librando la misma lucha que César Chávez? —le pregunto en el coche.

Se queda callada un instante.

—Estamos hablando del día en que estás aquí, y del día en que ya no estés —me dice—. No quiero que mis nietos sufran problemas de cáncer o autismo... quiero que sea distinto para ellos.

Casi se siente como si cada pequeña victoria del movimiento de los trabajadores agrícolas se hubiese logrado a expensas de la vida misma. Como si, por cada parteaguas legal conseguido, les hubieran arrancado años de vida a la gente y a la tierra. El sistema burocrático agrícola tiene parte de la culpa. Las dinastías familiares, las grandes corporaciones y el dinero corrupto que mide la vida de los jornaleros por la cantidad de libras recogidas, en vez de la cantidad de alientos tomados.

—Cuando bajas la ventana y hueles algo raro —me asegura Byanka—, tienes que cerrarla inmediatamente.

Dejo la ventanilla abajo un instante más y esto es lo que veo: Desde lejos, en el asiento del copiloto, filas interminables de hermosos cultivos a mi alrededor y, de vez en cuando, a algún jornalero oculto entre ellas.

Byanka me recuerda que toda esa belleza seguramente esté bañada en una nube tóxica e invisible que porta el nombre de clorpirifos, un potente pesticida que causa un daño comprobado al desarrollo cerebral infantil. De hecho, según el Sierra Club, el clorpirifos es un derivado de las sustancias químicas que usaban los nazis para el gas nervioso sarín durante la Segunda Guerra Mundial. En otras palabras, se usaba para matar. E incluso, aunque el presidente Obama haya tratado de prohibir el uso de este pesticida en cultivos alimentarios, basándose en iniciativas anteriores que retiraban el clorpirifos del uso residencial, Trump revirtió sus esfuerzos en cuanto entró a la presidencia. Los informes indican que, hoy en día, el clorpirifos es uno de los insecticidas más usados en el país. California representa más del 20 por ciento de su uso, y la mayoría se concentra en el Valle Central.

Filas y filas de pintorescos naranjos, nogales, almendros y algodón que veo durante el paseo contienen libras de clorpirifos para disuadir a los insectos. E incluso si subes la ventanilla del carro por completo, Byanka me recuerda que se puede colar por las fisuras.

Estaciona su coche frente a la guardería de su hija, una escuela que se ve diminuta comparada con el inmenso paisaje que la rodea. Caminamos hacia la delgada cerca de metal que separa el patio de recreo de los plantíos, una barrera que no solo está pensada para contener los juguetes de los niños, sino también para trazar una línea roja entre la escuela y los vergeles, entre los niños y los agricultores. Cruzarla podría implicar una sentencia de muerte.

—A veces, mi hija juega afuera y huele algo raro. ¿Pero yo qué puedo hacer? No la puedo mantener adentro todo el tiempo —dice Byanka.

En el estado de California existe un colchón escolar que prohíbe a los cultivadores rociar pesticidas en campos que se encuentren a menos de un cuarto de milla de las escuelas entre las seis de la mañana y las seis de la tarde. Sin embargo, Byanka señala frustrada que muchos padres de la comunidad agrícola no pueden cumplir con los horarios, y tienen que dejar a sus hijos en la escuela a las cinco de la mañana o recogerlos mucho más tarde, por lo que sus pequeños quedan expuestos a posibles corrientes.

Con o sin regulaciones, con o sin cercas de metal o leyes establecidas, está claro que nos encontramos en un campo de batalla en el que la realidad y la agricultura van de la mano. No hay manera de separar los dos mundos: se siguen de sol a sol. Los pesticidas se convierten en el amor y el cariño, las lágrimas y el sudor, el orgullo y la maldición de las familias. Porque, aunque quieras proteger a los tuyos de su toxicidad, el instinto natural de un padre es abrazar a sus hijos de regreso del trabajo. Sus ropas —aún con el aroma a azufre—

envuelven a sus bebés; sus coches —aún con polvo de los plantíos— transportan a familias enteras de regreso a casa.

No hay escapatoria. Es casi como un maleficio que se transmite de generación en generación.

—Yo digo que nací en esto, porque el día que nací, mi mamá estaba recolectando naranjas —me dice Lety Lopez, de 21 años, en Visalia, otro pueblito del Valle Central—. Así que por eso acabé siendo una bebé prematura.

Lety, ahora una feroz activista en su comunidad, cree que la exposición a los pesticidas y las pesadas cajas de frutas que tenía que cargar su mamá contribuyeron a su parto precoz.

—Creía que era normal que rociaran los plantíos... pero nunca tomamos en cuenta cuánto afecta nuestra salud.

Nacer en esto, como ella dice, significa ser el producto del racismo sistémico: no ser considerado digno de respirar y vivir con libertad. Muchos informes han descubierto que los bebés con clorpirifos en la sangre pueden acarrear un coeficiente intelectual más bajo, mayores índices de trastorno por déficit de atención e hiperactividad (TDAH) y un mayor riesgo de desarrollar autismo. Pero no necesitas estadísticas ni largos informes para confirmar estos males, porque con una corta visita a la California rural te enfrentas a la dura realidad.

—Es horrible decir que no valemos nada.

Las palabras de Byanca me pegan. Porque esa no es la única manera en la que les han dicho a esos jornaleros que sus vidas no valen nada. En muchos sentidos, las trabajadoras agrícolas, en particular las indocumentadas, han sido las víctimas perfectas tradicionales de los depredadores sexuales. En primer lugar, realizan gran parte de su trabajo aisladas, ya sea en residencias privadas o en grandes plantíos como los que vi en el Valle Central. Lejos de la mirada del público, quedan particularmente vulnerables al acoso y a la violencia. A los arrimones "inocentes". A los comentarios indeseados. Al manoseo inapropiado. Y, en algunos casos, a la violación.

En noviembre de 2017, aprovechando el impulso generado por las acusaciones en contra de Harvey Weinstein, Mónica Ramírez envió una carta al *Times* titulada "Queridas Hermanas". Ella es una mexicoamericana de tercera generación que creció en el Estados Unidos rural. En esa carta, la cofundadora de la Alianza Nacional de Campesinas y fundadora de Justice for Migrant Women, escribió en nombre de 700 mil jornaleras —la mayoría de ellas latinas—, para arrojar luz sobre la cultura de acoso y abuso sexual generalizado que está arraigada en su industria. Para darles una idea, las campesinas son diez veces más vulnerables que el resto de las personas al acoso y abuso sexual en el trabajo. La mayoría de esas mujeres son migrantes —heroínas desconocidas del país—, que seguramente recogieron la comida que pones en la mesa todas las mañanas. La mayoría no solo ha sufrido en silencio por esa cultura tóxica, sino también por su falta de papeles y por su estatus migratorio. Como dijo Mónica, muchas jornaleras "vivían en las sombras, y eso las paralizaba".

Innumerables informes señalan que la mayoría de las trabajadoras han sufrido acoso y violencia sexuales en algún momento de su vida. Pero no solo las convierte en blancos su lugar de trabajo; también su estatus legal. Como ha señalado el Southern Poverty Law Center en una investigación cualitativa, los abusadores —ya sean supervisores o jornaleros— se aprovechan a sabiendas del estatus de indocumentadas de sus víctimas, conscientes de que es poco probable que denuncien el abuso por miedo a perder el trabajo o a que las deporten. Algunos activistas lo han llamado una "epidemia"; otros incluso han comparado las condiciones del campo con una "esclavitud moderna".

Tal como están las cosas, la ley federal no protege por completo los derechos de las trabajadoras agrícolas. Aunque existan protecciones legales básicas y varios estados hayan logrado cierto progreso, aún hay lagunas importantes. Por ejemplo, el Título VII de la Ley de Derechos Civiles de 1964, que se considera la base de la legislación antidiscriminatoria, exenta a ciertos empleadores de su responsabilidad. Bajo esa disposición, las compañías que empleen a menos de quince personas no son responsables si no logran prevenir o atacar el acoso sexual en su lugar de trabajo. En otras palabras, si eres una jornalera trabajando con hasta catorce personas en el campo, nuestro gobierno no te protege.

Durante décadas, muchas trabajadoras agrícolas latinas han sufrido esta realidad. Muchas sentían que no tenían más opción que aceptar el *status quo* —miedo y represión— como la norma. Que no tenían más opción que quedarse calladas. Hasta que una nueva generación de latinas como Mónica Ramírez, hija y nieta de jornaleras inmigrantes, ayudó a muchas a romper el silencio. Ese valor y solidaridad recién descubiertos forman parte esencial del movimiento latinx: la fuerza para encontrar una voz que ni siquiera sabías que podías encontrar. Una que te dice que mereces la misma protección que cualquier estadounidense. Esa siempre fue la promesa de este país, ¿no?

Durante mi conversación con Mónica, le pregunto por qué no escribió la carta antes, si cuando la publicaron, en noviembre de 2017, se volvió viral de inmediato. Justo cuando la subieron en línea, celebridades de Hollywood como Reese Witherspoon empezaron a compartirla. Fue tan poderosa que ayudó a disparar el movimiento más amplio TIME'S UP, que inició oficialmente el 1º de enero de 2018. Para el siete de enero, Mónica ya estaba caminando por la alfombra roja como invitada de la actriz Laura Dern a los Óscares. Mientras caminaban, Dern le dijo a Ryan Seacrest, encargado de la cobertura en vivo de E!:

—Contacté [a Mónica] para decirle que ella y las 700 mil trabajadoras agrícolas estaban en solidaridad con las mujeres de nuestra industria que tuvieron el valor de hablar de acoso y abuso sexual.

Aunque la carta haya obtenido tal impulso, seguramente no se trataba de una realidad nueva para las mujeres.

—Ya habíamos hecho esa carta antes. Pero nadie le puso atención —explica Mónica.

Nadie le puso atención, hasta ahora. Puede que las voces de las jornaleras se hayan perdido en los plantíos y en la periferia del país, pero empezaron a encontrar un coro entre nosotrxs.

E incluso cuando te alejas de los campos del Valle Central, nunca las dejas atrás por completo. Pronto, las filas de almendros, arándanos azules y duraznos se transforman en hileras interminables de pozos petroleros. Pronto, cavar tierra por comida se convierte en cavar tierra por crudo. ¿A costa de quién?

Mientras sigo mi recorrido del Valle, lo comprendo todo: los latinos en la periferia del país están atrapados en una cadena de explotación sin fin. El alcalde de la ciudad de Arvin, Jose Gurrola, de 23 años, uno de los funcionarios

Byanka y yo mirando hacia el campo de petróleo en el Kern County del Valle Central. Fotografía: Dayana Morales

electos más jóvenes del Valle Central, me dice a bocajarro que la industria agrícola y la petrolera mantienen a la gente en pobreza cíclica. Lo vi a mi alrededor: mucha gente no solo era demasiado pobre para cuidar su salud, sino también demasiado pobre para comprar la comida que cosechaba con sus propias manos.

—La migración no es el tema principal de mi electorado —reitera Jose—. Es si el agua de la llave te va a hacer daño, o si a mis hijos va a darles un ataque de asma.

Pero hay muchas maneras de afrontar el dolor y la realidad en el Valle Central. Hay muchas maneras de definir la vida en el corazón del país. Para algunos, es más fácil volverse insensibles. Sobre todo en la ciudad de Fresno. Un rápido desvío de la ruta paisajística de pozos y plantíos, hacia el norte por la I-5, te lleva hacia allá, la segunda ciudad más grande del Valle y también una de las más pobres de Estados Unidos.

Una de mis mejores amigas del posgrado es de Fresno, donde más del 50 por ciento de la población es latina. Entrar a esta ciudad de inmediato me ayuda a entender mucho más a María. María es su seudónimo. En el salón, ella siempre parecía tener la piel gruesa e impenetrable; era la clase de persona que aguantaba cualquier cosa que le pusieran enfrente. Parecía que nada le era nunca demasiado doloroso, temible o difícil. Normalmente se sentaba al fondo del salón, observando en silencio, siempre vigilante. Tenías que ganarte su confianza para llamarte su amiga. Me tomó un tiempo, pero lo logré. Recuerdo admirar lo sensata y fiel a su corazón que era; tenía unos principios inquebrantables. Ahora creo que entiendo por qué: si eres del Valle Central, no creo que haya manera de abandonar tus raíces, ni por un instante. Porque ahora me doy cuenta de que, en ese salón, María portaba la misma determinación que le ha de haber ayudado a superar la adversidad mientras crecía en Fresno. El mismo impulso que ha de haber evitado que la insensibilizaran las metanfetaminas.

Hace más de un año, mencionó de paso durante una conversación que varios miembros de su familia extendida eran adictos al cristal o habían padecido esa adicción. Supuse que se trataba de una historia única, pero me corrigió:

—No, por aquí hay muchos latinos adictos al cristal. Es una epidemia.

De hecho, varios expertos consideran a Fresno la "capital de la metanfetamina de Estados Unidos". Y afecta principalmente a los latinos.

Esa revelación nos empujó a hurgar en la crisis con un equipo de VICE Media, y a filmar un episodio titulado: "La epidemia de cristal que azota Fresno". Lara Fernández, James Burns, Alex Rosen y yo pasamos casi una semana en esta ciudad, tratando de entender el papel de esa droga. ¿Por qué el cristal? ¿Por qué ahí? ¿Por qué tantos latinos estaban recurriendo a ella? Y, más que nada, en un momento en el que todos nos concentrábamos en cómo los opiáceos devastaban a las comunidades blancas, ¿por qué no les poníamos atención a las comunidades morenas?

En muchos sentidos, nuestro reportaje en Fresno confirmó la misma realidad que presencié en los plantíos del condado de Kern o en las carreteras del condado de Tulare: muchos latinos quedan atrapados en un círculo vicioso de opresión. El estigma, la escasez de oportunidades y recursos, la ausencia de movilidad ascendente, la normalización del abuso, la falta de papeles o la toxicidad literal del entorno parecen contribuir a un efecto dominó que está empujando a muchas personas hacia el cristal. Leticia Baylon, subcomisaria de Fresno, me lo explicó mejor:

—Muchos factores distintos combinados entre sí la convierten en la tormenta perfecta. Y lo único que necesitas es una oportunidad... que te quite el dolor... Si la primera vez funciona, vas a seguir intentándolo.

Para muchas personas en Fresno, lo que alivia el dolor es el cristal. A unas cuadras del hotel en el centro, donde me quedo con mi equipo de Vice, nos topamos con un campamento de indigentes. Hilera tras hilera de vidas abandonadas, hacinadas en un lote baldío. Mientras caminábamos por el terreno, se nos acercó un *dealer* en bicicleta para averiguar

Traficante de cristal en el centro de Fresno.

qué hacíamos ahí. No nos tomó mucho tiempo, ni siquiera un par de horas en la ciudad, para conocer a alguien cuya vida había sido afectada por el cristal. El *dealer*, que acababa de vender casi dos onzas de metanfetamina esa mañana, me contó que muchas de las carpas instaladas frente a nosotros estaban habitadas por gente que conocía, como el exjefe de cocina de IHOP.

—Todos se meten heroína o cristal, o ambas —me dijo.

—¿Por qué pasa esto? —pregunté.

Su respuesta cristalizó la causa subyacente de esta tormenta:

—La cercanía con México, al igual que las zonas rurales que rodean el Valle de San Joaquín, significan que estamos dentro del "cordón umbilical" del cristal. Significan que estamos en la "veta continental" del cristal —explicó.

Durante nuestro reportaje para VICE, nos enteramos de que la Fuerza Especial Antidroga del Valle Central considera la metanfetamina la principal amenaza de la región. Según el Departamento de Justicia y el Departamento de Salud Pública de California, Fresno tiene uno de los índices más altos de consumo de drogas inyectadas del país, y también está asociado con la mayor parte de los crímenes violentos relacionados con drogas y los delitos a la propiedad en el Valle Central. Durante las décadas de 1990 y 2000, el Valle —con sus curvas montañosas, plantíos interminables y población dispersa— fue el lugar ideal para la fabricación de cristal. Los informes del Departamento de Justicia indican que, en 2009, eliminaron un total de 119 laboratorios de metanfetaminas del Valle. Pero, hoy en día, la mayor parte del cristal que recorre la región se produce en México. Robert Pennal, un comandante retirado de la Fuerza Especial Antimetanfetamina de Fresno le contó a nuestro equipo que los cárteles hacen el cristal en México, lo disuelven con una solución que lo disfraza de diesel, cruzan los puntos de control fronterizos y lo transportan por la I-5, directo hacia el escondido Valle Central, para empacar y distribuir la droga. Y, como es tan barato de hacer y de comprar, envuelve la ciudad igual que los pesticidas abarcan los campos: son recordatorios sombríos de todo lo que hay roto entre tanta belleza.

—¿Qué lo empujó hacia el cristal? —le pregunté a un jornalero exadicto a las metanfetaminas.

—A veces, tu autoestima te lleva ahí —me contestó en español.

Les planteé la misma pregunta a madres, pastores, abuelos, viejos y jóvenes, y, en sus respuestas, empecé a notar un patrón: usan el cristal para trabajar más rápido en el campo; se sienten solos; sus padres lo hacían; extrañaban a sus seres queridos en su país natal; era una manera de enterrar sus sentimientos.

Habrá quienes miren a esos adictos y solo vean "drogos" o "fracasados". Habrá quienes ni siquiera volteen a verlos. Pero lo que yo vi fueron víctimas, no criminales. Y, de manera similar a la forma en la que miles de trabajadores agrícolas se ven forzados a normalizar los abusos en los plantíos, incontables latinos normalizan el dolor que acompaña a las enfermedades mentales y los traumas que acarrea la vida misma.

—¿Cree que alguna vez termine esta crisis de las metanfetaminas? —le pregunto al Dr. Marc Lasher, de la Clínica Médica Gratuita de Fresno.

Contesta con una mirada perdida que no atisba el final. Para cuando salimos de su clínica móvil al norte de Fresno, el Dr. Lasher ya había recolectando 21 mil jeringas sucias esa mañana. El cristal no solo se fuma; también te lo puedes inyectar por vía intravenosa.

Mientras me preparo para dejar el Valle Central, digo a todas las personas que conocí:

—Regresaré.

Lo digo en serio. Pero, casi cada vez que lo hago, me miran con el profundo escepticismo y sospecha de quien está acostumbrado al abandono. Caras acostumbradas a que nunca las vean y promesas habituadas a no ser cumplidas. Sus palabras retumban por el Valle mientras me alejo de ellos.

—Aquí es como el Salvaje Oeste, y nadie hace nada al respecto.

—Aquí a nadie le importa si te pasa algo. Se muere gente en el campo y solo te mandan flores. Nada más.

No dejo de pensar en lo que me dijo Byanka Santoyo:

—Los almendros son hermosos. Pero si la gente supiera lo que de verdad está pasando, ni siquiera pensaría que lo son.

Bienvenidos al corazón de su país.

2

Iluminar el camino

Si sigues las curvas del borde del país hacia el sur, terminas en la frontera México-Estados Unidos, una franja que se extiende 1.954 millas desde el Océano Pacífico hasta la punta del sur de Texas.

En el límite entre San Diego y Tijuana, el extremo occidental de la frontera, paso por el Parque de la Amistad, un espacio asignado por el gobierno federal que les permite a las familias de ambos lados de la frontera reunirse los sábados y domingos de diez de la mañana a dos de la tarde. Las separan un muro y alambre de púas, y los agentes fronterizos se mezclan entre la multitud. Sin embargo, asomarse por la reja es toda la afirmación que necesitan.

—Aguanta. Aquí seguimos. Todo va a estar bien —susurran.

Cuando la primera dama, Pat Nixon, inauguró el parque en 1971 como muestra de amistad, dijo:

—Espero que esta reja no dure mucho tiempo.

Como todos sabemos, más de tres décadas después, la reja sigue en pie.

Las rejas y los muros se construyen con una sola intención: dividir. Pero al llegar al estado de Arizona, recuerdo que no todos sucumben ante los obstáculos. Sobre todo, gente como Karolina. Ella es una mujer transgénero proveniente de México que vive en Tucson. Incluso en el calor seco de Arizona, siempre logra mantener rizos perfectos en su largo cabello café oscuro. Tiene los ojos del mismo color que el pelo, pero los acentúa con rímel y un delineador de un negro intenso. Eso los resalta y profundiza su mirada. Casi siempre saluda a los desconocidos con mucho entusiasmo, pero vuelve pronto a un tono más serio. Casi como si no quisiera que la voltearan a ver. Tal vez sea porque no quiere atraer mucha atención. La atención le ha causado mucho dolor a lo largo de su vida.

Ella siempre se ha sentido diferente.

"Diferente" es una palabra que soltamos como si nada todo el tiempo, pero adquiere un significado enteramente nuevo cuando una persona siente que nació con genitales y un cuerpo que no coinciden con su ser, su alma y su presencia.

—De niña, me preguntaban mi nombre, y *siempre* contestaba que me llamaba Karolina. Karolina con "K", no con "C", porque era diferente.

Lo eligió porque quería asumir el nombre de su madre, quien nunca la aceptó como era: no un niño, sino una niña.

Hay personas que en su infancia tienden a alejarse inconscientemente de tendencias que vayan contra las normas construidas socialmente, pero Karolina me dice con orgullo que ella "nunca pasó un solo día en el clóset". Ni siquiera en la Ciudad de México, donde nació, un lugar que tal vez ahora se esté ganando la etiqueta de "progresista", pero que pasó mucho tiempo aferrado a estructuras familiares patriarcales, transfobia, homofobia y sexismo, sobre todo de los años ochenta para atrás.

Sin embargo, la valentía ciega tiene un precio si te llamas Karolina. No solo su hermano mayor abusó de ella sexualmente y su padre la golpeó con brutalidad; sino que su madre le recordaba sin cesar que su familia nunca la aceptaría.

—En México, ir vestida de mujer implicaba que me encarcelaran —me cuenta.

Así que, a los 13 años, huyó sola a Estados Unidos. Persuadida por una promesa vacía de "libertad", dio el salto de fe que muchos migrantes intentan, pero que no todos sobreviven: migró como transgénero.

Según datos de la ONU, hasta el 80 por ciento de los asesinatos contra personas transgénero suceden en América Latina. De hecho, lo más probable es que si Karolina se hubiera quedado allá, estuviera muerta. Como mujer transgénero, es raro superar los 35 años. Es más fácil convertirse en parte de las estadísticas que vivir libre. Pero también es más fácil volverse convencional —acatar las expectativas— que desafiar a un futuro que apenas puede definir tu existencia. Sin embargo, tras negociar con coyotes y cruzar la frontera México-Estados Unidos, por fin llegó a Arizona.

Cuando hablas con ella, sientes como si miraras los ojos de una mujer que lleva siglos en este mundo. Son ojos sabios, con cicatrices de experiencia y una mirada que alcanza profundidades sin fin. Pero tiene 35 años, forma parte de la generación *millennial*. Tan solo me lleva un par de años.

—Pronto me di cuenta de que no importaba dónde estuviera, iba a encontrar homofobia y transfobia en todos lados —me dice.

Aunque la imaginación la llevara a vislumbrar una vida en Estados Unidos donde tuviera la oportunidad de estudiar, aún se aferra a ese sueño. Más de quince años después de su llegada a este país, nunca ha logrado poner un pie en un salón de clases. El primer empleo que tuvo fue como mucama en un Motel 6 de Phoenix. A lo largo de los años, le cerraron innumerables puertas y terminó por aceptar la dura realidad: las oportunidades que obtendría no serían para lograr sus sueños, sino para sobrevivir. Finalmente, terminó en las calles, sin hogar, y recurrió a la prostitución. Se convirtió en parte de las estadísticas. Su esperanza de vida parecía más prometedora que en México, pero con un pronóstico de muchas dificultades en el futuro previsible.

—Cuando llegué a eso, ya no me quedaban sueños. Ya no tenía una visión clara de quién era ni de qué quería en la vida —recuerda.

La realidad es que, para muchas latinas transgénero como ella, los sueños se pueden transformar muy pronto en pesadillas. Las visiones optimistas pueden volverse borrosas a causa del destino predestinado. De estadísticas flagrantes que te dicen cómo se verá tu futuro sombrío. Y, según las reglas, ser una latina transgénero en Estados Unidos significa que lo más probable es que caigas en una población donde el 21 por ciento está desempleado, el 43 por ciento vive en la pobreza, el 31 por ciento no tiene hogar y casi el

Karolina y yo en Tucson, Arizona. Fotografía: Daniel Brothers

50 por ciento vive psicológicamente angustiado. Karolina recuerda que al llegar a Estados Unidos sintió casi como si entrara a un hoyo oscuro que se hundía cada vez más, y que se alejaba más y más de la luz.

Cuando habla de esa parte de su vida, le empieza a temblar la voz.

—En ese momento, básicamente quería que me deportaran —comienza, aunque termina de manera inesperada—. Pero, inconscientemente, encontré fuerzas para seguir adelante. Ni siquiera sé de dónde, pero las saqué.

Despojada de toda su dignidad, no se detuvo.

En 2012, la policía de Phoenix la arrestó por usar una licencia de conducir vencida. Un delito menor y su estatus de indocumentada se combinaron para terminar en una detención por parte del Servicio de Inmigración y Control de Aduanas de los Estados Unidos (ICE, por sus siglas en inglés), que la envió al Centro de Detención de Eloy, en Arizona, una cárcel migratoria privada a unas horas de distancia de la frontera. Eloy no tenía una unidad específica para migrantes transgénero (solo hay un centro de detención en todo el país con una), así que metieron a Karolina en una unidad masculina.

En cuanto puso un pie en Eloy, las autoridades presuntamente la obligaron a quitarse la ropa para confirmar su asignación sexual.

—¡Es hombre! —la insultaron.

Malgenerizada, desnuda y humillada, estaba en el umbral de una serie de abusos verbales, emocionales y físicos que durarían tres años. Dentro de ese recinto —lejos de cualquier tipo de escrutinio y de rendición de cuentas—, presuntamente la violaron, agredieron y maltrataron repetidas veces. Pasó meses en confinamiento solitario, a veces la bañaban con cadenas alrededor del cuerpo, y todas las noches dormía con miedo de no despertar al día siguiente.

—Creí que me iba a morir ahí adentro —me cuenta.

Cualquiera pensaría que no hay forma de que parte de tu alma no muera ahí. Bajo esas circunstancias —insensible por el abandono, amoratada de dolor y privada de orgullo—, el cuerpo entra a una parte de la oscuridad que pide que te rindas. Es más fácil ceder que seguir adelante. Pero esos son los grados que separan a la gente como Karolina del resto. Decidir entre ser resiliente o dejarse ir. Decidir entre atravesar la oscuridad total o darse la vuelta. Karolina tuvo la fuerza para seguir luchando. Pudo deambular en la profundidad de la resiliencia y aferrarse a una imaginación que proyectaba un ser humano digno de vida.

Karolina y un grupo de personas luego de escribir cartas de aliento a los encarcelados *queer* dentro del Centro de Detención de Eloy. Fotografía: Daniel Brothers

—Me imaginé una mejor vida para mí, y supe que tenía que seguir luchando —dice.

Tres años y seis meses después de entrar al Centro de Detención de Eloy, por fin la liberaron. Pero cuando pudo salir de la cárcel, nadie la estaba esperando afuera para darle la bienvenida y recibirla de vuelta al mundo.

Al igual que un sinnúmero de latinas transgénero en este país, Karolina sigue en proceso de encontrar su destino. Ella dice que ve una luz en el horizonte, pero que sigue siendo muy opaca. Se reincorporó a la sociedad totalmente sola.

Mientras hablamos, siento que sigue sintiendo un profundo dolor y resentimiento cada vez que recuerda esa salida solitaria. Que nadie la haya estado esperando cuando la liberaron. Esa experiencia le dejó una cicatriz tan profunda que la empujó a encabezar un programa de redacción de cartas para detenides* *queer* y transgénero en el Centro de Detención de Eloy. Un par de veces al mes organiza a la gente para que les escriban cartas de aliento a les detenides. Así nunca se sentirán soles. De cierta manera, Karolina se está convirtiendo en la voz que nunca tuvo cuando estaba superando esa misma situación por sí sola. Gracias a ella, muches migrantes transgénero ahora tienen cartas que leer, consejos que escuchar y pasos a seguir. Gracias a ella, les es un poco más fácil llegar al final del túnel.

Mientras habla, no deja de pasarse las manos por el pelo, de verse en el espejo y arreglarse el maquillaje. Así que le pregunto si se siente hermosa. Es una pregunta sencilla. Para mi sorpresa, me contesta con un no rotundo.

—Quiero hacerme implantes de senos. Es algo que necesito para estar en paz conmigo misma —me dice—. He visto a mis amigas hacerlo, y les ha servido como escudo, porque se sienten seguras.

Le recuerdo una vez más lo bella que es. Todas las latinas transgénero recorren su propio camino de resiliencia. Pero, a menudo, todas terminan convergiendo en la búsqueda de la belleza. Es un sentimiento alejado de la vanidad, que más bien se basa en la forma más elemental de supervivencia: el amor propio. En un mundo que apenas si reconoce tu existencia, ¿a qué te aferras si no es a ti misma? ¿Y si la resiliencia da un giro más, y conduce al rechazo de la belleza en

---

* A lo largo del libro, se utilizará la marca de género -e para referirse a la comunidad *queer* y transgénero. Se prefirió por sobre otras opciones, como -@ y -x, porque estas se han usado históricamente como forma neutra para referirse a los dos géneros tradicionales, y muchas personas no binarias no se sienten incluidas en ellas. Además, en este libro se reservó el uso de -x para referirse exclusivamente al movimiento Latinx.

vez de a su búsqueda? ¿Y si esa es tu única manera de sobre-vivir? Desafortunadamente, para otras latinas transgénero, triunfar en este país puede significar rehuir a la verdad, asi-milarse lo más posible y darnos una parte de sí mismas a cambio de aspirar al éxito en Estados Unidos.

Un día, alguien me transmitió ese mensaje con una mirada. Estaba en el Valle Central de California, visitando una casa de rehabilitación religiosa para exadictos a las metanfetaminas, donde todos eran migrantes latinos. En cuanto puse un pie en esa propiedad, hice contacto con un joven que se identificaba como hombre. De inmediato sentí como si nos conociéramos desde hacía mucho tiempo. Ricardo es su seudónimo. Casi se sentía como si los dos nos dijéramos "Te veo" con un gesto. Después de asentir los dos en silencio, visité el resto de la casa y me dirigí de vuelta a la entrada al acabar.

Antes de irme, Ricardo me detuvo y dijo:

—Mira esta foto. Así me veía cuando estaba pecando.

Extendió el brazo para mostrarme su teléfono. Tuve que mirar dos veces la imagen ante mis ojos: era la foto de una hermosa joven, con una sonrisa radiante de oreja a oreja.

—Ese fue mi pasado, pero ya encontré a Dios, y estoy de vuelta en el buen camino —me dijo con voz casi robótica.

En ese momento inferí que Ricardo, en algún punto de su vida, había sido una mujer transgénero, algo que lo aver-gonzaba mucho.

Cuando salió esa frase de su boca, los latinos que lo rodea-ban, hombres que también se estaban quedando en la casa con él, empezaron a aplaudirle. Como si estuvieran orgullo-sos de esas palabras: "Estoy de vuelta en el buen camino". Como si le aplaudieran su masculinidad recién descubierta.

Desenfoqué a todos los demás presentes en esa mesa, ignoré sus vivas, y dirigí toda mi atención hacia Ricardo.

—Pues lo que yo veo en esa foto es a una persona hermosa. No hay nada de malo con esa mujer. ¿Tú no lo ves?

Ricardo me contestó que, para él, la imagen de esa mujer era un reflejo de un pasado consumido por las drogas y el pecado. Y me aseguró que la única manera de huir de esa realidad era huyendo de la mujer en esa foto. Por eso había terminado en esa casa de rehabilitación. Cuando me dijo todo eso, los demás hombres soltaron más aplausos y asintieron orgullosos.

Pero las palabras de Ricardo no encajaban con su mirada; era un alma con ansias de libertad. No encajaban con sus gestos de machismo aprendido. Y ni siquiera encajaban con su voz, de vergüenza disfrazada de virilidad. Sin embargo, su resiliencia era tan extraordinaria, que ocultar con dolor su verdadera identidad era su manera de sobrevivir en ese momento.

En cuanto lo entendí, dejé de hacerle preguntas.

En ese instante, comprendí que hay dos tipos de personas en este mundo: quienes necesitan de la luz para crear resiliencia, y quienes pueden hacerlo en la total oscuridad. La mayoría pertenecemos al primer grupo: necesitamos algún tipo de lumbrera que nos guíe hacia el final del túnel. Pero también existe gente como Karolina y Ricardo, capaces de abrirse paso casi a ciegas. Pueden enfrentar la realidad no con mera aceptación, sino con una imaginación sin paralelos. Pueden imaginar los sueños que les pertenecen, los derechos que les prometieron y una vida que aún les queda por vivir con plenitud. Así que siguen adelante.

Pero hay otras latinas transgénero, como Roxsana Hernández, que han muerto en el mismo camino. Ella era de Honduras, y en mayo de 2018, se presentó en la frontera México-Estados Unidos para pedir asilo. Era VIH positivo. Unas semanas después, falleció bajo custodia del ICE porque no le prestaron la atención médica necesaria para mantener su corazón latiendo. Una autopsia independiente descubrió que tenía moretones profundos en el cuerpo, y que estuvo deshidratada y descuidada por los médicos hasta que fue demasiado tarde. La negligencia de nuestro gobierno la mató. Y, a veces, ninguna forma de resiliencia puede contrarrestar esa clase de injusticias.

Sin embargo, el espíritu de Roxsana sigue adelante. Es más fuerte que nunca. Porque la gente como Karolina y el joven en la casa de rehabilitación siguen redefiniendo los parámetros de la resiliencia. Siguen empujando los límites, trascendiendo las fronteras y adquiriendo un poder inexplorado. No es un poder de manual. Es un tipo de poder que literalmente puede salvarle la vida a la gente con su pura fuerza, en vez de con políticas públicas, con política o con dinero.

Para las elecciones de 2020, Karolina ya será ciudadana estadounidense, con derecho a votar por primera vez en su vida. Ese poder es invaluable. La he visto entrar a la sala de visitas de un centro de detención para saludar a solicitantes de asilo transgénero, y la he visto convertir su desaliento en esperanza:

—¿Cómo quieres llamarte cuando salgas de esta cárcel? ¿Cuáles son tus pronombres? —les pregunta a les detenides.

Nunca en sus vidas les han hecho esa pregunta. Y Karolina les da fuerzas para seguir luchando dentro de esos muros. A eso se le llama ser radiante.

He visto a Jennicet Gutiérrez, una activista transgénero, darle un propósito a la comunidad al cantar sin miedo la consigna: "¡Mi existencia es resistencia!". Siempre la canta lo más fuerte posible. Y masas de personas la admiran, ven en ella el reflejo de su dignidad. A eso se le llama ser radiante.

Y he visto a Nakai Flotte, una organizadora transgénero, aliviar los miedos de les refugiades LGBTQ mientras les guía por Centroamérica para pedir asilo en la frontera México-Estados Unidos. Y, de pronto, eses migrantes tienen una razón para seguir adelante. A eso se le llama ser radiante.

Arte conmemorativo para Roxsana Hernández.
Artista: Gran Varones

Puede que esas mujeres trans nunca hayan tenido una luz que las guiara en su camino, pero se transformaron en un fulgor brillante e imparable que puede alumbrar casi todo lo que se les interponga en el camino.

Incluso la oscuridad.

3

Americanos

¿Alguna vez te has preguntado qué exactamente te hace sentir "americano"? Me enfrenté a esa pregunta al sur de Tucson, a solo unas millas de la frontera entre México y Arizona.

Estaba ahí para conocer a Blake Gentry, defensor de los derechos indígenas. De inmediato me llevó a Casa Alitas, un refugio que acoge a familias de migrantes recién liberadas de la detención del ICE, les brinda alojamiento temporal y las apoya con sus necesidades. No era mi primera vez visitando uno de esos refugios humanitarios, así que creía tener una idea bastante clara de a dónde estaba entrando. De izquierda a derecha, la mayoría de los refugiados que veía eran centroamericanos. Algunos esperaban en fila para recoger ropa nueva del almacén de donaciones; otros estaban sentados a la mesa de la cocina, disfrutando de su primera comida caliente en semanas, y muchos trabajaban con voluntarios para organizar su logística de viaje hacia su siguiente destino.

Pero cuando me preparaba para salir, noté a un grupo de gente sentada cerca de la entrada. Acababan de llegar a Casa Alitas y estaban a punto de pasar por su primer examen

Justo afuera de Casa Alitas (cerca de la frontera entre Arizona y México), un refugio que acoge a familias de migrantes recién liberadas de la detención del ICE.

médico, un chequeo de rutina para asegurarse de que no hubieran sufrido ninguna lesión o enfermedad grave durante su viaje hacia Estados Unidos.

—¿Cómo te sientes? —preguntaban los doctores y voluntarios—. ¿Qué síntomas tienes?

Después asentían y la conversación empezaba a fluir.

Sin embargo, entre el grupo, un silencio en particular me llamó la atención. Provenía de una mujer observadora, que estaba quieta y callada. Blake se dio cuenta de inmediato y se los llevó a ella y a su hijo a un lado. Esa madre y su hijo aún traían puesta la misma ropa que cuando habían cruzado la frontera dos días atrás. *Jeans* sucios, playeras manchadas y zapatos polvorientos... sin agujetas, una marca característica del ICE (cuando los agentes de la patrulla fronteriza detienen migrantes, los obligan a quitarse las agujetas por seguridad, sobre todo por temor a que intenten suicidarse). Pero Blake sabía exactamente lo que implicaba el silencio de esa mujer, y lo rompió de la manera más sencilla: hablándole. En su idioma.

Descifró rápidamente que venía de los altos del oeste de Guatemala y hablaba q'anjob'al, una lengua mayense hablada principalmente en ese país. De inmediato abrió un libro y le marcó a uno de los intérpretes del q'anjob'al que tenía de guardia. El intérprete estaba en el estado de Indiana.

—Pregúntale qué síntomas tiene —le dijo por teléfono al intérprete.

La mujer señaló, en q'anjob'al, que le dolían el estómago y la cabeza y que, a veces, sentía que se iba a desmayar: signos de deshidratación severa. Caminar por el desierto durante días tiene esos efectos.

—Pregúntale si tiene manchas en los pies —continuó Blake, pues quería saber cómo estaban los pies de esa mujer tras esa traicionera caminata por la frontera.

—¿Está embarazada?

No lo estaba, respondió.

—¿Y a dónde irá cuando salga del refugio? ¿Tiene familia en Estados Unidos que la cuide?

Tras 45 minutos de intercambio, terminó la entrevista. Madre e hijo salieron de la sala de espera con un aire muy distinto a como habían entrado; ahora se sentían bienvenidos. Y ese es el terrible efecto de la ilusión estadounidense en la que vivimos: nuestro instinto es descartar a los morenos como si fueran intrusos, a los idiomas desconocidos como si fueran extranjeros y a los inmigrantes como si fueran visitantes. Identificar a los indígenas con "los otros" en vez de con "los primeros".

Mucho antes de la llegada de Cristóbal Colón, América estaba habitada por grupos indígenas que se extendían de norte a sur del continente. Rutherford afirma: "Estos pueblos fundadores... formaron el acervo del que provendrían todos los americanos hasta 1492". Así que, cuando decimos "americano", hay que recordar que la valentía intrínseca en la palabra no se remonta a los revolucionarios blancos que declararon la independencia en el siglo XVIII, sino a los revolucionarios morenos que lucharon por preservar su libertad robada. Y, aunque se les haya aplastado, ese espíritu americano nunca muere del todo. Es el espíritu que estaba presente aquella tarde en Casa Alitas.

Detrás del silencio que la madre y el hijo indígenas demostraron aquella tarde, una valentía solemne rodeaba su presencia. Era la manera en la que mantenían la cabeza en alto mientras los voluntarios del refugio les hablaban en idiomas que no entendían, como español e inglés. Era la manera en la que se aferraban a su dignidad, sin ninguna garantía de cómo se vería su futuro en Estados Unidos. Era la manera en la que la madre distraía a su hijo con juguetes y gestos traviesos, en la que ponía su alegría como prioridad en vez de sucumbir ante una realidad sombría.

Los mayas tienen un historial de perseverancia. No solo por su legado de guerreros temibles, sino por el poder de sus mentes. Cuando los conquistadores españoles asolaron en el Nuevo Mundo, hubo una cosa que no lograron enterrar: la espiritualidad maya. Nunca pudieron masacrarla ni oprimirla por completo. Para la antigua civilización maya, ese poder recaía en la creencia de que lo sagrado y la espiritualidad viven en todo lo que nos rodea. No solo en los humanos, sino en los objetos, los animales y la naturaleza. Muchos creían que el tiempo era cíclico, no lineal; que los dioses adoptaban muchas formas distintas, no solo una; y que a la muerte le seguía el más allá, no el final. Y cuando ves el mundo con esos ojos, nada te parece insuperable.

Los estadounidenses estamos tan acostumbrados a la imagen de que los migrantes y solicitantes de asilo en la frontera México-Estados Unidos sean hispanohablantes que, cuando otra realidad nos despierta, puede resultarnos sorprendente e irreconocible. Pero no debería ser una sorpresa. Según el *New York Times*, a partir de 2019, más del 90 por ciento de los "migrantes más recientes" provienen de Guatemala. Es importante tener en mente que por lo menos el 50 por ciento de la población guatemalteca es indígena, y la mayoría de ellos son de ascendencia maya. Eso también significa que es probable que hablen una de las más de 22 lenguas indígenas presentes en el país. Muchos mayas hablan idiomas como el q'anjob'al, el mam, el k'iche y el kekechi, que existen desde hace miles de años. Y hay estudios que demuestran que la mayoría de los guatemaltecos que se presentan en la frontera migraron desde el occidente del país, una de las zonas más pobres y rurales, donde normalmente viven las comunidades indígenas.

Por eso, el encuentro que presencié en el refugio con la madre y el hijo indígenas ni siquiera debió haberme sorprendido. De hecho, Blake Gentry señaló que la frontera de Arizona suele recibir a más migrantes indígenas que cualquier otra parte de la frontera y que alrededor del 20 por ciento de los migrantes que acogen en el refugio Casa Alita son indígenas. Muchas de esas tendencias se explican por las rutas particulares que toman los guatemaltecos al huir.

La mayoría emigran de la región de Huehuetenango, una zona mayoritariamente maya en los altos occidentales del país. Eso significa que la caminata traicionera recorre el Occidente de México hasta llegar al Suroeste de Estados Unidos, lo que convierte a Arizona en uno de sus puntos de entrada probables al país.

Al visitar la frontera, yo estaba acostumbrada a ver caras y lenguas que hablaran como yo, en ese bullicioso español que todos compartíamos. Pero esa ya no es una imagen apropiada de la realidad. Para dar un paso atrás y revertir los presupuestos de cómo se ve y se siente cruzar la frontera, Blake me puso en los zapatos de la mujer y el hijo mayas que había conocido en el refugio esa misma tarde. Trató de explicarme su realidad a detalle:

En primer lugar, el silencio que ensombrecía a la mujer en la sala de espera. Blake me explicó su razón. Era consecuencia del trauma que cargaba en su interior. Me aclaró que a los pueblos indígenas se les estigmatiza constantemente, los demás los consideran una comunidad retrógrada, ignorante y pobre. Y, sin importar cuán fuerte seas, esos sesgos te afectan.

—Ese estigma de identificarse como indígena también forma parte de lo que vemos como una conducta de mutismo o silencio —señaló Blake. Un mutismo que fácilmente podría camuflarte como migrante latino hispanohablante—. Porque, técnicamente, lo más difícil no es identificar a los hablantes de lenguas indígenas, sino lograr que nos digan que hablan una.

Muchas veces, "salir del clóset" como migrante indígena no es un acto voluntario. O los obligan o se exponen por accidente. ¿Y qué pasa cuando tienen que exponer su lengua indígena? ¿Qué pasa en cuanto abren la boca?

Antes de llegar a un refugio del lado estadounidense de la frontera, los migrantes tienen que soportar varios pasos arduos. Muchos terminan detenidos por agentes de la Patrulla Fronteriza o por otros miembros de las fuerzas policiales, y muchos acaban en centros de detención. Lo normal es que, como parte del proceso para solicitar asilo, los migrantes tengan que pasar por entrevistas en las que tienen que demostrar un "miedo verosímil" para argumentar que califican para recibir la protección de Estados Unidos. Pero ¿cómo son esas interacciones si los funcionarios estadounidenses no entienden lenguas indígenas? ¿Cómo pueden hacer una evaluación legal adecuada? ¿Saben qué? Olvidémonos de las evaluaciones legales, de momento: ¿Y si los migrantes indígenas ni siquiera pueden comunicar sus necesidades más básicas y simples, como hablar de su salud o del asma de su hijo? Aunque todos los seres humanos tengamos derecho a hablar en nuestra lengua materna, el sistema migratorio de Estados Unidos no está diseñado así. Actualmente, no toma en cuenta esos escenarios. Las cosas se pierden, tal cual, en la traducción.

Lo que significa que, si eres indígena, lo más probable es que te malentiendan, te ignoren y te descuiden. Lo más probable es que acabes confundido. Lo más probable es que te refugies en tu silencio y te las arregles como puedas. Eso me impactó: Blake me contó que, un tiempo atrás, les había preguntado a exagentes migratorios en su red si alguna vez habían usado un intérprete de lenguas indígenas durante su época en la Patrulla Fronteriza.

¿Su respuesta?

Blake Gentry en el Sentinel Peak, en las Tucson Mountains de Arizona.

—Nunca —le contestaron.

La cuestión es que esa palabra —"nunca"— puede marcar la diferencia entre la vida y la muerte para los migrantes indígenas.

—Te las arreglas, pero a veces arreglártelas significa que se van a cometer errores muy graves, y eso puede costarle mucho a alguien —enfatizó Blake.

En ese punto de nuestra conversación —llevábamos por lo menos tres horas hablando—, comprendí que su alma parecía casi rota. Rota por la cantidad de injusticias que había presenciado durante sus décadas de defender a las comunidades indígenas. Por casi cada palabra que salía de su boca, le escurría una lágrima de los ojos. Y se debía a que había visto lo cerca que están esas comunidades de la muerte.

—¿Recuerdas la historia de Jakelin Caal Maquin, de siete años, y de Felipe Gómez Alonzo, de ocho? —me preguntó.

—Claro —contesté.

Los medios nacionales reportaron que Maquin y Gómez eran niños que murieron bajo custodia de la Patrulla Fronteriza debido a la negligencia total de la Administración de Trump. Jakelin presuntamente murió de deshidratación y Felipe, de influenza no tratada. Sin embargo, es seguro argumentar que su verdadera causa de muerte fuera mera negligencia. No obstante, hay algo que los medios tradicionales no reportaron. Blake señaló que tanto Jakelin como Felipe no solo eran guatemaltecos, sino que también provenían de familias indígenas hablantes de maya.

Los medios los identificaron como "latinos", pero nunca como indígenas. Y eso quiere decir que les fallamos. Así que tenemos que preguntarnos: ¿Acaso las barreras lingüísticas y culturales les costaron la vida a Jakelin y Felipe? ¿Fue su silencio una sentencia de muerte? ¿Se perdió su vida en la traducción?

Mientras me planteaba estas preguntas, mi visita a Casa Alitas adquirió una perspectiva completamente nueva. Comprendí que la labor de vida de Blake era garantizar que la vida de los indígenas no se perdiera en la traducción. Que nunca se rindieran ante el silencio.

Tras nuestra conversación, Blake me dio otro *tour* del refugio. Esa vez empecé a notar cosas que había pasado por alto en la primera vuelta. Por ejemplo, las palabras ilegibles que había visto en el pizarrón no eran jerigonza: eran traducciones de palabras básicas en inglés a lenguas mayas. Esos carteles del cuerpo humano no solo eran bonitos dibujos anatómicos: eran la manera que tenían los migrantes indígenas de señalar sus síntomas médicos, usando bocetos en vez de palabras. Esas carpetas enormes no solo eran

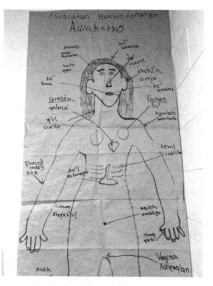

Bosquejo del cuerpo humano dibujado por niños mayas, dentro de Casa Alitas en Arizona.

papeleo burocrático: eran cuestionarios médicos que habían traducido a varias lenguas indígenas.

"¿Tiene fiebre?" se dice *"La k'o o q'aq'chawech?"* en k'iche'.

"Describa su dolor" era *"la kakowinik kabij jas le q'oxom"*.

"Corazón" se escribía *"qalma' "* en awakatko.

"Cabeza" era *"vi' "* en itxil.

—Una de las cosas mágicas que suceden en esta oficina son las conexiones —me dijo Blake mientras miraba el lugar asombrada.

Resulta que todos los garabatos, dibujos y notas que veía los habían hecho niños migrantes indígenas del refugio, que le ayudaron a traducir los formularios a sus lenguas. Los pequeños ayudaron a traducir todo tipo de materiales, desde cuestionarios de admisión médica hasta formularios de transporte, del español al q'eqchi', itxil, k'iche, mam y q'anjob'al, entre otros. En muchos casos, los niños estaban mejor alfabetizados en español que sus padres indígenas, por lo que resultaron increíblemente valiosos en el refugio. A fin de cuentas, esos recursos ayudarían a gente como la madre y el hijo que había conocido esa misma tarde a recuperarse y planear sus siguientes pasos en Estados Unidos.

En cuanto a ellos, después me enteré de que su destino final en el país era Los Ángeles, donde se reunirían con algunos parientes e intentarían hacerse una vida. En un par de días más —después de cruzar la frontera, estar detenidos y quedarse en el refugio— la madre y su hijo se embarcarían en el siguiente capítulo de su travesía.

Muchos estadounidenses han estado cara a cara con mayas o con otros miembros de comunidades indígenas que viven por todo el país. Aunque no sean reconocibles a primera vista, ahí están. En el aula, podría tratarse de un estudiante al que tilden de tímido, porque no habla nunca. En la fila de la tienda, podría ser ese anciano con cara de "latino" que acepta que la gente le hable en español, pero que solo asiente y sonríe. En la lavandería, podría tratarse de la mujer en el rincón, la que siempre está sentada en silencio. Son individuos que muchas personas creen que no pertenecen a este país. A quienes el Estado está tratando de silenciar, a quienes las leyes están tratando de deportar y las instituciones no logran ver. Quienes inconscientemente consideramos la antítesis de lo "americano". Pero son pueblos que estuvieron en esta tierra primero, que la vieron transformarse a lo largo de los siglos y que seguirán aquí hasta el final.

Mientras salgo de Arizona y me preparo para seguir hacia

Caminando frente a seguidores de Donald Trump, quienes defendían al entonces candidato a la Corte Suprema, Brett Kavanaugh.

el este, enciendo la radio. Las audiencias de Brett Kavanaugh están de fondo, y subo el volumen, sentada en silencio al igual que millones de mujeres en todo el país que esperamos un veredicto que le conceda justicia a la Dra. Blasey Ford, quien lo denunció. El emotivo testimonio de la Dra. Ford, durante el cual relató dolorosamente cómo el entonces nominado a la Suprema Corte abusó sexualmente de ella, capturó la atención de millones de mujeres, y les otorgó a muchas la fuerza para alzar la voz en contra del historial de misoginia y abuso sexual que la sociedad estadounidense ha normalizado durante demasiado tiempo. Aunque el Senado no creyera la acusación de la Dra. Ford, millones de mujeres sí lo hicieron. Y eso fue revelador.

Quise darme una idea de qué sentían las latinas jóvenes de Arizona sobre la audiencia, así que me detuve a platicar con algunas en un centro comunitario de Phoenix, y les pedí que me compartieran su opinión de Brett Kavanaugh. Lo que más me llamó la atención no fueron sus respuestas firmes —una furia intensa por el intento de los republicanos de desacreditar la verdad de la Dra. Blasey Ford—, sino por la manera en la que la generación más joven de latinas metía orgánicamente a sus mamis a la conversación. Mientras les planteaba preguntas, algunas latinas jóvenes se giraban, buscaban rápido a sus madres en el fondo, y les pedían que dijeran su opinión.

—¿Qué piensas tú, Mami? —le preguntó Jalyna Ramos-Martínez a su mamá.

Ella se nos acercó con timidez.

—A veces nos aguantamos —dijo—. No solo el abuso sexual, sino también otros tipos de abuso. No alzamos la voz porque nos da vergüenza o miedo. Así que está bien que la gente la esté alzando.

Ese simple intercambio en Phoenix entre Jalyna y su madre indica que el cambio no solo está trascendiendo entre generaciones de latinas, sino que las generaciones de latinas se están animando entre sí —empujando entre sí—, para lograr un cambio.

Al oír a Jalyna y a su madre, recuerdo lo que me dijo Mónica Ramírez:

—Lo que hemos visto en el último año es que ahora hay como una valentía colectiva que desarrollamos.

Esa valentía colectiva no solo es visible en la manera en la que las latinas jóvenes están apoyando a sus mayores. También está presente en la manera en la que la generación más joven de mayas actúa como intérprete y traductora de sus padres, para ayudarles a navegar nuevos idiomas sobrecogedores, y también nuevos sistemas y entornos. Cuando Ramírez habló de valentía colectiva, se refería a la que están exhibiendo las mujeres de todos los rincones del país: *campesinas*, actrices de Hollywood, CEOs, cuidadoras y celebridades hombro con hombro contra la violencia sexual. Pero si ves a la comunidad latina con una lente latinx, entonces entiendes lo entrelazadas que están todas las luchas: una victoria para las mujeres es una victoria para los mayas, para las latinas trans, para la comunidad LGBTQ, para las afrolatinas, para las familias indocumentadas y para todas nuestras abuelas. En el movimiento latinx, los derechos de las personas no están encajonados, sino que son uno solo.

Hacia el final de mi conversación con Ramírez, me dijo que nuestras abuelas y madres latinas habían vivido en una época donde existían los derechos, pero no se ejercían.

Tiene razón. La diferencia es que, ahora, nuestras abuelas y nuestras mamis tienen otras voces que se alzan por ellas. No solo las nuestras, sino las de toda una comunidad que considera suya su lucha. Ese es el efecto latinx.

en común ahí y me asusta... Hay que cumplir con lo que se espera de nosotros.

En ese verano de 2018, mientras los activistas presionaban a la Administración para que terminara con la Tolerancia Cero, viajé al Valle porque, al igual que cientos de activistas y periodistas, quería ver el daño hecho con mis propios ojos. El trauma aún persistía. En ese momento, la Patrulla Fronteriza estaba liberando a innumerables inmigrantes, algunos de los cuales habían separado de sus familias y otros que habían tenido la suerte de ser soltados en conjunto. Una vez libres, muchos no tenían a dónde ir y buscaron refugio en el Centro de Caridades Católicas, un albergue humanitario en el centro de McAllen, administrado por Sor Norma Pimental. En algún punto de junio, se reportó que el refugio estaba recibiendo unos 100 inmigrantes al día. Ese era el nulo nivel de disuasión que tenía la política de Cero Tolerancia de Trump en los migrantes y solicitantes de asilo: la desesperación es poderosa. Y, una calurosa tarde de verano, entré en ese pequeño centro de caridad y no lo he podido olvidar desde entonces.

Una vez dentro, durante un par de horas, me dediqué a entregarles toallas limpias a las migrantes que esperaban en fila para bañarse por fin. Muchas no lo habían podido hacer en días, incluso semanas. Una por una, libraban su cuerpo de la tierra, la ropa y la angustia que las había acompañado en su viaje hacia Estados Unidos. Pero me di cuenta de que muchas empezaron a pedirme tijeras. "¿Para qué las necesitarán?", me pregunté. Y me di cuenta de que era para abrirse los *jeans*, para que sus grilletes les pasaran por los pantalones. Al fijarme en sus pies, me percaté de que todas traían unos gruesos grilletes negros que le permitían al ICE ras-

Una mujer con uno de los grilletes del ICE dentro del Humanitarian Respite Center en McAllen, Texas.

Un bebé migrante dentro del Humanitarian Respite Center en McAllen, Texas.

trear y monitorear todos sus movimientos, como si fueran ganado marcado.

—¿Cómo les fue en el centro de detención? —le pregunté a una mujer que estaba parada junto a mí. —Nos metieron en *hieleras* y nos pegaron —contestó.

Después de ver esas cosas, es difícil no concentrarse en el muro de Trump y la crisis humanitaria que lo rodea. Es difícil no seguir pensando en la frontera con una lente migratoria. Pero, aunque la mayoría de los reporteros y los funcionarios sigan enfocados en eso, yo empiezo a dirigirme hacia el norte, lejos del Muro. Un vistazo más profundo al interior de nuestro país revela otros temas urgentes —no solo una crisis migratoria, sino también una de VIH y de derechos de las mujeres en la frontera—, otras realidades ignotas que llevan años en las sombras.

No importa cuánto te adentres en el país, el reflejo de los barrotes de acero de 18 pies se te queda grabado en el retrovisor. Y aunque *el muro* evite que veas la totalidad del paisaje, mientras más te adentras en él, más entiendes que este Muro tan solo representa uno de los muchos obstáculos a la vida que hay en este estado. Sobre todo si eres latina, como Rosie Jiménez. Me han mencionado su nombre una y otra vez durante mi estancia en el Valle del Río Grande. Representa una verdad silenciosa.

En 1979, Rosie Jiménez era una estudiante universitaria que vivía en el Valle del Río Grande, donde quería seguir una carrera de maestra. Era una joven de clase trabajadora, madre soltera de una niña de cinco años e hija de jornaleros migrantes. Como reportó el *Texas Observer*, en ese entonces, Rosie quedó embarazada involuntariamente y esperaba que su Medicaid texano cubriera su aborto. Como quedó consagrado en *Roe vs. Wade*, en Estados Unidos, las mujeres tenemos el derecho constitucional a un aborto legal y seguro desde 1973. Sin embargo, en este país, los derechos suelen tener precio. Inmediatamente después del fallo en *Roe vs. Wade*, un movimiento antiabortista —que incluía a varios demócratas— empezó a contraatacar. En 1976, un congresista republicano de Illinois, Henry Hyde, presentó una enmienda en el Congreso para prohibir el uso de Medicaid para financiar abortos. La enmienda fue aprobada, y desde entonces ha estado prohibido el uso de fondos federales para pagar abortos, excepto en casos extremos como violación o incesto. En la práctica, lo que eso significa es que las mujeres de bajos ingresos sin los recursos suficientes para pagarse un aborto por medio de un seguro médico privado o con su propio dinero deben cargar con lo peor de la Enmienda Hyde. Según la Unión Americana de Libertades Civiles, en cuanto entró en vigor la Enmienda Hyde, los abortos realizados con dinero de Medicaid "cayeron de unos 300 mil al año a unos cuantos miles".

Rosie fue una de las millones de mujeres afectadas por todo el país. Aunque le prometieran un derecho constitucional, habían erigido un muro entre ella y esa libertad. Sin los medios para pagarle a un ginecólogo, se vio forzada a recurrir a un aborto barato, inseguro e ilegal. Un par de días después, se enfermó y contrajo una infección en el útero. En poco tiempo, la infección se extendió por todo su cuerpo, y Rosie murió de falla orgánica múltiple. Tenía 27 años.

Han pasado décadas desde entonces, pero el legado de Rosie sigue más vivo que nunca. Es una historia que sigue despertando un sentimiento tan real para las mujeres de hoy como para las de entonces: el de estar atrapadas.

Una tras otra, reforzándose entre sí, una serie de barreras limitan la integridad de las mujeres en el Valle del Río Grande. Muchas latinas —restringidas a zonas rurales, acorraladas contra el Muro y atadas por la ley— se resisten a barreras que tratan de arrebatarles lentamente la dignidad. Desde aquí, todo parece demasiado caro para comprarlo, demasiado lejano para alcanzarlo, demasiado criminalizado para hablar de él. A muchas millas del Valle Central, la lucha en la frontera es un reflejo de la de los plantíos: una batalla para demostrar que vale la pena vivir.

Mientras escribo esto, se están discutiendo más de 30 propuestas de ley antiaborto en Texas. Una quiere asignarle un abogado al feto nonato, otra busca prohibir el aborto en cuanto se detecte el pulso cardiaco del feto (eso toma aproximadamente seis semanas, y muchas mujeres ni siquiera saben que están embarazadas en tan poco tiempo); otra intenta recortar aún más el acceso a los servicios médicos prohibiendo a los gobiernos locales asociarse con proveedores de abortos, y, por supuesto, varias propuestas pretenden prohibir el aborto por completo. Todo esto tras décadas de esfuerzos de la derecha por revertir lo ganado en *Roe vs. Wade*, como la promulgación del Proyecto de Ley 2 de la Cámara (conocido como HB2) en 2013, que provocó el cierre de 24 de las 41 clínicas de aborto en Texas. Hoy en día, solo queda una en toda la zona del Valle del Río Grande, que alberga más de un millón de habitantes.

—No se puede decir que el aborto no sea legal. Pero te lo ponen lo más difícil posible —me cuenta Ofelia Alonso, una joven activista de Texas Freedom Network de poco más de veinte años—. Aquí, los servicios médicos están en México... muchas dependemos de Matamoros (una peligrosa ciudad fronteriza en el lado mexicano), incluso para los abortos. Es más fácil conseguir la pastilla allá que acá. Casi nadie tiene seguro en el Valle del Río Grande.

Según el *Texas Tribune*, en 2017, Texas tenía el índice de no asegurados más alto de cualquier estado, y, en el Valle del Río Grande, la tasa es el doble de alta que en el resto del estado. El mayor ejemplo de esa realidad en el Valle son las *colonias*. Lo que define a esas pequeñas comunidades de este lado de la frontera es justo su falta de definición: sus calles sin pavimento, sus casas en obra negra y sus manzanas sin terminar. Son lotes habitados por familias de latinos e inmigrantes, que generalmente no aparecen en el mapa. Si nunca has visto una es porque nunca has podido verla.

Tan solo en el Condado de Hidalgo, en el Valle del Río Grande, hay unas 900 colonias. Mientras sigo dejando atrás el Muro, entro a una para visitar la casa de Mayra, en San Carlos. Más de tres mil personas viven en la zona, y los ingresos medianos por hogar son de $21.000. El camino hacia San Carlos no es tan largo, pero me parece eterno. Las calles se transforman en veredas fangosas; las casas, en infraestructura deteriorada, y las tiendas, en chozas improvisadas. A veces pueden pasar varias millas sin mucho que ver a tu alrededor: solo hileras de cultivos, uno que otro puesto de *elotes*, camiones de tacos, perros callejeros y los charcos de la inundación de la noche anterior.

Me estaciono en un parque de caravanas y camino hacia la casa de Mayra.

—¿Cómo se llama esta colonia? —le pregunto.

—¡La Pequeña Parquera! —contesta con orgullo.

Entro a la pequeña y atractiva casa rodante de Mayra, decorada con tanto amor que me hace olvidarme del mundo

Parquera dentro de una de las colonias del Valle Río Grande.

exterior. El olor a tortillas calientes, los cojines suavecitos, las fotos de familia. Ahí adentro está todo lo que necesitas. Porque, si te asomas afuera de su humilde hogar, ¿qué más encuentras? La respuesta te mira fijamente: nada.

De inmediato empiezo a oler la asfixia en el aire, una sensación de acorralamiento que invade sigilosamente nuestro entorno. Si Mayra quiere comprar verduras frescas, el supermercado más cercano está a 15 minutos en coche. Si necesita programar una mamografía, la clínica para mujeres más cercana está por lo menos a media hora. En caso de emergencia, la ambulancia tardaría unos 40 minutos en llegar. De hecho, Mayra recuerda que su sobrinita estuvo en un accidente de auto no muy lejos de La Parquera. Murió antes de que llegaran los paramédicos. Podemos decir que es un desierto sanitario, alimentario o económico, pero una cosa es segura: lo único visible en esta colonia es el abandono.

Apenas si hay carreteras, no hay transporte público ni se ve una escuela cerca. Pero lo que sí ves por aquí es a la migra. Los agentes de la Patrulla Fronteriza deambulan vigilantes por estas comunidades, monitoreando cada movimiento de sus habitantes.

Cuando te sientes tan alejada de la civilización —viviendo entre desiertos alimentarios y tierras aisladas— es fácil olvidar que tienes derechos. Al vivir en esas condiciones normalizas la injusticia, y dejas de discernir el bien del mal. Pero a veces lo único que necesitas para darte cuenta de lo que está en juego es plantearte la pregunta más temida: *"¿Y si yo fuera Rosie Jiménez?"*.

—Rosie Jiménez era de nuestra comunidad. De hecho, era de nuestro condado —dice Paula Saldaña, Coordinadora de Campo del Instituto Nacional de Latinas por la Justicia Reproductiva (NLIRH, por sus siglas en inglés), a un grupo de latinas que abarrotan la caravana de Mayra—. Aquí rompemos todos los tabúes que permean la salud reproductiva, y eso significa que hablamos de cosas que quizás nos hagan sentir incómodas porque nunca se hablaba de eso en nuestras familias.

Paula es una activista que ha dedicado los últimos veinte años de su carrera a educar latinas sobre su salud y sus derechos reproductivos. Sin embargo, por aquí, a ella y a su ejército de organizadoras les dicen "Las Poderosas". Una vez al mes, Las Poderosas entran a rincones del Valle en los que nadie más se mete para romper un silencio que muchos tienen miedo de tocar: el aborto.

Lo que empezó como un grupito de mujeres en una camioneta ya se convirtió en un movimiento. Tras años de ganarse la confianza de la comunidad, Las Poderosas ahora

Latinas de todas las edades dentro de una parquera en una de las colonias, escuchando a Paula Saldaña hablar sobre sus derechos reproductivos.

Fotografía: Dayana Morales

pueden llenar espacios —como la casa de Mayra— con latinas ansiosas por descubrir su libertad, con una curiosidad tímida por desmentir sus mitos. En la salita de Mayra veo más de doce latinas jóvenes y viejas: madres y abuelas, bebés y nietas. Todas están reunidas en los sillones, escuchando con atención las palabras de Paula:

—Queremos verlas en los mítines. Las veo frente a una multitud, frente a un podio, hablando de sus testimonios y de sus historias —les dice—. Todas y cada una de ustedes son triunfadoras.

Las veo.

Muchas de ellas entienden la lucha por la justicia reproductiva de las latinas en el Valle del Río Grande como una lucha por la dignidad. Tener el control de tu cuerpo no solo es sinónimo de tener acceso al aborto, sino de poder pre-

Las Poderosas.
Fotografía: Dayana Morales

servar la vida misma. En estas colonias, controlar tu cuerpo significa no estar forzada a comer comida procesada, no ser demasiado pobre para tener seguro médico, no estar demasiado lejos para ir al hospital, no estar demasiado asustada para salir de La Parquera, demasiado avergonzada para alzar la voz, demasiado atada para moverte. Es una lucha por romper un Muro, no solo el de la frontera entre México y Estados Unidos, sino el que tiene a las latinas atrapadas en las colonias. Y, más que nada, es una lucha por mantener viva la historia de Rosie y darle un final distinto.

Cuando termina la sesión en casa de Mayra, Paula mira a su pequeña audiencia y pregunta:

—¿Quiénes somos?

—¡Las Poderosas! —responden al unísono.

Le pido a Paula que me describa las caras de las latinas que asisten a esas reuniones.

—¿Quiénes son?

Me dice que son gente que ya tiene la semilla de ser libre. Ludi, que sobrevivió al cáncer, va no solo para hacerse cargo de su salud, sino también para huir de la violencia de su esposo. Mary, que se sentía atrapada en su casa, ahora usa estos espacios como sesiones de terapia.

—Yo soy diabética... para mí, es como inyectarme insulina —me dice sonriente.

Kayla lo considera una oportunidad para romper el silencio con el que cargó su madre durante tantos años. Al final, todo lo que necesitan esas mujeres es que alguien les recuerde que sí son libres.

Cuando me despido de Las Poderosas (después de que me sirvieran toneladas de pollo asado, arroz, tacos, quesadillas y más tortillas), sigo mi viaje por los pueblos fronterizos del Río Grande. No puedo evitar pensar que esas mujeres resolvieron la pregunta del millón de dólares con la que batalla la mayoría de los funcionarios públicos más progresistas: cómo hablar del aborto con las latinas. Durante las elecciones de 2016, recuerdo que siempre evitábamos el término en la comunidad, que no nos atrevíamos a tocar un tema que todos consideraban tabú. Durante décadas nos han enseñado que los profundos vínculos de nuestra comunidad con la religión —con la Virgen— han afectado nuestros valores de tolerancia. Pero después de conocer a Las Poderosas y recorrer este pueblo, ya no estoy tan segura de eso. Porque cuando presentas el problema como una cuestión de simple dignidad, se atiene a los principios consagrados en la fe. La fe que empuja a Sor Norma a aceptar solicitantes de asilo a unas millas de esta carretera es la misma que debería acoger a estas latinas que luchan por el aborto. Como dijo Delma

Catalina, exempleada de la Whole Women's Health Clinic, la única clínica de abortos del Valle del Río Grande: "Tenemos que recuperar lo que significa ser una persona de fe. Las iglesias de las personas de color siempre han sido refugios".

Después de este viaje, estoy más convencida que nunca de que todos los encuestadores y asesores políticos deberían venir al Valle para diseñar su estrategia de comunicaciones. Uno de los comentarios de Las Poderosas no deja de resonar en mis oídos:

—Los políticos no conocen nuestras comunidades... no saben cómo vive la gente aquí.

La última vez que estuve en el Valle del Río Grande, en 2018, fue con el equipo de VICE Media. Adri Murgia, Luisa Conlon, Lara Heintz, Jaime Chew y yo fuimos a hacer un reportaje que luego titulamos: "Crisis de VIH en la frontera entre Texas y México". Nos interesó el tema porque, aunque las infecciones y diagnósticos nuevos hubieran disminuido en todo el país, seguían aumentando entre latinos. El CDC descubrió que, entre 2010 y 2016, los nuevos diagnósticos de VIH entre hombres que tienen relaciones sexuales con otros hombres se habían mantenido estables. Sin embargo, habían aumentado entre latinos que tenían relaciones sexuales con otros hombres, con un aumento de alrededor del 30 por ciento de nuevas infecciones. En 2017, los latinos adolescentes y adultos conformaban casi el 30 por ciento de los nuevos diagnósticos de VIH en todo el país. Y eso fue particularmente duro en el Valle. Como señalamos en nuestro documental, uno de cada cuatro hombres latinos en el Valle del Río Grande se vuelve VIH positivo en el transcurso de su vida. Es una crisis, una de la que nadie habla.

Durante la filmación, le pregunté a un taxista mexicano

que traía puestas sus botas y sombrero en el centro de Brownsville:

—¿Sabe la gente que hay una crisis [de VIH] aquí?

—Saben del problema... pero se hacen de la vista gorda —me contestó.

Nos enteramos, para sorpresa de nadie, de que también muchos latinos *queer* sienten que se sofocan. Entre la cultura machista arraigada, la falta de educación sexual y la escasez de recursos, sienten que la forma más fácil de "salir adelante" es agachando la cabeza. Quedándose en las sombras para evitar el estigma y las reacciones violentas. Y por eso siguen subiendo los índices de VIH por aquí: porque no tienen suficiente luz para siquiera definir el problema, ni hablar de lidiar con él.

Esa fue la historia de Ayden Castellanos antes de enterarse de que era VIH positivo. Después de meses de sentirse mal, de perder muchísimo peso, de colapsar en su casa y perder la capacidad de caminar, su doctor por fin le dio la noticia: era VIH positivo. Durante meses, ignoró su estatus por completo.

Cuando le pregunté por qué se tardó tanto en averiguar su estatus, me contestó:

—El nivel de educación sanitaria en esta zona y en el estado en general es muy bajo. Nadie habla de eso. Además, esta es una zona muy pobre, así que no podía tomarme tiempo libre del trabajo para hacerme la prueba.

Ahora, Ayden es uno de los que están luchando por derribar las barreras que lo llevaron a donde está. Con el mismo valor y agallas que Las Poderosas. Todos están intentando romper el otro muro.

5

Inquebrantables

Ser latinx joven en Estados Unidos significa comprender que hay dos historias que contar. Una trata de dónde estamos ahora. La otra es sobre de dónde venimos.

La mañana del 3 de agosto de 2019, a eso de las 10:39 a.m., la policía de El Paso recibió una llamada informando que había un tirador en el Walmart local. Cuando llegaron al lugar de los hechos, presenciaron un crimen de odio: Patrick Crusius, un supremacista blanco de 21 años, había asesinado a tiros a 20 personas. Había recorrido más de diez horas en carretera desde su ciudad natal de Dallas hasta El Paso con una sola intención: matar morenos. Entre las vidas perdidas ese día hubo personas con apellidos como Anchondo, Benavides, Velázquez, Mendoza, Manzano y Sánchez. Personas como Javier Amir Rodríguez, de quince años, a quien sus conocidos describían como un "apasionado del fútbol". Era un niño.

Tras la trágica masacre en el Walmart de El Paso en 2019 —el mayor ataque a la comunidad latina en la historia moderna de Estados Unidos—, el hashtag que surgió a raíz del incidente fue: #ElPasoStrong. Ante el odio, la comunidad latinx quería demostrarle al mundo que era fuerte, que no sucumbiría al miedo y que su resiliencia la sacaría adelante. Beto O'Rourke, nativo de El Paso y excandidato a la presidencia, capturó el sentimiento en sus comentarios tras el ataque:

—Significa rehusarnos a dejar ganar al odio —dijo.

¿Pero qué efecto tuvo la masacre en los miembros más jóvenes de la comunidad latinx?

Hay una verdad desagradable que llevamos demasiado tiempo teniendo bajo las narices: los latinos jóvenes de este país están sufriendo. Están padeciendo mucho más dolor del que se atreven a percatarse. Durante años, los estudios han demostrado que los niños y adolescentes latinos tienen un mayor riesgo de sufrir de problemas de salud mental que otros grupos demográficos, un hecho exacerbado por las barreras desproporcionadas a las que se enfrenta la comunidad para acceder a la ayuda profesional. Como señala la Asociación de Ansiedad y Depresión de Estados Unidos (ADAA, por sus siglas en inglés), solo una quinta parte de los latinos con síntomas de trastornos mentales acuden al médico. Esto se debe en parte a que en general tienen un estatus socioeconómico más bajo, lo que impide que puedan pagar servicios de salud básicos. Pero otra razón —una grande— se explica por los tabús que aún hay presentes en sus hogares. La salud mental no es un tema que las familias latinxs discutan abiertamente. Como se trata de un tabú en la comunidad latina, cuando sí se habla de ello, se descarta como un concepto falso o frívolo.

Pero que no sea común hablar del tema en la comunidad, no significa que la salud mental no afecte a la generación más joven de latinos. En 2010, el Centro Nacional para la Información Biotecnológica (NCBI, por sus siglas en inglés), descubrió que los jóvenes latinos inmigrantes de primera generación que habían vivido el impacto directo de los efectos de la migración, como lidiar con el estatus de su ciudadanía, sufrir discriminación o sobrevivir a un suceso traumático, "estaban asociados con síntomas de depresión y ansiedad". En 2015, los CDC descubrieron que los estudiantes latinos de secundaria eran más proclives a pensar en el suicidio que los negros. Sus estudios descubrieron que casi el 20 por ciento de los alumnos latinos mostraban una "alta incidencia de haber considerado el suicidio como una alternativa seria", y que el 11 por ciento había "intentado suicidarse". Luego, en 2017, el CDC desveló qué tan grave era el problema entre las latinas jóvenes. Escribió: "El 10,5 por ciento de las adolescentes latinas de entre 10 y 24 años en Estados Unidos intentaron suicidarse el año anterior, comparado con el 7,3 por ciento de las blancas, el 5,8 por ciento de los adolescentes latinos varones y el 4,6 por ciento de los blancos".

Suele pasarse por alto lo que podría parecer aún más sorprendente del informe: la tristeza que acompaña a esas tasas de suicidio. La tristeza puede ser muy sutil. Puede camuflarse y normalizarse muy fácil. Puede pesarles a las personas y ensombrecer sus vidas. Según el CDC, en 2017, alrededor del 50 por ciento de todas las latinas jóvenes "del país estaban constantemente tristes o desesperanzadas".

En 2018 obtuvimos una visión más clara de los factores que podrían estar impulsando toda esa tristeza. La Asociación Americana de Psicología (APA, por sus siglas en inglés) llevó a cabo un estudio en el que descubrió que "la percepción de discriminación racial/étnica presentaba una correlación consistente con peor salud mental, menores logros académicos y mayores conductas riesgosas o negativas". También notaron que los latinos jóvenes eran más proclives a mostrar niveles más elevados de depresión ante ese tipo de discriminación que sus pares negros y blancos. Entonces, ¿por qué los latinos lo sienten más que, por ejemplo, sus contrapartes negras? ¿Qué hay de único en su experiencia? Los investigadores de la APA percibieron lo siguiente: "Los latinos padecen un tipo de discriminación en el que los consideran 'extranjeros perpetuos'". Los consideran extranjeros perpetuos. Extranjeros.

Esto contradice el hecho de que la mayoría de los latinos jóvenes nacieron en Estados Unidos. De hecho, más del 80 por ciento de los latinos menores de 35 años nacimos en este país. Sin embargo, eso no le quita realidad a su sensación de ser extranjeros perpetuos. Porque sí hay algo de amenazador en sentirte extranjero en silencio comparado con diagnosticar ese sentimiento. Sí hay algo de amenazador en interiorizar esas emociones comparado con nombrarlas y resaltarlas.

Entonces cuando oyes que hay gente en este país que te quiere matar por tus raíces y tu color de piel, de pronto todo se vuelve real. Esa sensación de ser un "extranjero perpetuo" ya no es una mera sensación: es una diana, como vimos en el tiroteo de El Paso. Y no hay manera de huir. Los jóvenes latinxs aprendimos eso el 3 de agosto de 2019.

Pero el odio no discrimina por edades; se aferra a los apellidos, los colores de piel y las historias que se niega a legitimar. Antes de la masacre, Crusius presuntamente publicó un manifiesto supremacista blanco en línea, en el que declaraba: "Este ataque es una respuesta a la invasión hispana de Texas". La ciudad fronteriza de El Paso, donde más del 80 por ciento de la población es latina, se convirtió en su campo de batalla perfecto: está llena de lo que él consideraba extranjeros.

Un par de meses tras el atroz ataque, fui a donde ocurrió. Aunque el Walmart seguía cerrado, habían construido un hermoso memorial a su alrededor. Cientos de flores por todos lados, banderas estadounidenses y mexicanas atadas a la reja y un sinnúmero de notas que decían: "El odio no dividirá la frontera" o "¡Ya no más actos de racismo!", y muchos letreros y pancartas con "El Paso Strong". Pero lo que más me impresionó fue el silencio absoluto que me rodeaba. Todo estaba callado. Podrías haber oído caer un alfiler. Ya no había

Dibujos, pósteres y flores afuera del Walmart en honor a las víctimas del tiroteo que dejó 23 personas muertas en El Paso.

cámaras ni reporteros frenéticos cubriendo la noticia ni, por supuesto, clientes en los alrededores. Durante un instante sentí como si el país hubiera superado el incidente y todo lo que quedara ahí ya no fuera la urgencia que habíamos sentido, sino dejos de recuerdos de dolor inmortalizado.

Frente al Walmart, la vida se había detenido y las historias de los caídos sobrevivían en esas notas y en los recuerdos de los sobrevivientes, como la de Jordan y Andre Anchondo, dos de las jóvenes víctimas, que además eran pareja y padres de un recién nacido. Los medios informaron que, cuando sonaron los disparos dentro del Walmart, Jordan cubrió a su bebé con su cuerpo. Cuando encontraron al niñito de dos meses en la escena del crimen, estaba bañado en la sangre de su madre. Tenía los dedos rotos, pero aún respiraba. Estaba vivo. Había sobrevivido de milagro.

Mientras camino por El Paso y entro a su campus universitario principal, la UTEP, filas y filas de estudiantes latinos saliendo de clases pasan junto a mí, todos con historias, trasfondos y apellidos que pueden culminar en un odio mortal en cualquier instante. Porque no importa cuánto brille el sol hoy en este campus, todos comprendemos sin decirlo que cualquiera de esos estudiantes pudo haber sido una víctima en la masacre del Walmart. Que no les haya sucedido ese día no significa que no sepan que podría pasarles hoy.

¿Cómo se sentirá eso?

Detengo a un par de estudiantes para preguntárselo directamente, y me sorprende que les sorprenda que les plantee esas preguntas:

—¿Cómo te sientes después del tiroteo? ¿Qué pasa? ¿Cómo lo llevas? ¿Estás bien?

Las respuestas caen a cuentagotas:

—Me asustaba mucho regresar a la escuela —me dice una—. Más de la mitad de los estudiantes somos latinos y me sentía así de: "¿Cómo me voy a sentir segura en donde estudio? ¿Y si pasa algo? ¿Qué haríamos? ¿Cómo reaccionaríamos?".

Otro me dice que tiene miedo de que algo parecido pueda suceder "en cualquier momento".

—Me asusta estar en Estados Unidos, porque alguien podría inspirarse en él y venir a hacer lo mismo a esta escuela —declara.

Luego, también encuentro enojo.

—Me enoja que se declare no culpable sabiendo lo que hizo —me dice una de las estudiantes—. No es justo.

Al otro lado del campus, escucho a una alumna declarar en una audiencia gubernamental que organizaron en la UTEP:

—Quiero que piensen en algún ser querido que vaya a la escuela —les dice a los panelistas del gobierno—. Y en que el corazón se les sube a la garganta cada vez que oyen un ruido fuerte en el pasillo, en que pasan horas estudiando para un examen y ya no se pueden concentrar por culpa del miedo paralizante de que alguien les dispare.

Pero quizás el siguiente comentario sea el más preocupante porque es el más simple:

—Como latina después del tiroteo, me da miedo salir... Pero como que me estoy acostumbrando.

Es una declaración aterradora, no solo porque apunta a la normalización del trauma, sino a la de la inacción, que van de la mano. Tras uno de los mayores ataques contra los latinos en la historia, el gobierno estatal de Texas no aprobó ninguna ley que evitara otro tiroteo masivo en su

Una joven estudiante latina en el campus de la Univerdad de Texas, en El Paso.

territorio. Al contrario, están obligando a los adolescentes y niños a vivir en un miedo perpetuo. Y, en una realidad como esa, preocuparse por la salud mental ya no es una excepción, sino la norma. Una forma de vida. Es una lucha ordinaria, como cualquier actividad cotidiana.

La verdad es que el dolor de la comunidad latinx puede volverse casi insoportable. Puede volverse cada vez más fácil rendirse, como demuestran las estadísticas de salud mental de la generación más joven. Todos los días, los miembros de esas comunidades reciben distintas oportunidades para hacerlo: salir de su casa en silencio o sucumbir ante el miedo. Pero la generación latina más joven está decidiendo que las estadísticas no la definen, y prefiere crearse un futuro más soleado que el sombrío retrato que dan las cifras, las noticias y el creciente racismo que hay en Estados Unidos. ¿Por qué?

Porque recordar de dónde vienen puede ayudarles a seguir adelante.

Y eso puede ser una fuerza imparable. Antes de irme de El Paso, uno de los alumnos me mencionó la biblioteca de la universidad. Me dijo que en uno de los rincones del piso superior había una ventana con una vista única. Es casi como asomarse a dos historias. A la derecha, se ve Estados Unidos. A la izquierda, justo al otro lado de la frontera con México, se ve Anapra, una de las regiones más pobres y peligrosas de Ciudad Juárez.

El alumno volteó a verme y dijo:

—Es la mejor revisión de privilegios. Hace que digas: "Puta, aquí estoy. Si estoy aquí, todavía tengo oportunidad". Siempre pienso en eso.

Y aunque sus palabras tengan mucho de verdad, siguen siendo solo la mitad de la historia. En más de un sentido, el tiroteo de El Paso fue la culminación de todos los estereotipos con los que la sociedad nos ha alterizado, de todas las barreras con las que la sociedad ha sobajado a lxs latinxs y todos los estigmas que les ha enseñado a interiorizar a sus miembros. Fue una herida que no solo expuso el dolor que infligen las balas, sino todas sus manifestaciones y facetas: el dolor de la discriminación añeja. Tal vez las generaciones más viejas de latinos hayan logrado huirle —sacudírselo como si fuera normal—, pero los latinos más jóvenes están decidiendo reconocerlo. Entender que los "peleadores" de verdad solo se vuelven más fuertes si reconocen que han sido quebrados.

A veces, todo lo que necesitas es plantear una pregunta que suele olvidarse. Y es la más simple de todas: "¿Cómo te sientes?". Si lo haces, podrás rastrear varias fuentes de dolor que llevaban mucho tiempo olvidadas:

QUEDARSE CALLADA

En nuestra comunidad tenemos un dicho: "Calladita te ves más bonita".

Se puede usar de muchas formas, sobre todo como una manera ofensiva de sexismo o misoginia. Pero también se puede usar como una forma sencilla de evitar tabúes y conversaciones incómodas para los latinos. Por ejemplo, muy seguido, el tema evadido es la salud mental. En ese caso, la conversación va más o menos así:

—Mami, creo que debería ver a un terapeuta para lidiar con mi ansiedad.

¿La respuesta?

—Eh... Calladita te ves más bonita, mija.

Fin de la conversación. Se acabó el problema. Pero, a veces, esa charla no externada puede tocar a la puerta de la muerte. Cuando Esperanza apenas tenía ocho años, consideró quitarse la vida.

Esperanza encarna su nombre a la perfección. La esperanza la ayudó a sobrevivir los momentos más difíciles de su joven vida.

—Mi papá falleció en un choque cuando regresábamos de México; yo tenía cinco años —me cuenta al principio de nuestra conversación—. Como yo era muy chica, no entendía realmente el concepto de muerte y duelo. Pasé por la primaria sufriendo *bullying* por no tener una figura paterna. Mi hermano tuvo que convencer a mi mamá de que me llevara a terapia porque estaba muy chiquita para lidiar con esas emociones. Fui, y mi mamá me sacó de golpe porque pensó que no servía para nada. Ya sabes, era ese estigma que tenemos los mexicanos con la salud mental. De decir: "Ay, no tienes nada; supéralo". Como que lo hice todo a un lado... no lo compartí y lo mantuve en secreto.

Señala que una de las ideas equivocadas más comunes sobre la depresión es que la gente espera que estés triste todo el tiempo.

—Así no funciona —dice.

Cada persona es diferente. Durante esa época de su vida, recuerda haber escondido su tristeza tratando de alegrar a los demás:

—No quería que se sintieran igual que yo.

Aunque al principio le fuera más fácil recogerse en las sombras, en algún momento se dio cuenta de que la vida le podía ofrecer cosas mejores. No fue sino hasta que estaba en su segundo año de bachillerato, muchos años después de haber ido a su primera terapia, que Esperanza entendió que lo que sentía no era normal. Tuvo que conocer a otros alumnos que también padecían estrés, depresión y ansiedad para darse cuenta de que no estaba sola en la lucha, para entender que tener el impulso de cometer suicidio a los ocho años había sido un síntoma del silencio que le habían impuesto. Poco después de esa revelación, volvió a intentar hablar de salud mental con su mamá.

Dice que se sentó con ella y le dijo:

—Mamá, llevo mucho tiempo sintiéndome triste y no creo que eso esté bien. No me siento cómoda hablando de mis problemas contigo porque siento que me juzgas. Necesito ir a ver a alguien.

No hubo un "calladita te ves más bonita", porque ya había

roto el silencio. Después de esa conversación difícil con su mamá, su relación se ha vuelto más fuerte que nunca.

—Por fin fui a terapia, y me siento mucho mejor.

SER LA PRIMERA

Kimberly es la primera.

Es una estudiante de universidad técnica de 19 años y la primera persona en su familia en obtener educación superior.

—No hay nadie en mi familia ni en mi círculo que haya ido a una buena escuela, ni que tenga un título —me cuenta por teléfono, unos minutos después de haber iniciado la conversación.

Así que le pido que me cuente un poco más de ese recorrido:

—¿Cómo llegaste a donde estás?

Kimberly me explica que, después de ver cómo el sistema educativo les había fallado a sus primos, sus padres decidieron mudarse a un nuevo barrio, para que ella tuviera mejores oportunidades. Me dice que, cuando llegó a su nuevo distrito escolar, sintió un "shock cultural". Aunque muchos estudiantes también fueran latinos, eran de cuarta o quinta generación, y parecían mucho más anglizados que ella.

—Yo estaba en una comunidad de inmigrantes en la que todos hablábamos español, no porque quisiéramos, sino porque era nuestra lengua materna —dice—. Somos los traductores de nuestros padres, así que cuando me mudé acá y nadie hablaba español, fue muy raro y muy distinto.

No se sentía cómoda en ese nuevo ambiente escolar.

—No me hallaba.

Sin embargo, a pesar de las dificultades, estaba decidida a triunfar.

—La transición fue difícil, pero siempre supe que quería tener un futuro —recuerda.

Ese impulso fue lo que la inspiró a inscribirse a cursos de Ubicación Avanzada e incluso convertirse en Vicepresidenta del Gobierno Estudiantil.

—Pero, en serio —le digo—, parece que tenías una presión enorme encima. ¿Cómo te sentías?

—Siempre es difícil ser la primera en algo. No puedo hablarle a mi primo y preguntarle: "¿Tú cómo le hiciste? ¿Cómo terminaste la universidad?". No tengo esa opción —contesta Kimberly—. E, incluso si vas a la escuela, no le puedo contar a mi mamá de los SATs. Me diría: "¿Qué es eso?". Sentí que mis padres no entendían en realidad lo que pasaba, así que les cuesta trabajo comprender siquiera por lo que estoy pasando.

Kimberly era la única en su comunidad inmediata que sabía lo que se sentía. A pesar de todas las clases extras que tomó y todos los cursos avanzados a los que se inscribió, la mayoría de las universidades la rechazaron. Sintió el impulso de culparse a sí misma, pero trata de recordar que es un reflejo del racismo sistémico que plaga las instituciones del país. No siempre los más brillantes y sabios obtienen el éxito en las comunidades latinxs, sino los más blancos y ricos. No es un sistema construido para los "primeros", como Kimberly. Y, si no lo sabe aún, es probable que se percate de ello con el tiempo.

—Pensé que había trabajado tanto en el bachillerato para que el resultado fuera la universidad —me dice frustrada—. Así que sentí que me había fallado a mí misma y a mi familia por no poder ir a una. Aunque tuviera un buen promedio, fuera vicepresidenta y muchas veces fuera a la escuela después de haber dormido solo dos horas.

Sin embargo, su orgullo reluce a través de la línea telefónica. Solo necesita un empujoncito para mostrarlo.

—Educación superior es educación superior, sin importar su forma —me dice—. Apenas tengo 19 años, y sigue habiendo muchas cosas que conocer y por las cuales emocionarme. Esto es tan solo el principio.

VIVIR BAJO EL GOBIERNO DE TRUMP

Donald Trump normalizó el odio y el odio es contagioso, sin importar lo joven que seas.

Apenas unos días después de que Trump ganara las elecciones de 2016, el Southern Poverty Law Center (SPL) reportó que había chicos gritándoles proclamas como "¡Construyan el muro!" y "¡Trump, Trump, Trump!" a sus compañeros latinos en clase. Los medios no tardaron mucho tiempo en darse cuenta de que, con el ascenso de Trump, también había un aumento detectable de acoso escolar en el país. Después de las elecciones, el SPL llevó a cabo un estudio en el que encuestaron a más de diez mil educadores desde primaria hasta bachillerato para entender el impacto que habían tenido en nuestras escuelas. Según el informe, el 80 por ciento de los educadores declararon que sus alumnos sentían un aumento general en su ansiedad y preocupación respecto a las repercusiones de las elecciones. También notaron que el 40 por ciento de los educadores habían visto que dirigían "lenguaje despectivo" a los estudiantes de color. Y, alarmantemente, más de 2,500 educadores pudieron señalar casos específicos de "prejuicios y acoso" con vínculos directos a la retórica divisoria de las elecciones. Reportaron que esos casos incluso comprendían grafitis de esvásticas.

Durante mis conversaciones con Esperanza y con Kimberly, ambas aludieron a sentir los efectos del trumpismo. Los prejuicios más peligrosos suelen ser los que se expresan de soslayo.

Esperanza recuerda la primera vez que vivió algo así. Fue durante su primer año de bachillerato, en medio de las elecciones de 2016. Un día, su maestro decidió tratar el tema de la inmigración con la pregunta: "Si Donald Trump, hipotéticamente, deportara a los inmigrantes, ¿cómo afectaría eso a nuestra economía y a nuestro entorno?".

Un alumno contestó:

—¡¿Y qué hay de mi jardín?!

—Me pegó, porque mi padrino sí es jardinero —dice Esperanza.

El comentario de su compañero fue una llamada de atención: se dio cuenta de pronto de que podían usar su color de piel como arma para oprimirla. Que podía ser una marca de inferioridad. Que podían sentirla como un objeto extraño. Que la volvía desigual.

Antes de escuchar esos comentarios, Esperanza tenía la impresión de que todos sus compañeros compartían los mismos objetivos y la misma moral.

—Pero en ese instante encajó todo —recuerda—, eso no es lo que pasa en realidad en el mundo.

Se volvió víctima del efecto Trump. A partir de ese comentario, sentía que no pertenecía a ese salón, lo que hizo que cuestionara su capacidad de manejar los cursos avanzados en los que se había inscrito. Y ahí estaba el trumpismo haciendo lo que mejor le sale: socavando de a poco la dignidad de lxs latinxs, sin importar qué tan jóvenes sean.

Para Kimberly, el efecto Trump fue un camión de helados. Como sus dos padres son inmigrantes, recuerda haber sentido ansiedad cuando se enteró de que el ICE estaba haciendo redadas en su estado.

—Recuerdo que un camión de helados pasó por mi cuadra y contuve el aliento —me cuenta.

Pensó que el altavoz del heladero era el anuncio de una redada del ICE. No oyó la música; no olió los distintos sabores ni percibió las risas de sus vecinos allá en la calle. Todo lo que podía oír eran las sirenas que más temen todas las familias de inmigrantes: las del ICE.

—La mayoría de la gente no conoce ese miedo —me dice—, la mayoría no tiene que sufrirlo.

No lo hacen.

DEMASIADO PICOSA

Angela sigue siendo una adolescente. Por alguna razón, a algunas personas les cuesta trabajo entenderlo. No se va por las ramas y entra de lleno a la conversación en cuanto me toma la llamada.

—La gente siempre espera que nos comportemos de cierta forma. O creen que es normal que las latinas estemos "de malas" o seamos "difíciles".

Tiene razón. Durante años, la gente ha sensualizado a las latinas, nos presentan como "ardientes", "feroces" y "agresivas". Es como si, cuando la sociedad estadounidense piensa en mujeres latinxs, visualizara de inmediato una imagen de

JLo cantando "Waiting for Tonight" en su vestido verde, o se imaginaran a Sofía Vergara en algún capítulo de *Modern Family* gritándole en español a Ed O'Neill: "¡Ayyy, El Diablo!".

—Nos sexualizan mucho —me dice Angela—, y les gusta que tengamos una actitud "picosita".

Se suele pensar que esos adjetivos son inofensivos, o que incluso son cumplidos lindos, pero en realidad se trata de sesgos internalizados que provocan discriminación. Por ejemplo, Angela me cuenta de la única vez que fue de ombliguera a la escuela.

—La gente decía: "Dios mío, ¿por qué se puso eso?" —recuerda—. Pero luego una chica blanca de talla chica se ponía algo parecido y como si nada.

En otras palabras, que una chica blanca use ombliguera es "lindo", mientras que una latina es "provocadora". Esas microagresiones empeoraron cada vez más.

—Los alumnos me miraban distinto — declara Angela—. Ya no me sentía cómoda.

Después de su segundo año, dejó de ir a la escuela, por lo que sus calificaciones bajaron, empezó a reprobar materias y entró en depresión.

—No quería ir a la escuela y lloraba en las mañanas —me cuenta—. No sentía que perteneciera ahí.

¿Cuántxs latinxs jóvenes han estado en situaciones similares a la de Angela? ¿Cuántos estudiantes latinos se han cruzado con sus amigos en los pasillos y creído que sus insultos son halagos, su sexismo, coqueteo, y su racismo, bromas inocentes? Con ese tipo de microagresiones —sobre todo las que vienen disfrazadas de elogios—, la frontera entre el bien y el mal se difumina tanto que podemos creer que son inofensivas. Y justo ese es el riesgo: lo que normaliza los sesgos es que no estén explícitamente mal.

Angela acabó cambiándose a una escuela en la que parece mucho más contenta.

—Les importo. Quieren que esté ahí.

A veces, eso es todo lo que necesitas, demostrarle a alguien que te importa. Angela ya se habrá graduado del bachillerato cuando se publique este libro, algo que ni siquiera habría imaginado hace un par de años.

RECIBIR UN DISPARO

Recuerdo cuando conocí a Carlitos en el mitin de "March for Our Lives" en Washington, D.C., en marzo de 2018. Me asombró su valentía. Recuerdo haberme quedado viendo su sonrisota contagiosa.

Apenas había pasado un mes desde el trágico tiroteo masivo en el bachillerato Marjory Stoneman Douglas (MSD) en Parkland, donde asesinaron a 17 personas. Cuando fue la masacre, Carlitos se escondió en uno de los salones con sus compañeros, mientras el tirador repartía plomo. Joaquin Oliver, un amigo cercano suyo, fue una de las víctimas. Le dispararon en un pasillo, saliendo de su clase de escritura creativa. Y unas pocas semanas después del ataque, Carlitos fue uno de los estudiantes que dirigía un movimiento juvenil decidido a terminar con la violencia con armas de fuego. También lideró un esfuerzo digital, "Stories Untold", para garantizar que las comunidades de color tuvieran una voz.

Cuando nos vimos, respondió mi saludo diciendo:

—He tenido un mes muy duro emocionalmente hablando. A veces siento que me estoy cuidando, pero no es cierto. Ha pasado más de un año y creí que ya lo había superado.

Me explicó que, aunque tuviera amigos y un sistema de apoyo increíble, seguían surgiéndole sentimientos de soledad y tristeza. Sobrevivir a ese tipo de violencia con arma de fuego es un tipo de trauma que muchas personas no podrán comprender nunca, pero Carlitos me explica que es un dolor con muchas capas. Además de las heridas producidas por los disparos y la pérdida, la dura realidad con la que carga la comunidad latinx exacerba su dolor.

—También hay otras cosas por las que estamos pasando en mi familia —dice Carlitos.

Lxs latinxs nunca tenemos historias unidimensionales. Mientras hablamos, me comenta los problemas financieros que soporta su familia. También menciona que la situación socioeconómica en Venezuela, su país de nacimiento, está afectando a sus seres queridos.

La violencia es una de las razones por las que sus padres se fueron de allá solo para encontrarla de nuevo en Estados Unidos. Solo que, esta vez, apenas si lograron escapar de ella.

—Y también estoy cuidando a otras personas —menciona.

Después del tiroteo de Parkland, Carlitos sintió la responsabilidad abrumadora de traer a la luz las historias que se estaban dejando de lado. Parte de ese impulso provino de la manera en la que los medios tradicionales estaban cubriendo la masacre de Parkland, que en general se concentraban en Emma González, una superviviente convertida en activista contra la violencia con armas de fuego, o en la perspectiva de alumnos blancos de MSD como David Hogg y Cameron Kasky, que se convirtieron en la cara pública del movimiento *#NeverAgain*. En abril de 2018, Carlitos dijo:

—Más de 3.300 personas estudian en Marjory Stoneman Douglas, y [la masacre] nos afectó a todos.

Así que, cuando menciona que está "cuidando a otras personas", está claro que sigue cargando con mucho peso. Sigue tratando de hacer entender a los formuladores de políticas públicas que los niños y adolescentes latinos tienen una probabilidad tres veces más alta de morir de un disparo que sus contrapartes blancas.

Incluso él reconoce lo que está haciendo:

—Estoy muy concentrado en amplificar voces y darles una plataforma a otras personas, en vez de decir, no sé: "Wow, necesito tomarme un segundo para respirar, para detenerme un poco".

Pero se nota que tampoco puede sacarse esas historias de la cabeza. Me cuenta de un viaje que hizo hace poco y de un alumno que conoció allá:

—Hubo un estudiante en específico que se me quedó grabado —dice pensativo, como si siguiera tratando de decifrar qué fue exactamente lo que lo conmovió tanto—. Tiene 16 años. Es un pandillero. Al venir de Parkland (una comunidad en la que no es normal ver pandillas), su historia me impactó. Empecé a comparar mi historia con la suya y me dijo: "No, no hagas eso. Tienes que tener tu propia historia". Necesitaba esa bofetada —dice con calma.

Lo que lo impulsa es más que solo contar historias. Es que su dolor es tan profundo que está sintiendo el de los demás. Cuando le pregunté por El Paso, dijo:

El día que conocí a Carlitos, en la protesta de "March for Our Lives" en Washington, D.C., el 24 de marzo de 2018.

—Me afecta que el cambio no se esté dando tan rápido como nos gustaría. Me afecta. Sin embargo, entiendo que el cambio no es rápido, y que históricamente ha sido más bien lento. En el mundo en el que vivimos, hay una urgencia por estas necesidades y por estos problemas. La urgencia existe. Pero en el sistema en el que vivimos, las cosas siempre van a pasar lento.

De lo que trata este movimiento latinx es de asomarse por la ventana y ver ambas caras de todo: lo que hay a la derecha y a la izquierda; el presente y el pasado; lo que está aquí y lo que está hasta allá. Lo que queremos es no tener miedo de asomarnos. Y justo por eso esta generación joven de latinos es "resiliente" y "peleadora", como están encantados de señalar los titulares. No solo es su capacidad de seguir tercamente hacia adelante. Es su capacidad de mirar sus pasados, sus verdades y sus dolores. Eso es lo que hace que los jóvenes de El Paso se movilicen para votar por un cambio después de la masacre, lo que hace que Carlitos empuñe su cámara para contar historias olvidadas de violencia con armas de fuego, lo que hace que Esperanza vaya a terapia todas las semanas y Kimberly sueñe con graduarse de la universidad.

Porque saben lo que es estar quebrado. Lo han afrontado. De frente. Y ahora saben que pueden salir del otro lado, inquebrantables.

El Sur

6

K'exel

Normalmente, cuando pienso en "el Sur", lo asocio con un periodo de mi vida durante el cual fui a un campamento cristiano en Carolina del Norte.

Sigo sin tener muy claro como acabé ahí, sobre todo tomando en cuenta que mis padres son agnósticos. Pero de alguna forma logré pasar tres veranos muy metida en lo que muchos describirían como un "campamento bíblico". Rodeada de cientos de niñas blancas corriendo por los pastizales, comiendo *Sloppy Joes*, cantando feliz en la iglesia, saludando a la bandera estadounidense todas las mañanas y oyendo mandamientos de Jesús antes de dormir todas las noches. Yo era una adolescente que luego pasaba el resto del año en Europa, viviendo con mi mamá en Madrid, y recuerdo que asociaba "Estados Unidos" con esos veranos en el Sur. A mi yo de trece años esos veranos cálidos, blancos, tradicionales y cristianos le parecían muy patrióticos.

Pero la imagen que tenía del Sur como adolescente estaba totalmente distorsionada. Basada en mi experiencia donde era una de las cuatro latinas de todo el campamento, tenía una imagen equivocada. Nunca me imaginé que hubiera latinos viviendo ahí. Estaba equivocada. Entre 2008 y 2018, el Sur vivió un mayor crecimiento de población latina que cualquier otra región del país. Según Pew, durante ese periodo, la población aumentó en un 33 por ciento, hasta alcanzar casi 23 millones de personas. Al leer ese porcentaje, de inmediato pensé en la madre e hijo mayas que había conocido en el refugio para migrantes de Arizona unos meses atrás. La última vez que los había visto, los acababan de liberar de su detención y se estaban preparando para dirigirse a su siguiente destino en Estados Unidos. ¿Dónde estarían? La respuesta era que podían estar en cualquier lugar, incluyendo el Sur. Según lo que después averiguaría durante el viaje, el Sur de Estados Unidos no era un destino nada improbable para las comunidades mayas. De hecho, era muy probable. Porque lo que no captura esa cifra de 23 millones es que los grupos indígenas se mantienen en los márgenes y por lo tanto no se contabilizan cuando hablamos de la comunidad latina.

Es un grupo extremadamente difícil de cuantificar, por muchas razones. En primer lugar, es importante señalar que varios miembros de las comunidades indígenas no necesariamente se identifican con el término "latino" o "hispano". Muchos consideran que son etiquetas eurocéntricas que borran la identidad de los pueblos indígenas mientras enfatizan la historia colonial de Latinoamérica. Además, aunque por lo menos el 25 por ciento de los adultos latinos en Estados Unidos se consideren indígenas o nativos americanos, casi nunca pueden marcar una casilla que represente cómo se identifican en realidad. A ojos del público, se da por hecho que los pueblos indígenas son latinos y, por lo tanto, es común que pasen por tales sin percatarse. Pero reclamar tus raíces indígenas no solo es un terreno difícil de navegar, sino que también puede resultar riesgoso, sobre todo en el Sur conservador.

Así que decidí volver al Sur. Estaba decidida a encontrar un rostro de Estados Unidos que llevaba mucho tiempo enterrado: el de los pueblos indígenas. Un rostro escondido entre generalizaciones, estadísticas y etiquetas que nunca lo capturaban por completo. Y ese es uno de los efectos más poderosos del concepto de "latinx": el reconocimiento de nuestra existencia en los lugares más insospechados. Y, si he aprendido algo de mi regreso al Sur hasta ahora, no solo es lo dinámica que es la comunidad indígena, sino también lo mucho que tiene que aprender de ella este país, en especial en cuanto a patriotismo y religión.

Mi primera parada es en Georgia, que presume algunas de las leyes antimigrantes más estrictas del país. Sin embargo, históricamente también ha atraído a inmigrantes indocumentados en busca de oportunidades en trabajos agrícolas, ganaderos o de la construcción. De hecho, según un reportaje de NPR, actualmente hay más inmigrantes indocumentados en Georgia que en Arizona y Nuevo México combinados. Muchos de ellos son guatemaltecos, que inundaron el estado ante las oportunidades ofrecidas por los Juegos Olímpicos de Atlanta 1996. Y muchos de esos guatemaltecos eran mayas.

Una de las primeras personas que conocí en Georgia fue al Dr. Alan Lebaron, director del Proyecto Comunitario de la Herencia Maya en la Universidad de Kennesaw, al norte de Atlanta. Al igual que Blake, el Dr. Lebaron lleva décadas trabajando con mayas y, al pasar de los años, se ha convertido

El Dr. Alan LeBaron, director del Maya Heritage Community Project en Kennesaw State University y conocido para muchos como "el papa".

en uno de los aliados más poderosos de la comunidad en el Sur. Tanto que, según él mismo, muchos de ellos se refieren a él como "el papá".

En este momento, todavía me cuesta trabajo asimilar que haya tanta presencia maya en Georgia, así que voy directo al grano: —¿Cuántos mayas hay en este estado? —le pregunto. El Dr. Lebaron me dice que cree que hay unos 25 mil en todo Georgia.

No hay cientos, sino miles de mayas en Georgia.

ENCONTRAR EL PATRIOTISMO EN GEORGIA

Como señala el Dr. Lebaron, muchos de esos mayas viven en un pueblito rural llamado Canton, ubicado en el condado de

Cherokee, donde Trump ganó por una abrumadora mayoría en 2016. Canton yace en las faldas de la cordillera Azul, no muy lejos de donde yo iba de campamento. El Dr. Lebaron de inmediato me sugiere que vaya, porque ahí vería algo que la mayoría de la gente nunca ha presenciado: mayas honrando a Estados Unidos, una clase de patriotismo a la que casi nadie está acostumbrado.

—A varios jóvenes mayas se les ocurrió conmemorar el 11 de septiembre como muestra de solidaridad con su patria, Estados Unidos —dijo.

Mi visita coincide con esa fecha, y resulta que la comunidad maya de Canton planeó un evento para recordar ese horrible día en nuestra historia, aunque no necesariamente sea la primera actividad o interacción que una se imaginaría presenciar al entrar a una comunidad maya. Esperaba ver más banderas guatemaltecas que estadounidenses o, en realidad, cualquier cosa que no fueran franjas y estrellas. Pero pronto me di cuenta de que justo ese era el punto: los mayas de aquí están redefiniendo la imagen del patriotismo y la lealtad estadounidenses.

En Canton conozco a Candy, la principal organizadora del evento por el 11 de septiembre. Al verla por primera vez, reconozco de inmediato el silencio y timidez que presencié en el refugio de Arizona. Un poco reservada, algo tímida y con una sonrisa que siempre está a medias. Es una joven que habla fluidamente el inglés y que ya dominó su propia desenvoltura con el lenguaje: maniobra sin problemas entre español, inglés y q'anjob'al. Esa capacidad para fundir sin esfuerzo varios trasfondos en uno es característica de lxs latinxs. Y no solo es una jugada típica de *millenials*, sino también un indicio de la evolución de la comunidad maya en

Estados Unidos. Una trayectoria que poco a poco ha convertido el silencio en un dominio de varias voces e identidades.

Candy es una madre soltera de veintitantos años y, aunque haya nacido en Guatemala, lleva la mayor parte de su vida en Estados Unidos, desde los cuatro años. Cuando su familia migró aquí desde Huehuetenango, al norte de Guatemala, sus padres hablaban sobre todo q'anjob'al, una lengua mayense. Su hermana mayor también, lo que empujó a su primera maestra a asustarse y preguntarles a sus padres: "¿Qué pasa? ¡Pensé que eran de Guatemala!", recuerda Candy. Resultó que le confundía mucho que su alumna guatemalteca no hablara español. Sin embargo, como era de esperarse, al pasar los años, Candy y sus hermanas no solo aprendieron español e inglés —para adaptarse a la sociedad—, sino que también empezaron a perder contacto con el q'anjob'al y las tradiciones indígenas que definían las raíces de sus padres.

La sociedad estadounidense quiere que creamos que el futuro es más brillante entre más nos atengamos a ciertos ideales. Por ejemplo, que creamos que cuanto más inglés hablemos, más podremos asimilarnos y adaptarnos a las normas a nuestro alrededor. Eso aplicó sobre todo a la generación de nuestros padres y a las anteriores, que se vieron forzadas a creer que sus sueños sonaban mejor, más elegantes y honrados en inglés que en sus lenguas maternas latinxs e indígenas. "*Dreams*" sonaba mejor que "*sueños*" en español o que "*ajsn'ajs*" en q'anjob'al.

Pero, en algún punto de la vida de Candy, se dio cuenta de que lo más importante era ser fiel a sus orígenes, no perder de vista lo que la hacía diferente y única: ser maya. Y esa revelación y esa forma de pensar fue un principio emblemático de lo que convirtió a Estados Unidos en algo diferente y único para ella: la capacidad de reclamar tus raíces.

Le pregunto:

—¿Por qué se está reuniendo la comunidad maya para conmemorar el 11 de septiembre?

—Los estadounidenses creen que somos mexicanos —contesta.

Tal vez el 11 de septiembre sea uno de los únicos días del año en los que los estadounidenses decidimos considerarnos un solo pueblo unido; lo sentimos como la definición misma del patriotismo. Así que Candy me explica que está aprovechando la oportunidad para obligar a sus vecinos a ver lo diversa que es la comunidad a su alrededor. Quiere insistir en que no son solo "mexicanos" y "centroamericanos", sino indígenas. Más que nada, este evento es una manera de demostrar que se puede ser maya hasta el tuétano y a la vez creer en los ideales estadounidenses. Que no tienes que elegir solo una de las dos identidades; puedes ser ambas. Candy quiere que su hija y todas las nuevas generaciones de mayas nacidos en Estados Unidos entiendan la importancia de su sangre indígena. Que no cedan a la presión de la asimilación.

—De ahí venimos —declara—, y no quiero que muera conmigo. Por eso quiero asegurarme de que mi hija lo sepa.

En el centro de Canton, entro al Centro de Artes local, un hermoso edificio que resalta por sus grandes columnas blancas y su estructura de ladrillo. Siento que estoy en un pueblito estadounidense típico. Si ves la programación del Centro, en un día normal tienen eventos como música góspel, bandas que tocan *covers* de The Eagles y fiestas con

Niños mayas practicando para el evento conmemorativo del 11 de septiembre, en un garaje.

temática de los años sesenta. Hoy encuentro un letrero que dice: "En recuerdo del 11 de septiembre, un evento presentado por el Grupo Juvenil de la Herencia Maya".

Al entrar al edificio, veo a Candy en un rincón, hablando con un grupo de niños mayas que se van a presentar en la noche. Lo primero que noto de inmediato es la abundancia de colores. El lugar está lleno de tonos llamativos. Todas las niñas traen bellísimos trajes indígenas, traídos desde los altos occidentales de Huehuetenango, Guatemala, meticulosamente tejidos por manos que mantienen las tradiciones con vida. El *huipil* (la blusa), la faja, el corte (la falda); las niñas brillan de orgullo por un país que nunca han visto, sino solo sentido.

Me siento en el fondo. Cuando empieza el evento, los

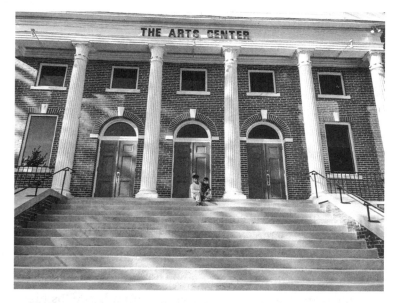

Niños mayas justo antes de presentarse en el evento conmemorativo del 11 de septiembre, frente al Centro de arte local de Canton.

niños suben al escenario a tocar la marimba, un gran instrumento de percusión hecho de madera que presuntamente usaban los mayas en Mesoamérica mucho antes de que siquiera llegaran los colonizadores. Durante años, esos niños han visto a sus padres y abuelos tocar la marimba en casa, encerrados en salas y sótanos. Pero ahora es su turno de tocar en público. Las niñas se forman en el pasillo de la derecha y empiezan a pasar una por una, moviendo los pies al ritmo de la música maya que ha dominado los altos de Guatemala durante siglos. Los niños emergen del pasillo de la izquierda con camisas blancas y pañuelos rojos atados al cuello, para simular trajes típicos mayas. Juntos, niños y niñas bailan al son de la marimba, echando vistazos al público con la esperanza de enorgullecer a sus padres.

Eso es lo que me atrapa: dónde se encuentran sus miradas con las de sus padres. Ahí, dos miradas empiezan a contar una historia que apenas se puede articular en público, la evidencia de todo lo que ha superado la comunidad. Al observar a mi alrededor, ese mar de padres indígenas que atesoran el potencial de sus hijos, recuerdo lo que me dijo el Dr. Lebaron:

—Muchos de ellos [los padres] sufren... son orgullosos, pero sufren por sentirse fuera de lugar, o tienen miedo. Les da miedo que la gente los haga menos por ser demasiado morenos, demasiado "aindiados".

Y frente a mí veo un escenario lleno de estadounidenses de primera, segunda, tercera y cuarta generación, la mayoría, ciudadanos de nacimiento. Veo las miradas de los niños mayas que quieren librar a sus padres del miedo y la opresión que han cargado durante años. Miradas que quieren inspirarlos a mantener la frente en alto, no agachada, y la voz en alto, no en silencio. En otras palabras, les están mandando un mensaje claro: Ser maya es ser estadounidense.

—De pronto sienten que es seguro decir quiénes son —me recuerda el Dr. Lebaron.

Y es igual de importante que sus padres lo oigan como que sus vecinos blancos lo aprehendan.

Cuando los niños terminan su presentación, el lugar se llena de aplausos. Veo padres que no pueden dejar de sonreír y algunos otros residentes que observan todo con curiosidad. Pero cuando se vuelven a abrir las puertas del Centro y la brisa entra al recinto, la realidad empieza a asentarse de nuevo. Los colores brillantes del interior ya no se ven tan vistosos, y el orgullo que rezumaba se vuelve más sutil. Más cauteloso. Al otro lado del Centro, veo a un grupo de adolescentes. Están en círculo, con sus Polos, sus shorts de entrenamiento, sus gorras de beisbol y sus iPhones en la mano. Todos son blancos. Un recordatorio para los niños mayas, que los miran desde los escalones del Centro, de que ni siquiera la piel gruesa y el valor pueden superar siempre las diferencias culturales que se interponen entre ellos y sus pares. Una joven mayamericana de primero de secundaria me dice:

—Una de mis ex mejores amigas me molestaba. Creí que era mi amiga de verdad, pero... dejé de ser su amiga porque siempre me molestaba y me tiraba el *lunch*. Siempre me molestaba por ser maya... "Por qué estás tan morena", decía, cosas así... Y, digo, para mí era ofensivo porque mi mamá siempre decía que si la gente te molesta por ser de donde eres, lo más seguro es que te tengan celos.

La niña luego me dijo que a su hermanita también la molestan seguido en la escuela. Cuando le pregunté qué consejo le daría para lidiar con eso, contestó:

—Le diría algo como: "No te preocupes; tú eres una persona bellísima. Por eso naciste aquí. Porque eres una campeona; eres muy fuerte y por eso estás aquí" — me responde con la sabiduría que esperarías de alguien de sesenta años, no de doce.

"Por eso naciste aquí", le dijo a su hermana.

El verdadero patriotismo se manifiesta de la manera más inesperada. De chica, yo estaba convencida de que tenía que ver con mi capacidad de cantar "The Star-Spangled Banner" y recitar el Juramento de Lealtad a la perfección. Estaba muy equivocada. Canton me demostró que el patriotismo consiste en la manera en que usas tu traje con orgullo; en la forma en que decides romper el silencio y decirle a tu hermana que sí pertenece aquí; en cómo superas los sesgos y mantienes la frente en alto, pase lo que pase. Ese tipo de patriotismo no vacila. No cambia tras puertas cerradas ni ante banderas de otros colores. Está bien fundado. Es real. Siempre se mantiene fiel. Y eso se debe a que estos jóvenes mayas, al igual que muchxs latinxs por todo el país, están decidiendo que las fronteras, identidades e idiomas no los definen. Pueden serlo todo a la vez.

Así es Estados Unidos en su forma pura. Y lo encontré en el rincón más inesperado del país.

ENCONTRAR LA FE EN CAROLINA DEL SUR

Mientras me alejo de Canton, me dirijo hacia el aeropuerto de Atlanta. Mi destino es Greenville, Carolina del Sur. El Dr. Lebaron me conminó a conocer la gran comunidad maya que vive allá.

En el avión recuerdo de inmediato lo arraigado y presente que está el racismo entre nosotros. Antes de despegar siquiera, escoltan al único negro en todo el avión hacia la salida porque los demás pasajeros se quejaron de su supuesto comportamiento errático. Aunque al parecer estaba borracho, no daba la impresión de estar molestando a nadie. Por lo menos a mí no me lo pareció. Mientras salía del avión, no dejaba de gritarnos: "¡Son una bola de trumpistas!", a lo que muchos contestaban con un "¡a mucha honra!" y asentían orgullosos.

Mientras sucede eso, le mando un mensaje a mi amiga Denise Horn sobre el incidente:

—No vas a creer lo que acaba de pasar.

¿Qué tan ingenua puedo ser? Claro que lo puede creer. Su mensaje tan solo dice:

—Ay, hermanita, yo detestaba pasar junto a los plantíos de algodón en Carolina del Sur. Pensaba: "Rayos, mis ancestros estaban ahí".

Bienvenidos a Greenville, al otro lado de la cordillera Azul.

El centro de la ciudad es justo como me lo imaginaba. Una linda calle principal, estudiantes paseando por ahí, familias haciendo fila frente a la heladería y bares llenos de gente viendo fútbol americano. Una escena aparentemente tan impávida ante las profundas divisiones raciales y el legado esclavista de la región —como me recordó Denise— que casi me hace pensar que estoy en una postal pintoresca. La ilusión estadounidense es muy real, sobre todo en esta parte de la ciudad. Porque a quienes no veo por aquí es a las caras negras y morenas de la urbe: una comunidad expulsada de su propio espacio.

Parte de mí quiere preguntarle a alguno de estos peatones engreídos: "Oye, ¿sabes dónde se va a reunir hoy la comunidad maya?", pero sé que me tomarían por una loca.

—¿Mayas aquí? —preguntarían.

Cruzo la ciudad hacia sus márgenes, para entrar a la comunidad maya que los habita. Mi contacto, Gilberto, tiene poco más de treinta años. Migró hace años de Guatemala y ahora es padre y empleado de McDonald's. Por fin llego a la Iglesia de Greenville, donde quedé con él, y que se supone que es una de las primeras iglesias católicas fundadas por mayas con reconocimiento oficial. Cuando pensamos en mayas, no necesariamente asociamos a su comunidad con una fe occidental, pero los invasores españoles los convirtieron por la fuerza. Hay un amplio segmento de la población maya que ha logrado ensanchar los límites de la religión tal como la conocemos, integrando las creencias espirituales indígenas con el cristianismo.

Al entrar a la iglesia, recuerdo mi conversación sobre la fe con el Dr. Lebaron. Durante ella recordó que un líder maya le había dicho:

—No sé por qué los cristianos tienen que ir a la iglesia a ver a Dios. Dios está en todas partes. ¡Salgan!

Ese es el poder de la fe maya: no tiene límites. Y eso implica que Dios no tiene que verse ni sentirse de una sola forma.

—Te busco cuando acabe la misa —me dice Gilberto.

Menciona que hoy se celebra a San Miguel Arcángel.

Los parroquianos, de los cuales algunos hablan español y muchos otros, q'anjob'al, recitan "Ángel de la guarda, dulce compañía...".

Al alzar la vista, veo a cuatro mayas recorriendo los pasillos. Afuera del edificio, parecen adolescentes estadounidenses ordinarias: con braquets, *jeans* azules y celular en mano. Pero dentro de la iglesia, las chicas están vestidas con sus trajes ceremoniales, cada una con una corona que representa a una princesa maya distinta. Princesas que cargan con el legado de las mujeres guerreras de la civilización de sus ancestros, que simbolizan la cultura de los pueblos guatemaltecos y honran su sangre indígena.

Al terminar la misa, las familias salen del recinto y se acercan a una ceremonia del fuego que se celebra en el atrio. Para los mayas, el fuego es una de las muchas manifestaciones de Dios. El humo que sale del foso se usa para limpiar, curar y proteger a la gente. Se usa para ascender en la vida

Personas de origen maya después de la misa de domingo en Greenville, Carolina del Sur.

Personas de origen maya en Greenville, Carolina del Sur, conmemorando a San Miguel el Arcángel.

espiritual. Las cenizas caracolean en el viento. La fe maya no está confinada por iglesias, escrituras, oraciones ni campamentos de verano. Sigue a la comunidad a dondequiera que vaya. Se queda con ella y vive con ella. Y ese tipo de fe encaja a la perfección en la postal pintoresca de antes.

Por fin veo a Gilberto a lo lejos. Creía que lo había perdido en la misa. Lo primero que me dice es:

—Todo lo que viste en la misa significa algo. La ropa, el *huipil*, la corona. Todo significa algo.

De inmediato le señalo que Carolina del Sur es uno de los estados más religiosos del país. De hecho, *U.S. News* lo califica como el sexto estado más religioso del país. Eso se debe a que, según Pew, el 74 por ciento de los adultos de Carolina del Sur dice estar "totalmente seguro" de que cree en Dios y el 70 por ciento dice que la religión tiene un papel "muy importante" en su vida. Gilberto bien podría formar parte de esas cifras y de ese discurso. Pero me pregunto si a los residentes de Greenville les costará trabajo asociar a la cultura maya con el cristianismo y el tipo de fe que practican ellos.

Le pregunto a Gilberto:

—¿Qué diferencias y similitudes hay entre la manera en la que ustedes practican su fe y la forma en la que lo hacen otras personas?

Me explica que, a diferencia de lo que cree la gente, su comunidad maya no es una secta.

—Formamos parte de la Iglesia Católica, pero con otro carácter —me aclara.

Me dice que la filosofía maya migró a Estados Unidos de la misma forma que su comunidad.

—Hasta cierto punto, simplemente la conservamos.

Adaptamos ciertas cosas a la misa y a las oraciones, a nuestra manera —dice.

Pero la forma en la que habla de lo intangible es lo que me llama la atención. Describe lo que la mirada externa no percibe.

—Para nosotros, cuando rezamos o cuando nos comunicamos con Dios, es como si lo tuviéramos enfrente. Igual que estoy hablando contigo ahorita —dice mientras me señala—. Así hablamos con Dios. Todo tiene Su esencia. Adquiere una forma poética. Escucha esto —me dice.

Pronuncia "¡Ay, Dios!" en un tono sereno y magnético. Suena como si estuviera cantando una balada. Casi como una canción de amor.

—¿Ves? —me pregunta sonriendo—. Puedes decirlo de forma poética. Aunque nuestros hijos no entiendan las oraciones en maya, sienten la presencia de Dios.

Frente a los danzantes mayas, siento la historia como nunca la he sentido antes. Todo eso habla del poder que guarda esa fe: trasciende.

—Vamos a dar una vuelta al parque —dice Gilberto.

Vamos en coche a un parque grande y hermoso que hay cerca. Gilberto, sus hijos y yo empezamos a darle la vuelta. Mientras caminamos, él se detiene de pronto.

—Justo aquí, donde estamos parados en este instante: esta es nuestra madre tierra. Es quien nos alimenta. Así que le pedimos permiso y nos disculpamos por todo el daño que le hemos causado, por todos los desastres que hemos producido. Porque nuestra madre naturaleza es quien nos da vida —dice. Seguimos caminando y añade—. Nosotros creemos que la tierra es nuestra madre y debemos protegerla, no explotarla.

A nuestro alrededor veo otras familias paseando con sus hijos; su inglés contrasta con el qa'njob'al que Gilberto habla con sus pequeños. Mientras caminamos, me dice:

—Lo hacen todo mal. Creen que la naturaleza es un producto que pueden explotar y del que pueden extraer riquezas.

De nuevo, su poesía tiene una manera de hacer resplandecer todo lo que toca. Seguimos nuestro paseo, con árboles a nuestros costados, protegiéndonos del caluroso sol de Carolina del Sur. El sol es un símbolo muy arraigado en la cultura maya, inscrito en altares y pirámides.

Gilberto se gira a ver los haces de luz y dice:

—El sol es lo primero que saludamos. Él fue el primero en iluminar a todos los humanos.

Luego se vuelve hacia los árboles, todos bañados en su luz, y me cuenta que cada vez que los mayas tienen que cortar uno, piden permiso.

—Y nunca debes cortar un árbol de un solo tirón... Tienes que irlo cortando a lo largo de varios días, parte por parte —aclara.

Me explica que si cortas un árbol de tajo, le sale vapor del tronco. Ese vapor sale y se dispersa por la superficie, como si fuera humo.

—Ese es el corazón del árbol —dice—. Significa que su corazón está muriendo.

Parte de esta jornada con la comunidad maya —desde la frontera entre México y Estados Unidos hasta el Sur— ha implicado reconocer que su impulso imparable por sobrevivir proviene, en parte, de no temerle a la muerte. Porque, a fin de cuentas, ellos ven vida cuando los demás solo ven muerte.

Al final de nuestro paseo, mientras sus hijos corren y juegan —frente a nosotros—, me explica un término en q'anjob'al: *k'exel*. Se refiere a la idea de que cuando los humanos perecemos en nuestra forma física, nuestros rasgos no se van de la Tierra. Se manifiestan en nuestros descendientes, así que sobrevivimos en nuestros hijos y nietos. Si tu abuelo era doctor y falleció, el *k'exel* que dejó atrás hará que tú tengas un don natural para la medicina. Del mismo modo, el que tú dejes atrás también hará que tus hijos tengan esas habilidades. En otras palabras, tu espíritu nunca muere en realidad. Sigue adelante.

Gilberto mira a sus hijos y dice:

—Es probable que nuestros ancestros estén hablando a través de ellos. Tarde o temprano van a regresar a través de ellos, y podrán reclamar estas tierras.

Se refiere a reclamar lo que es suyo.

En la manera en la que Gilberto mira a sus hijos veo la mirada que presencié en el teatro de Canton: la de un padre que espera que la siguiente generación lo libere. Gilberto no deja de señalar a sus niños morenos.

—Ellos se van a identificar como mayas —dice—, como miembros de los pueblos originarios, de los pueblos nativos. Ellos serán nuestra voz. Nuestros mensajeros. Esa es la esperanza. Son nuestro *k'exel*, para que esto no se acabe nunca —dice sonriendo.

Mientras nos dirigimos al estacionamiento y nos preparamos para regresar, nos cruzamos con varias familias, todas blancas. Fácilmente podrían haber sido alguna de las que vi mientras caminaba por el centro de Greenville. Las pintorescas. Así que le pregunto a Gilberto si alguna vez ha padecido racismo.

Gilberto y sus hijos, o *k'exels*, en un parque en Greenville, Carolina del Sur.

—Lo veo en los ojos, en la mirada —responde.

Si hubieran mantenido la mirada unos segundos más, esos blancos habrían podido reconocer algo extrañamente familiar en él: su fe. Como el patriotismo que sentí en Georgia, este tipo de fe tampoco vacila. Es firme y confiable, y no discrimina por color de piel. Si esas familias dieran un vistazo más profundo a la historia de las tierras que las rodean, sabrían que Gilberto pertenece al Sur tanto como ellas.

Mientras salgo de Greenville, bajo la ventana y dejo que el aire entre al coche. Desde aquí, el paisaje pierde todas las etiquetas que la sociedad le ha impuesto. No son "fronteras" ni "parques nacionales" ni "ciudades" ni "bosques", sino solo un enorme territorio continuo. Millas y millas de polvo, hierbas, colinas y naturaleza. En el carro, recuerdo una conversación que tuve con Lucía, una joven maya que conocí en Canton. Le pregunté si extrañaba Guatemala. Me contestó:

—Aquí, los mayas nos sentimos como en casa. Estamos rodeados de bosques y montañas.

Es una respuesta similar a la que me dio Gilberto sobre Greenville. De inmediato habló de los árboles:

—¡Aquí hay árboles! —dijo emocionado.

Y comprendo durante este trayecto que han de sentir estos paisajes como su hogar, porque son las mismas hojas, suelo y acantilados que sus ancestros pisaron mucho antes de que los europeos descubrieran este continente.

Mientras sigo mi recorrido de la cordillera Azul, oigo la voz de Gilberto de nuevo:

—Ser maya no es algo que se diga; es algo que se siente.

Su declaración me obliga a pensar en mis conceptos de fe y patriotismo. ¿Alguna vez me he sentido "estadounidense"? ¿Me he identificado así? Decido ir al sur, por la autopista I-95 hacia mi ciudad natal, Miami, para empezar a encontrar respuestas a esas preguntas.

7

El epicentro

Después de pasar gran parte de mi infancia en Madrid, me mudé a Miami a cursar mis últimos dos años de secundaria. Y cuando mis compañeros y yo nos graduamos, hicimos lo que las generaciones anteriores no habían hecho: salimos de la burbuja. Nos fuimos, mientras que muchos de nuestros padres y abuelos se quedaron arraigados. Y yo de verdad me fui. Decidí asentar mi vida en el Noreste y consideraba a Miami un destino vacacional y el sitio al que iba a visitar a mi familia. Es casi como si sintiera algún tipo de resentimiento hacia la ciudad que me dio a luz, algún tipo de enojo —tal vez irracional— por hacerme ver el mundo y a mí misma de una manera tan unidimensional. Para mí, Miami creaba una representación incorrecta de lo que era el resto de Estados Unidos. Y, por lo tanto, de cómo me veía yo ante el resto del país.

Cuando me fui de Miami, me alejé tanto que no solo perdí contacto con mis amigos de la secundaria, sino también con algunos de mis queridos primos cubanos.

Solo regresaba de visita. Normalmente, cuando estoy allá, recorro la ciudad como si estuviera en una misión: voy del punto A al B, o de casa de mi mamá a la de mi papá, sin tiempo libre para desviarme de la ruta. Pero esta vez, cuando paso por Coconut Grove y veo mi secundaria, bajo la ventana y dejo que el calor se instale en el coche. Al igual que en los viejos tiempos, retumba *Y-100* en la radio, enormes banianos tapan la luz y la cálida brisa del océano te hace creer que es verano en cualquier época del año. A la derecha veo a varias muchachas de uniforme y mochila caminando hacia las puertas del colegio. Así me veía yo hace años. Totalmente encerrada en una belleza engañosa.

Irme y regresar es un sentimiento muy extraño. Me siento totalmente cambiada, pero aún capaz de caer justo donde me quedé hace años. Sin embargo, esta vez, Miami se siente distinta porque su gente ha cambiado. Nos fuimos y cambiamos.

En ese recorrido en auto, me pregunto: ¿Qué sintieron mis amigos de la secundaria y mis primos cubanos cuando se fueron de Miami hace años? Para quienes tuvieron la oportunidad de ir a la universidad fuera de aquí, ¿cómo fue su experiencia? ¿Empezaron a cuestionar su identidad, como yo? ¿También se enfrentaron a una miríada de preguntas sobre lo que significaban sus raices y sus nacionalidades afuera de la "burbuja de Miami"? En un lugar en el que el 70 por ciento de sus habitantes son latinos, y más de la mitad de ellos son cubanos, es muy impresionante darte cuenta de que el resto del país se ve, suena y siente totalmente distinto al entorno en el que creciste. Si creces pensando que hablar español es la norma y que ser de Cuba o de Colombia es mucho más común que de Ohio o de Tennessee, se siente muy raro percatarte de que eso no es precisamente cierto en el resto del país. Esa es la "burbuja de Miami".

Habían pasado años desde la última vez que hablé con algunos de mis amigos de la secundaria, así que decidí contactarlos y reunir a un buen grupo para hablar de nuestras experiencias. La primera pregunta que hago es la que nunca pude contestar cuando estaba en Miami:

—¿Cómo se identificaban mientras crecían aquí?

Tal vez la realidad es que es una pregunta que nunca tuvimos que contestar de adolescentes. Parte del privilegio de vivir en Miami es que, si eres latino, no tienes que dar explicaciones. Simplemente encajas. Por eso, al mirar hacia atrás, nunca pensé mucho en mi identidad como latina. A veces decía que era mexicana; otras, cubana; otras más, que era de Miami. Era un poco de todo y nada por completo a la vez.

Terry Vázquez, de mi misma generación, me dice que sus padres le decían:

—Tú no eres latina. No eres hispana. ¡Eres cubana!

Me cuenta que, aunque haya nacido en Estados Unidos, nunca se consideró "estadounidense".

—Nunca lo dije, porque no estábamos aquí a propósito. Estábamos aquí porque nos vimos forzados a estarlo —dice.

Nuestras familias cubanas, visitantes eternas de esta tierra. Me siento identificada.

Curiosamente, mis primos David y Katrina, que siempre han parecido siameses, me dan dos respuestas muy diferentes.

—Todos los demás me decían que era blanco —confiesa David—. No era negro. No era moreno. No encajaba.

Katrina, por otro lado, recuerda con firmeza:

—Me criaron como latina. Me enseñaron a ser latina.

"Cubana". "Blanca". "Latina". Hasta ahora, tres respuestas distintas a una pregunta muy simple: ¿Como qué te identificas?

Después, les planteo la pregunta que en realidad me muero por que contesten:

—Pero, ¿qué pasó cuando salieron de la burbuja de Miami?

Cuando me salen esas palabras de la boca, todos sueltan una risita nerviosa. Esto me contestan:

David, mi primo cubano:

—Estaba en mi primer año de la universidad, en Tallahassee. Fue un shock cultural, por decir lo menos. Ahí fue la primera vez que alguien fue racista conmigo... En ese momento, dije: "Ahhh... así se siente".

Cristina, de Panamá:

—Me preguntaban si hablaba mexicano.

Laura, de Cuba:

—En mi círculo de amigos en Nueva York, me volví la más morena del grupo.

Terry, de Cuba:

—Me decían: "Tú eres cubano, ¿verdad? ¿Por qué eres tan blanco si eres de Cuba?

Luisa, de Colombia:

—La gente no sabía cómo escribir "Colombia". [Es "ColOmbia", no "ColUmbia"].

Katia, de Nicaragua:

—En Nueva York por primera vez alguien me dijo: "Quiero decirte 'mamacita'".

Katrina, mi prima cubana, me da la otra cara de la moneda:

—Cuando llegué a la universidad, conocí a mucha gente que venía de otros países de Latinoamérica. Y me decían: "Tú eres estadounidense. No eres hispana". Crecí con gente que me decía que era latina, y luego me dijeron que no, que no era cierto.

De nuevo, varias respuestas a la pregunta, pero un tema subyacente muy claro: nunca fuimos lo que Miami nos había dicho que éramos. En cuanto nos fuimos nos dimos cuenta de que éramos algo más.

Tengo una última pregunta para los cubanos del grupo. Mientras crecíamos en esta ciudad, "ser republicano" iba de la mano con "ser cubano". Ese era el partido que siempre se ganaba los corazones y la confianza de la comunidad de cubanos exiliados, sobre todo después de la fallida invasión de Kennedy a Bahía de Cochinos. Así que les pregunto:

—¿Alguna vez se alejaron de su mentalidad conservadora cubana? ¿O se quedaron con ella?

Lo primero que dice mi primo David es:

—Castro era Voldemort.

Eso es exactamente lo que nos enseñaron de chicos a quienes crecimos aquí. Muchos cubanoamericanos jóvenes sentían la presión de seguir el historial de voto conservador de su familia. Sin embargo, la victoria de Barack Obama mostró el inicio de una brecha generacional que empezó a estallar a nuestro alrededor: fue la primera vez en la historia en que un candidato presidencial demócrata ganó el voto cubano en Florida, y se debió, en gran parte, a las voces jóvenes que empezaron a formar opiniones propias, memorias e historias propias. A no solo ver el pasado, sino el futuro que se desenvolvía ante nosotros día tras día.

Cuando hago esa pregunta, mi prima Katrina dice que aunque se considere independiente —lo que coincide con la tendencia de votación de muchos latinos jóvenes— sigue tomando en cuenta la opinión de su abuela cubana cada vez que mete una boleta a la urna. David también recuerda haberse empadronado por primera vez y sentir la presencia de su abuela en todos lados.

—Sentía a mi abuela vigilándome por encima del hombro, diciendo: "¿Pusiste 'independiente'? ¡No, no, pon 'republicano'!". Salir de Miami me dio la oportunidad de encontrar

Cubanos conservadores cuelgan este póster en el downtown de Miami.

mi propia voz —explica—, de encontrar lo que me gustaba a mí, de encontrar a quién seguía yo, porque ya no iba a seguir a mis padres.

Todos tuvimos que salir de Miami para encontrarnos.

Curiosamente, todas y cada una de las personas con las que hablé habían vuelto a Miami para quedarse. Después de irse a la universidad, conseguir trabajo en algún otro estado y tratar de hacer su vida allá, todos empacaron sus cosas y compraron un boleto de ida para regresar a Miami; a casa. Y no sé si ellos vean lo que yo veo, pero todos y cada uno de ellos regresaron cambiados. Terry, Cristina, Luisa, David, Katrina, Laura. Todos se sienten distintos. Muchos se fueron pensando que eran blancos y volvieron sabiendo que no lo son. Se fueron indefinidos y volvieron latinxs. Se fueron leales al partido republicano y volvieron abiertos al cambio. Se fueron como locales y volvieron como inmigrantes. Se fueron extremadamente privilegiados y volvieron con una consciencia renovada.

En otras palabras, todos tuvimos que salir de Miami para poder ver a Miami. A Miami en su totalidad.

Porque, cuando tú cambias, la ciudad a la que regresas empieza a verse distinta. Comienzas a ver las cosas, las esquinas y a la gente que siempre estuvo ahí, pero que nunca formaron parte de la fantasía con la que creciste.

EL NUEVO ESTADOUNIDENSE

—¿Abuelo, te acuerdas de cuando te volviste ciudadano estadounidense? —le pregunto a mi abuelo Carlos.

Él adquirió la ciudadanía oficialmente en 1970. Se ríe y de inmediato recuerda una de sus anécdotas preferidas de ese entonces. Tiene que ver con su amigo cubano Mariano. Al parecer, cuando Mariano hizo el examen para la ciudadanía estadounidense, el examinador le preguntó si podía nombrar a un presidente del siglo XX.

—¡Pero él, que era la persona que menos inglés hablaba en el mundo, creyó que le estaba pidiendo veinte dólares de soborno! —exclama mi abuelo—. Así que se metió la mano al bolsillo, sacó un billete de a veinte y se lo dió a su sinodal. Terminaron acusándolo de soborno y le suspendieron el examen. Años después, por fin logró pasar. Murió poco después.

Todos los inmigrantes recuerdan cómo ellos o alguien cercano a ellos se hizo ciudadano estadounidense. Todos recuerdan algo de ese día. Mi abuelo recuerda la historia de Mariano. Mi papá mexicano recuerda que consiguió su pasaporte estadounidense el mismo día que su nacionalidad. Al día siguiente, voló por primera vez como ciudadano estadounidense. Me dice contentísimo por el teléfono:

—Al día siguiente viajé como ciudadano de los Estados Unidos.

Ha de ser una sensación inolvidable: por fin pertenecer a Estados Unidos de forma legítima (o al menos según sus documentos). En realidad, más personas de las que creemos nacieron ciudadanas, pero apenas están descubriendo qué se siente ser "estadounidense". Muchas de ellas apenas están navegando por una identidad y un sistema que les pertenecía de inicio —por derecho de sangre y legal—, pero en el que nunca sintieron que encajaran.

Me refiero a los puertorriqueños, una comunidad de lo más estadounidense que hay. Formalmente, Puerto Rico ha sido territorio de Estados Unidos desde 1898, pero los continentales los excluyen, los alterizan y los tratan como ciudadanos de segunda clase. Por ejemplo, casi el 50 por ciento de los estadounidenses ni siquiera saben que los puertorriqueños son ciudadanos gracias a su estatus de territorio. Pero, si naces estadounidense, ¿automáticamente te sientes estadounidense? Cuando llegan al continente, muchos jóvenes boricuas se plantean exactamente esa pregunta. Entre 30 y 50 mil puertorriqueños se mudaron a Florida cuando el huracán María arrasó la isla y dejó tres mil muertos y una destrucción inimaginable a su paso.

Así que voy a la Universidad Internacional de Florida (FIU) para hablar con tres estudiantes boricuas. Dos de ellos, Gabriel y Javier, están tomando cursos de verano para recuperar el semestre que perdieron por culpa del huracán en la isla.

Son atléticos, altos, serios y serenos. Su presencia se siente. Javier me cuenta que entró a bioquímica para ser veterinario, y Gabriel dice que él está en biología para ser doctor. Gabriela de Jesús, la tercera estudiante, lleva más tiempo en el continente, y es presidenta de la Asociación de Estudiantes Puertorriqueños. Pero pronto percibo que ha superado ese título: es la líder que está dando voz a los estudiantes post-María en el campus. Se nota por la manera en la que Javier y Gabriel la miran y la respetan.

Muchos se sienten como ellos: desplazados, pero batallando en un nuevo hogar. Después del huracán, alrededor de mil estudiantes universitarios puertorriqueños se transfirieron a las universidades públicas de Florida. Y, según el Departamento de Educación de Florida, en 2018, más de once mil estudiantes de la isla estaban inscritos en los distritos escolares públicos. Como me recuerda Gabriela, la vanguardia de la migración post-María fueron los jóvenes. Estados Unidos continental ahora es más juvenil.

El huracán María está bien arraigado en la psique de la juventud y ese trauma dirige sus pasos.

—Vi por primera vez cosas que nunca había visto en mi vida —me dice Gabriel.

Javier recuerda el estrés que sintió cuando María golpeó Puerto Rico, mientras esperaba durante horas formado en el supermercado para conseguir hielo para la insulina de su abuela.

—Teníamos que mantener fría la insulina —dice.

Los dos me cuentan de las filas de entre ocho y diez horas para conseguir gasolina, de cómo esperaban para conseguir agua, y de la gente sosteniendo carteles gigantes en las carreteras de terracería. Algunos decían: "Necesitamos ayuda". Otros: "¡La gente se está suicidando, auxilio!". Son recuerdos que no pueden olvidar. Gabriel y Javier me cuentan que la oportunidad de venir a Miami en 2018 después del huracán les produjo sentimientos encontrados: se sentían muy privilegiados por poder terminar sus estudios, pero también tenían reservas respecto a dejar atrás a sus seres queridos.

Ninguno de los dos había estado en Miami antes. Como a muchas personas, les parecía un destino turístico, no una ciudad en la que viviera nadie.

—Yo siempre he sido extrovertido, ya tú sabes. Hablo con la gente. Pero me costaba trabajo con los gringos, con los estadounidenses —me dice uno de ellos.

Incluso Miami, la meca de los latinos, exigía que se asimilaran. Por fin, Javier y Gabriel encontraron su pandilla natural con otros boricuas y algunos estudiantes venezolanos y cubanos. Pero se apresuran a aclarar que varios estudiantes

Gabriela, Gabriel y Javier, todos estudiantes puertorriqueños, en el campus de la Florida International University.

post-María nunca se acostumbraron a la vida en el continente y se regresaron a la isla.

—Se fueron porque no pudieron asimilarse... no soportaban estar solos.

Cuando les pregunto por sus visitas recientes a Puerto Rico, se les ilumina la mirada.

—Cada vez que voy de visita, no me quiero ir de la isla, pero siempre regreso —me dice Javier—. Cada vez es más fácil.

—¿Pretenden volver a la isla? ¿Regresar? ¿O Miami ya es su hogar? —les planteo.

Cunde el silencio ante la pregunta. Nadie puede contestar sin vacilar.

—Sí... no... ¿tal vez?

Y eso, en sí mismo, es la respuesta: Miami se estaba convirtiendo en un lugar al que podían llamar su hogar. Aunque fuera a regañadientes.

—Cada vez es más fácil —repiten.

Hay algo incluso más significativo en esa respuesta. Por ejemplo, a diferencia de la mayoría de los cubanos y venezolanos que están en Miami, una población que viene huyendo de la inestabilidad política y la violencia, muchos boricuas como Javier y Gabriel sí tienen la opción de regresar definitivamente a la isla. De cierta manera, aún tienen esa puerta abierta. Pero su identidad en Miami se está convirtiendo en mucho más que solo "estudiantes post-María". Se están volviendo mucho más que etiquetas definidas por el dolor, el trauma y un desastre natural. Lo que están haciendo —conscientes de ello o no— es reclamar su título de "estadounidenses" y usando esa voz para incluir a Puerto Rico en la narrativa de Estados Unidos, reconociendo que la mejor manera de amar a su Isla —de luchar por sus queridos boricuas— es ser miembros activos del Estados Unidos continental. Volverse presentes, visibles y vistos. Ya no víctimas de un huracán, sino portavoces de su gente.

—Para representar nuestro poder en Puerto Rico, y los intereses de la Isla, tenemos que representarnos aquí. Si no lo hacemos (si no fortalecemos a la diáspora), no podremos ayudar a la Isla. Ese es el vínculo que tenemos que fortalecer —me dice Gabriela.

En el fondo, Javier y Gabriel asienten, mirándola con admiración. Tiene que ser admiración, porque ella les ayudó a descubrir el poder particular que blanden en Miami. Javier recuerda que Gabriela lo empujó a reconocer lo importante que era su voto en Estados Unidos.

—Tu voz casi no cuenta en Puerto Rico —le recordó.

Como Puerto Rico no se considera un estado, los boricuas en la isla no tienen derecho a votar en las elecciones presidenciales ni legislativas. Por fin, Javier se empadronó en Florida.

—Me dije: ¿Sabes qué? Voy a votar aquí, porque, a fin de cuentas, si puedo motivar a otra gente como yo, podemos alzar la voz por nuestros intereses. Desde el huracán, somos tantos aquí que podemos obligar a los políticos a tomarnos en cuenta —me dice Javier.

—Nosotros representamos a la gente de la isla —afirma Gabriela.

Miles de jóvenes se vieron forzados a venir a Miami, se quedaron, y ahora están cambiando su empadronamiento. Por lo menos, gracias a los esfuerzos de Gabriela, están considerando hacer el cambio. Y se trata de un cambio mucho más poderoso de lo que parece, porque es un reclamo de pertenencia. De un derecho, una presencia y un estatus al que los puertorriqueños siempre han tenido acceso. De nacimiento.

—¿Qué los considera la gente? —les pregunto.

—Bueno, somos parte de Estados Unidos, ¿no? Pero, al mismo tiempo, la sociedad estadounidense no nos considera iguales a ella. Creen que somos extranjeros —responde Gabriela.

Me cuenta que muchas personas le han preguntado si Puerto Rico es parte de México. "Así que eres mexicana, ¿no?". Ha oído eso muchas veces.

—Se me hace rarísimo que los estadounidenses no conozcan su propia historia —me dice.

Esta es una nueva generación de boricuas post-María que

están aprovechando la oportunidad para hacerse visibles. Para cambiar la imagen de lo que los ciudadanos de este país siempre han creído que es lo "estadounidense".

En el campo de batalla que es Florida, los jóvenes puertorriqueños han acumulado un poder de voto nunca antes visto. Aunque aquí siempre haya estado la comunidad más grande de puertorriqueños fuera de la isla, sus miembros suelen tener una participación en las elecciones mucho menor a la de otros grupos de latinos. Ese patrón podría empezar a cambiar con gente como Gabriela, Javier y Gabriel. Su poder no necesariamente recae en su cantidad, sino en el mensaje que están tratando de mandar con cada empadronamiento y cada boleta marcada: ellos importan —y su isla importa— tanto como cualquier otro estadounidense. Y, por lo que he visto en este viaje, esa decisión de convertir la tragedia en esperanza es una característica propia de la comunidad latinx.

Antes de irme de la escuela, Gabriela quiere decirme una última cosa. —Me voy a postular como candidata. De inmediato me aclara que no lo va a hacer en la isla. Lo va a hacer en el continente, en Florida. Y sospecho que personas como Javier y Gabriel van a tocar de puerta en puerta buscando votos.

EL NUEVO VOTANTE

—¿Papá, te acuerdas de la primera vez que votaste en Estados Unidos? ¿Cómo se sintió? —le pregunto a mi padre.

—Fue la primera vez que me sentí cien por ciento estadounidense —me contesta.

Recuerda cuántas ganas tenía de votar en persona ese día.

Quería la experiencia completa. Formarse, sentir la superficie de la máquina y meter su boleta. Pero debido a los viajes que tenía programados, tuvo que hacerlo por correo. Me recuerda que fue un primer voto importante para él.

—Estados Unidos venía saliendo de dos guerras.

Muy pronto, más personas en Florida podrán sentir lo mismo. No solo los boricuas como Javier, Gabriel y Gabriela, sino también miles de exconvictos que, por primera vez en sus vidas, podrán ejercer su derecho al voto. Florida era uno de los pocos estados que les negaba el voto a las personas con antecedentes penales después de terminar su sentencia. Era la culminación de los intentos —que iniciaron tras la Guerra de Secesión— por silenciar las voces de las personas de color usando reglas de pérdida de derechos por delitos. Pero, gracias al trabajo de muchos activistas, hubo un referéndum durante las elecciones de medio término de 2018 para derogar la pérdida del voto por delitos en Florida, y restaurar el derecho al voto al salir de la cárcel. La Enmienda 4 de Florida no solo se aprobó, sino que lo logró con un abrumador 65 por ciento del voto, gracias a los cuales se derogó un estatuto de 150 años que privaba a los delincuentes de sus derechos de manera permanente. Como resultado, aproximadamente 1,4 millones de personas con antecedentes penales en Florida ahora pueden votar. Sin embargo, mientras escribo estas líneas, el partido republicano se está esforzando por evitar que suceda.

Ángel Sánchez es uno de los 1,4 millones de exconvintos con una voz nueva y una dignidad redescubierta. Es *millenial*, tiene un papá cubano, una mamá venezolana y creció en Miami.

Lo conocí en el respingado barrio de Brickell, rodeado de

Ángel en el downtown de Miami, por Brickell Avenue.

condominios elegantes y cafeterías a la moda con ventanales de vidrio. Ángel tiene cara de ángel: está bien rasurado, trae *jeans* blancos y una camisa naranja; encaja perfecto en la élite de Miami.

Siento que hablamos durante horas. A mitad de nuestra conversación, le pregunto:

—Ángel, ¿qué estás pensando?

Mira a nuestro alrededor. A la derecha y a la izquierda. A los peatones que pasan junto a nosotros.

—Estoy pensando en cuántos creerían que soy exconvicto, que pasé doce años en la cárcel —dice.

Sigue mirando a la gente: a la pareja que va de camino a su departamento, a la chica que sacó a pasear a su perrito, al tipo que pasó rasando en su Mercedes.

—Yo soy a quien le tienes miedo —dice tranquilo—. Creo

que mi capacidad de estar aquí y ser tan normal como cualquier otra persona sirve de ejemplo (como embajador de los que siguen encerrados) de que, si nos dan la oportunidad, podemos estar aquí y ser tan normales como los demás.

En cierto punto en nuestra conversación, Ángel saluda de lejos a alguien que lo reconoció. Le pregunto quién es, y me dice que es uno de sus compañeros de la facultad de derecho. Él estudia en la Universidad de Miami (UM), una de las mejores del estado. Por alejado que estuviera de este barrio de Brickell cuando era chico, ahora es un lugar que frecuenta los fines de semana, cuando sale con sus amigos de la escuela o pasa el rato en la elegante casa de alguno de ellos.

Le pregunto si ya siente que es parte del "club", de la burbuja elitista de Miami que succiona a tanta gente.

—Sí, y a veces siento culpa del superviviente —me dice.

Pero Ángel hace algo que es inusual por aquí, sobre todo en las calles vistosas como esta: siempre te dice quién es. Siempre se es fiel.

Cada vez que se presenta, dice:

—Nací en Miami; crecí en la cárcel; fui a la escuela en Orlando y ahora volví a Miami para estudiar derecho.

Quiere que oigas la palabra "CÁRCEL" en la oración para asegurarse de romper cualquier estereotipo que tuvieras de los delincuentes.

—Así no queda duda de mi historia —afirma.

Esa forma de presentarse —metiendo a propósito la palabra "cárcel" entre sustantivos, verbos y pronombres ordinarios— está logrando un cambio en Miami, dándole a la gente una segunda oportunidad para demostrar que pertenecen a las calles soleadas y no tras las rejas. Pero eso requiere creer en uno mismo, y eso es algo que Ángel no siempre hizo, sobre todo cuando el sistema apostaba en su contra.

El barrio miamense de la Pequeña Habana, donde él creció, les ha brindado fe a los exiliados cubanos durante muchos años. El grueso de la vida ahí se concentra en la famosa Calle Ocho. Ahí, innumerables cubanos han encontrado esquinas, cafés, imágenes y olores —envueltos en nostalgia— que le dieron a la comunidad razones para creer que algún día podrían volver a su isla. Fue un tipo de fe que convenció a la gente de que el destino le deparaba algo mejor; no era una fe en Dios ni en ningún ser superior, sino en ellos mismos. En su capacidad de seguir adelante. Ahora, si bien esas calles de la Pequeña Habana han dado tantas alegrías a tantas personas, también sentenciaron a la cárcel a Ángel.

Él no creció con fe en el futuro. Creció en la Calle Diez, a apenas dos cuadras de la Calle Ocho. Aunque los miamenses conozcan el barrio como la Pequeña Habana, me corrige y me dice que lo más común es que los locales le digan la Pequeña Managua. En los años ochenta, cuando la contrarrevolución estalló en Nicaragua, muchos nicaragüenses terminaron reconstruyendo sus vidas en la Pequeña Habana. De adolescente, la mayoría de sus amigos eran hijos de madres solteras que venían de ese tipo de familias de pocos ingresos. Familias que trabajaban duro para llegar a fin de mes. Pero, al pasar de los años, el barrio se convirtió en "barrio bravo" para el sistema y la policía etiquetó a sus amigos de "pandilleros". Irónicamente, eso les dio a los adolescentes más orgullo, sentido de pertenencia y autoestima que nunca. Una clase de estatus que ansiaban.

Ángel dice que cuando te tratan como pandillero, te comportas como uno. Cuando te agreden, reaccionas con violencia. Y cuando te dicen que no eres nadie, te lo crees. Sobre todo si no hay nadie cerca que te diga lo contrario.

—Empezamos a hacer todo lo que hacían las pandillas —recuerda.

Me cuenta que recuerda intercambiar Super Nintendos por pistolas, que sus amigos le celebraban cada disparo y que se ganaba la credibilidad de las calles cada vez que lo arrestaba la policía.

—Empecé a convertirme en lo que decían que era: lo peor de lo peor —declara.

Lentamente, aunque siguiera siendo menor de edad, entrar y salir de la cárcel e ir a juicio como adulto se volvió la norma para él. Una vez, estando en libertad, lo volvieron a arrestar por robo a mano armada. Terminó sentenciado a 30 años tras las rejas. Me lo dice con voz tranquila, como si ese siempre hubiese sido su plan.

Y es interesante cómo la gente encuentra su identidad en Miami. El orgullo cobra muchas formas diferentes en esta ciudad. Ángel —condenado a 30 años tras las rejas y muy alejado de la libertad— terminó frente a frente con una parte de sí mismo que no había podido ver afuera del presidio. Encontró orgullo y fortaleza ahí adentro. Y eso es lo que tiene la identidad: si la encuentras, te da un propósito.

—Fue una de las primeras veces en que me sentí tan orgulloso de ser latino —me dice con una sonrisa—, porque, en la cárcel, a los latinos se nos respeta.

Ser latino cobró un sentido nuevo para él.

Me dice que una de las primeras cosas que los demás reos le preguntaban cuando llegó a su celda fue: "¿Hablas español?"

o "¿Tú eres latino?". Preguntas que de inmediato apuntaban a la camaradería. Eso fue también lo que impulsó su interés por la historia de su comunidad, lo que hizo que aprendiera del colonialismo, las comunidades indígenas y sus raíces cubanas y venezolanas.

—Ahí, por primera vez, me empecé a dar cuenta de que no era una amenaza para la sociedad —me cuenta—. De que no era la sal de la tierra, sino un producto de mi entorno, y que tenía mucho de lo que sentirme orgulloso.

¿Y qué pasó cuando encontró su orgullo? Él no fue el único en cambiar. La ciudad también cambió con él. Aunque lo hayan liberado antes de concluir su sentencia de 30 años, de todos modos pasó 12 años tras las rejas. En cuanto salió, supo que tenía que evitar una cosa: regresar a Miami. Por ninguna circunstancia volvería a la Calle Diez, a esas cuadras problemáticas que arruinaron su futuro. La Calle Diez estaba tachada; como si fuera una exnovia. Con los ojos fijos en empezar un nuevo capítulo y buscar la justicia que empezó a ansiar en la cárcel, terminó pasando cuatro años en Orlando y no dirigió su mirada a Miami una sola vez. Sin embargo, hace poco le plantearon la inesperada oportunidad de ser pasante de un juez y estudiar derecho en la Universidad de Miami, una oferta que no podía rechazar. Me cuenta que trató de encontrar alojamiento por todo Miami, evitando a toda costa la Calle Diez y la Pequeña Habana. Trató por todos los medios de evadir esas calles, pero continuamente lo rechazaban caseros escépticos que descubrían sus antecedentes penales.

—¿Y en dónde acabaste? —le pregunto.

Se ríe.

—En la Calle Diez —dice.

Me cuenta que la Calle Diez fue el único lugar de Miami que lo acogió de vuelta.

—Nunca me habría imaginado no solo regresar a Miami, sino volver a las cuadras en las que me encarcelaron —dice—. Justo ahí. Pero, igual que yo, ese lugar ya cambió por completo.

Le pregunto qué tipo de cambio nota en la Pequeña Habana. Me dice que ve menos gente en las calles, lo que indica que tienen otros lugares donde estar. Percibe más programas escolares en las tardes y menos oportunidades para que los jóvenes intercambien Nintendos por armas. Ve un cambio. Pero, aunque no lo sepa, el verdadero cambio por el que está pasando la Calle Diez es el regreso de Ángel a su antigua cuadra. Un regreso que está desafiando toda probabilidad y abriendo el camino para un futuro más brillante para todos los que sigan sus pasos. Entre muchas cosas, Ángel está comprometido con restaurar la fe en su comunidad, y para eso tuvo que entender que tiene una voz que puede cambiar las cosas. Él fue uno de los activistas que luchó por la aprobación de la Enmienda 4, que les dio el poder del voto a los exconvictos como él.

Así que le pregunto lo mismo que le pregunté antes a mi papá:

—¿Recuerdas la primera vez que te registraste para votar?

Se le ponen los ojos llorosos.

—Guau, la mayoría de la gente espera a sus 18 años para empadronarse por primera vez. Yo tuve que esperar hasta los 36. Tuve que esperar el doble. Durante ese tiempo, aprendí a movilizarme. Aprendí a militar. Aprendí a organizar. Aprendí a investigar. Aprendí la historia de todo esto y ahora la aprecio mucho más. Ahora voy a hacer que mi voz cuente. Así que es un momento muy especial.

Cuando nos despedimos, Ángel recoge su patín de Lyft y se va de Brickell.

(REDESCUBRIR) EL HOGAR

Con las ventanillas todavía abajo, el calor tropical entrando por ellas y el volumen al máximo, otra cosa que noto durante mi recorrido es lo elitista que había sido la comunidad de exiliados cubanos de Miami. Casi como un club de chicos exclusivo. Sin duda es uno de los grupos más valientes y trabajadores que he conocido, pero también uno cuyo estatus, éxito y reconocimiento se determinaron en gran medida por tener la piel clara. Pienso en mi viaje a Cuba en enero de 2014. En recorrer La Habana Vieja, cruzándome con gente de bellos y variados matices de negro y moreno. Ellos también eran la gente de la isla que había acaparado nuestras historias todos estos años. Ellos también eran el pueblo de Cuba. Pero, ¿dónde estaban los afrocubanos en el Miami en el que crecí?

—Estamos tratando de pintar una imagen de algo que no es realista —me dice Leyanis Díaz, una afrocubana de Miami—. Los cubanos somos de todos los colores, sabores y tamaños, y no siento que la población de Miami lo refleje de verdad.

Por ejemplo, a mucha gente le sorprende enterarse de que exista una comunidad chinocubana. Aunque en declive, ahí están. A mediados del siglo XIX, más de cien mil chinos, casi todos hombres, fueron llevados a trabajar en los cañaverales cubanos. En cierto punto, se dice que la Habana tenía

Afrocubanos pasando el rato en la Pequeña Habana de Miami.

el barrio chino más grande de América Latina. Hoy en día, hay aproximadamente 114 mil cubanos con ancestros chinos en la isla. Así que sí, los cubanos nos vemos de muchas formas distintas.

Leyanis, por ejemplo, es una *millennial* que nació en Cuba y llegó a Miami a los tres años. En realidad debería presentarla diciendo que fue "Miss Black Florida USA" en 2017, un título revelador que captura un fragmento de su historia en Miami: quienes la acogieron primero fueron los negros, no necesariamente los latinos. Y, aunque yo necesitara 18 años y mudarme de Miami para enfrentarme a preguntas básicas sobre mi identidad, Leyanis solo tuvo que estar en esta ciudad para enfrentarse a una horrible realidad.

Me cuenta que, cuando estaba en la primaria, uno de sus compañeros le preguntó:

—¿De dónde eres?

—Soy cubana —dijo.

—Nunca había visto a una cubana negra —contestó el niño.

Leyanis recuerda que le impresionó esa respuesta. Para ser sincera, la reacción impulsiva de ese niño pudo haber sido la mía. Tan solo se dirigía hacia una persona que contradecía la imagen blanqueada de la diáspora cubana en la que crecimos muchos. Una imagen que les aseguraba a los de tez clara que sí pertenecían a la comunidad y le decía a Leyani que ella, no. Leyani cuenta que, poco tiempo después de esa experiencia, empezó a alienarse de su cultura y pensó:

—Se acabó. Ya no quiero ser cubana, porque de todos modos nadie me cree que lo soy.

En el bachillerato, logró recobrar su orgullo. Por conversaciones con su madre y su abuela e investigando por su cuenta, encontró poder en su historia y belleza en su afrolatinidad. Sin embargo, es bien sabido que la autoestima no necesariamente se convierte en aprobación pública. Sobre todo cuando se trata de estándares de belleza. Durante años, Miami ha marcado el tono de lo que significa la "belleza latina", al sexualizar a las mujeres delgadas y de tez clara con, *perdón*, senos grandes, mucho maquillaje y tacones altísimos. Por eso, cuando Leyanis inició su travesía en el sistema de concursos de belleza de Miss Florida, se sintió fuera de lugar. Me cuenta que casi siempre era la única negra compitiendo y que se alisaba el pelo para asimilarse.

—Creo que siempre me silenciaba, trataba de verme menos negra de lo que era —dice.

Leyanis siguió compitiendo y siguió perdiendo por uno o dos puntos. Era genial, pero no lo suficiente a sus ojos; talentosa, pero no lo suficiente; hermosa, pero no lo suficiente para ellos. Siempre quedaba uno o dos puntos por debajo de alguien de tez y pelo más claros y rizos más sueltos. Era una batalla que conocía demasiado bien. Desde su infancia en Miami, siempre había sido demasiado negra para ser latina o demasiado latina para ser negra.

Hasta que un día se dio cuenta de que no estaba compitiendo en el concurso correcto. En vez de rendirse, se inscribió al sistema Miss Black USA, una plataforma que sentía mucho más abierta e inclusiva para las mujeres de color. Una que le permitió romper los estándares, binarismos y sesgos de belleza cuando se convirtió en la primera latina en ganar el título de "Miss Black Florida USA". No se ganó esa corona con el pelo alisado ni con una sola identidad, sino con sus rizos naturales que se alimentaron de dos identidades: la negra y la cubana.

Aunque Leyanis y yo no pasamos por lo mismo de chicas, supuse que teníamos una cosa en común: a Castro. A fin de cuentas, un estereotipo que casi siempre aplica en esta ciudad es que, si eres cubano de Miami, lo más probable es que odies a Fidel Castro. Como dijo mi primo David:

—Castro es Voldemort.

¿O esa imagen también estaba inflada por la burbuja en la que había crecido, en la que todos los cubanos de Miami eran anticastristas? ¿Pensaba distinto Leyanis por ser afrocubana? No la vi en las calles de la Pequeña Habana festejando la muerte de Fidel Castro el 25 de noviembre de 2016. Ese día, se sentía como si casi todo Miami estuviera en la calle. Cientos de personas se reunieron afuera del Café Versailles, marchando por la calle con lágrimas cayendo de sus ojos. Lágrimas de resentimiento por los años perdidos fuera de la isla, lágrimas de venganza por el abuso a los derechos humanos y lágrimas de alegría por creer que la libertad estaba un poquito más cerca.

No vi a Leyanis aquella noche porque no estaba ahí. Sí, creía que Castro era un dictador y un tirano, pero también veía otro lado suyo que muchos de nosotros nos negábamos a reconocer o a ver siquiera.

—Los cubanos negros ven a Fidel de una manera mucho más positiva que los blancos —me dice Leyanis—. Y eso tiene que ver con la historia.

Mark Sawyer, profesor de ciencias políticas y estudios afroamericanos de la Universidad de California en Los Ángeles, lo expresó así en una entrevista en NPR:

—Creo que tenemos que considerar los errores de Castro, como no permitir grupos de presión negros y no implementar políticas antidiscriminatorias más rígidas, como fracasos, pero también reconocer que ha sido quien más cerca ha estado de eliminar la desigualdad racial en un lugar que tuvo esclavitud de plantaciones.

Ese es el punto. Para muchas personas, Fidel fue quien más había luchado contra la disparidad racial en la isla, y eso, por sí mismo, implicaba que su muerte se llevaba consigo varios legados, no solo ese unidimensional con el que yo crecí. Esos legados significan que, comprensiblemente, la gente tendría reacciones distintas a su fallecimiento, incluyendo la celebración y el duelo, y todo lo que hay en medio.

—Fidel no fue perfecto, pero creo que lo que hizo por los cubanos negros tal vez no fue mucho, pero pueden comer, tener una casa y por lo menos tener acceso a las necesidades básicas.

Aunque me siento como traidora a mi familia, sí comprendo lo que me dice Leyanis. No es cuestión de estar de acuerdo con ella o no. Es su verdad, su experiencia vivida y su realidad, en su piel. Es el reconocimiento de que ni siquiera un villano como Fidel Castro fue nunca tan blanco y negro en Miami.

Cuando termino de hablar con Leyanis, regreso al coche y sigo mi camino. Empiezo a notar una historia de dos ciudades en Miami. Veo una ciudad llena de hipocresías. Una ciudad alimentada por inmigrantes, pero que rechaza su estatus de santuario; una ciudad llena de riqueza, pero con una de las desigualdades de ingresos más altas del país; una ciudad gobernada por cubanos, pero que alza la vara de entrada a otros latinoamericanos. Pero también veo una ciudad llena de oportunidades que pueden cambiar el equilibrio de poder que la mantiene.

Porque lo que más veo es una Miami en la que se está repitiendo la historia. En la que siguen sucediendo los mismos ciclos por los que pasaron nuestras familias hace una generación: la huida, el trauma, el volver a empezar. Sin embargo, esta vez, la historia no tiene un solo protagonista. Tiene muchos. Ya no solo son los exiliados cubanos. Están los puertorriqueños construyéndose nuevos futuros tras el huracán María y los venezolanos que vienen huyendo de la opresión. También están los locales que obtuvieron una segunda oportunidad y la generación más joven de cubanoamericanos —como mis amigos de la secundaria—, que regresaron a Miami totalmente cambiados. Juntas, estas son las nuevas voces latinxs que están redescubriendo lo que significa convertirse en exiliado, en votante, en estadounidense, y le están dando un sentido completamente nuevo.

Por eso esta ciudad es el epicentro, porque su mismo

suelo está cambiando: ondas sísmicas agitan a su tierra y su gente. Parte de encontrar lo latinx en estos viajes consistió en entender que las identidades recién descubiertas también tienen la capacidad de cambiar nuestro entorno. Gracias al movimiento latinx, no solo estamos encontrándonos a nosotros mismos, sino redescubriendo lugares, viéndolos con una lente nueva de gente morena que no habíamos usado antes.

EL NUEVO EXILIO

Con el fallecimiento de Castro también llegó la muerte de muchos sueños. Miles de exiliados cubanos se dieron cuenta de que era demasiado tarde para volver a su amada isla. Habían pasado demasiados años. Pero cuando un villano muere, salen nuevos a la luz. Cuando las ilusiones se desvanecen, otras toman su sitio. Y por eso las consignas anticastristas con las que crecí se están convirtiendo poco a poco en enérgicos mítines antimaduristas.

Los venezolanos se están volviendo el nuevo enclave de la comunidad de exiliados de Miami. La historia de Venezuela en Latinoamérica tiene una melodía similar a la noveleta cubana, con un capítulo final que termina con el triunfo del socialismo contra la libertad del pueblo. Hugo Chávez, el expresidente de Venezuela, subió al poder en 1999 con una promesa de cambio revolucionario, de restaurar la esperanza y cambiar la página de la historia. Se aferró al título durante más de una década, mientras muchos analistas argumentaban que su plataforma populista, aunque liberal en teoría, era autoritaria en la práctica. Nacionalizó industrias, amplió bastante los programas sociales de su país y apoyó a los pobres. Pero también abusó del poder del Estado y violó derechos humanos y civiles. Cuando murió, en 2013, su sucesor, Nicolás Maduro, asumió la presidencia y sumió al país a una crisis sin precedentes. Venezuela solía ser un país próspero, con las reservas de petróleo más grandes del mundo, pero colapsó hasta convertirse en un Estado pobre, peligroso y caótico. Un Estado que no solo provocó una crisis económica, sino una emergencia humanitaria completa.

La migración venezolana ha aumentado desde hace años, incluso mucho antes de que Maduro subiera al poder. Pero, desde 2014, más de cuatro millones de venezolanos han huido del país; de estos, alrededor de 300 mil escaparon a Estados Unidos. Había unos 100 mil venezolanos en Miami cuando escribí este libro. Es común oír decir a la gente de ahí que los venezolanos son los "nuevos cubanos". Su historia y su dolor no solo evocan los de los cubanos, sino que su voz se está empezando a escuchar en cada rincón. Se organizan a la menor oportunidad y son muy ruidosos. Nos recuerdan los abusos que están sucediendo en su tierra.

La diáspora cubana que Miami mejor conoce se arraigó gracias a protecciones históricas únicas. Los cubanos se beneficiaron de una política de "pies secos, pies mojados", que le concedía asilo a cualquier cubano que pisara suelo estadounidense. Y, aunque hace poco se haya derogado esa regla, siguen disfrutando de un camino más corto a la residencia permanente que cualquier otra nacionalidad, gracias a la Ley de Ajuste Cubano de 1966. En resumen, durante muchos años, los cubanos fueron los primeros en recibir la ciudadanía y las protecciones legales básicas.

Si bien es cierto que los venezolanos vociferan con la

frente en alto en Miami, exudando la misma confianza que los cubanos, no cuentan con las mismas protecciones, por lo que cargan con un miedo que nunca se filtró realmente en las calles de la Pequeña Habana: el miedo a perder su tierra no una, sino dos veces. No solo perder a Venezuela, sino a Estados Unidos. Miedo a que les digan que "no pertenecen aquí". Es un miedo que tal vez no se note en las consignas antimaduristas, en los mítines públicos ni en los titulares, pero que está convirtiendo el núcleo de la comunidad de exiliados de Miami en uno más humilde.

—Una hipocresía con la que viven los cubanos (y muchos latinos) es que a menos de que no te afecte, todo es una ilusión —me dice Helene Villalonga, una activista venezolana en Miami.

Es porque su hijo, Juan, es ejemplo de la gama entera de emociones y limbos legales a los que se pueden enfrentar los exiliados venezolanos en Estados Unidos: un día lo acogieron aquí; al día siguiente, lo estaban criando como estadounidense; luego, lo deportaron a un país que apenas si conocía y, al final, le concedieron el asilo y la ciudadanía. Juan tenía los mismos sueños que albergan los cubanos recién llegados a Miami. Pero es el recordatorio perfecto de las diferencias que hay entre los exiliados cubanos y venezolanos con sueños: para los segundos, las ilusiones pueden morir de golpe, incluso en Miami.

La historia de Juan empieza igual que la de mis abuelos: como visitante en este país.

—Estados Unidos era una visita —me cuenta su madre—, no era un lugar en el que te asentaras para ver crecer a tus hijos.

Ante las violentas amenazas del régimen de Chávez,

Helene y sus seres queridos se vieron forzados a huir de Venezuela y solicitar asilo temporal en Estados Unidos. Sin embargo, no tardaron en eliminar sus planes de regresar a Venezuela, y su tiempo en Miami se convirtió en una visita interminable, sin regreso a la vista. Esta ciudad acabó por convertirse en el hogar de Juan: es el lugar donde pasó su adolescencia, donde vivió la escuela y sus primeros recuerdos. Pero también quedó expuesto a la sutil hipocresía de Miami: se sentía a la vez en casa y fuera de lugar. A la vez parte de la "burbuja" y fuera de ella. Miami tiene una capacidad impresionante de cautivar a los latinos, de engatusarlos con su idioma y hacerlos sentir el mismo calor que sentían fuera, pero el estatus migratorio de Juan era un recordatorio constante de que esta ciudad no era totalmente suya.

—Desde que llegué, nunca pude echar raíces en este país, porque nunca me sentí seguro de mi estatus —me cuenta.

Por definición, era tan exiliado como cualquiera de mis parientes cubanos. Pero, legalmente, aún le faltaba el sello que le concediera el asilo. Más de diez años después de mudarse a Miami con su mamá a los once años, el ICE lo detuvo mientras cruzaba en coche el país para ir a la universidad. Me cuenta que la llamó mientras estaba al volante:

—Traigo un policía atrás, mamá.

Poco después, lo metieron tres semanas en un centro de detención, seis más en una correccional y, al final, lo deportaron en avión a una Venezuela que hacía años que no veía, que ya ni siquiera reconocía. Cuando le preguntas al respecto, Juan recuerda a la perfección aquel doloroso momento de su vida: recuerda haber leído más de 20 libros en la cárcel, haber escrito más de 170 páginas tras las rejas, haberse sentido perdido en el aeropuerto de Caracas y haber

Juan y su madre, Helene, las nuevas caras de la comunidad de exiliados de Miami.

descubierto un profundo resentimiento contra un presidente al que solía admirar.

—Yo apoyaba a Obama y que me deportaran durante su administración fue algo que me frustró mucho.

Es importante escuchar estas historias, porque son las historias de la gente que camina por las calles de Miami ahora mismo. Jóvenes como Juan, que ya perdieron su país más de una vez.

—Perdí mi país por primera vez a los once años, cuando me convertí en exiliado, y luego volví a perderlo a los 21 —me dice—. Este [Estados Unidos] era mi país en todos los sentidos en los que un país le pertenece a un ser humano. Una de las primeras cosas que pierdes es la identidad. Imagínate crecer con mentalidad de estadounidense, sintiéndote libre e independiente y valiente. Y luego regresar a un país en el que solo por hablar inglés me convertía en blanco de agresión. La gente se me quedaba viendo.

Cuando lo deportaron a Venezuela, se suponía que debía quedarse allá —separado de su familia— por lo menos diez años. Pero, gracias al incansable activismo de su madre en Miami, le concedieron asilo en Estados Unidos dos años después de su expulsión, y regresó en 2011. Lo increíble de su travesía es que, después de esa montaña rusa, acaba de convertirse en ciudadano estadounidense. Ese último paso a la ciudadanía fue el pegamento que le permitió por fin unir todos los pedazos rotos que había ido perdiendo a lo largo de su camino.

—¿Y ahora cómo te sientes? —le pregunto.

—Hasta hace dos o tres semanas, cuando me convertí en ciudadano estadounidense —me dice—, nunca me había sentido seguro en ningún lugar.

A veces es fácil tomar la seguridad por sentada. Muchos exiliados cubanos, que llevan más de cincuenta años viviendo en Miami, han perdido contacto con el hecho de que ellos también fueron refugiados en busca de seguridad. El camino de Juan a la ciudadanía estuvo lleno de incertidumbre y miedo que lo perturbaron durante años. Cuando recoges todos los pedazos rotos que encuentras en Miami, lo que surge de los rastros de inseguridad, dolor, miedo y traumas es el perfil distinto de un nuevo ciudadano estadounidense, uno con humildad valiente y una identidad renovada. Y, cuando acomodas todas las piezas, empiezas a ver la imagen de la nueva Miami. Esos pedazos son lo que hace de Juan un tipo de ciudadano diferente, uno que no da la ciudadanía por hecha.

La seguridad es un sentimiento que buscamos sin tregua.

Cuando la sientes de verdad, significa que ya no te sientes visitante en tu propio país.

EL NUEVO EPICENTRO

—¿Abuelo, te acuerdas de la primera vez que pisaste tierra en Miami? —pregunto.

—Tu abuela tomó el *ferry* en febrero de 1961. Se fue de Cuba llorando y llegó llorando a Miami. Yo, por otro lado, estaba muy contento, porque iba a volver a ver a tu abuela y a tu mamá, y también a mi mamá y a mis hermanos —dice—. Nunca olvidaré esa escena en el aeropuerto cuando tu abuela y yo nos reencontramos. Llegué aquí el 9 de septiembre de 1961. Era la persona más feliz de la Tierra.

Pero la Miami de hace 60 años no es la misma de ahora. Una parte importante de entender la manera en la que estamos cambiando los latinos en este país es poner atención a nuestro entorno, porque dice mucho más de nosotros de lo que creemos. Sutilezas como cómo brilla el sol, cómo sopla el viento y cómo sube la marea influyen en nuestra manera de vivir. No es ninguna coincidencia que el cambio climático se haya convertido en una de las principales preocupaciones de los votantes latinos en todo el país. Nuestra comunidad tiende a vivir y trabajar en lugares que nos vuelven particularmente vulnerables a los riesgos sanitarios y económicos del cambio climático. La mayoría de los latinos vive en estados como California, Texas, Nueva York y Florida, que están entre los más afectados por el calor extremo, la contaminación del aire y las inundaciones. Casi el 80 por ciento de los latinos dicen que les preocupa el calentamiento global y más de ocho de cada diez cree que ya está sucediendo.

"El Cruzado Climático" y su equipo. Educan a la comunidad sobre el creciente riesgo que conlleva el cambio climático.

El cambio climático sí está sucediendo. Y, en Miami, no podría ser más real. Está afectando todos los rincones de la ciudad. De hecho, algunos dicen que dentro de cien años Miami podría acabar bajo el océano.

—Estamos en una emergencia —me dice el activista local Alexander Zastera (alias "El Cruzado Climático")—. Una emergencia climática. Y no nos comportamos como si nuestra casa se estuviera incendiando.

La lente latinx nos obliga a romper con la imagen estereotípica de Miami como paraíso vacacional.

Decido salir a recorrer la Avenida Brickell. Paso por los mismos edificios y calles por los que he pasado la mayor parte de mi vida. La casa de mi vieja amiga Cristina a la derecha, el estúpido semáforo en el que mi mamá casi se accidenta a la izquierda, y las mismas palmeras que siempre nos reciben a la entrada del edificio de mis abuelos justo enfrente. Parece tan familiar como siempre... solo que, si cierro los ojos, siento el calor del sol azotándome la piel más que antes. El calor que extrañaba en Nueva York es casi sofocante aquí en Miami. Si doy un par de pasos, piso un charco, aunque todo lo demás me diga que se trata de un día perfectamente soleado. Pero nunca sabrías si llovió hace un instante o hace tres días, porque los indicios de inundaciones están por todos lados. Plantas que llevan días empapadas, la pintura del asfalto deslavada y alcantarillas a rebosar. Todo —el calor, las inundaciones, las tormentas— tiene una constancia tan sutil que es casi imposible notar la diferencia.

Regreso al coche y voy al Instituto Cleo, uno de los principales organismos sin fines de lucro de Florida que trabajan con cambio climático, para hablar con su directora ejecutiva, Yoca Arditi-Rocha. Básicamente, lo que quiero preguntarle es:

—¿Qué está pasando? ¿Me lo puedes explicar?

De inmediato, Yoca me dice que Miami sí es el epicentro del cambio climático. Me dice que el nivel del mar está subiendo, las tormentas se vuelven cada vez más potentes y los océanos se calientan. Las mareas más calientes, a su vez, plagan nuestras costas con una de las peores crisis de cianobacterias de la historia, y el nivel elevado del mar está metiendo agua salada en el suministro de agua de la ciudad.

—¿Y qué hay de este calor desquiciante que siento todo el tiempo? —le pregunto.

Me contesta que los días de más de cien grados se están volviendo la norma y que, para mediados del siglo, el calor de tres dígitos será más común que el de dos.

—Puede convertirse en la tormenta perfecta. Con unas

pulgadas de elevación del nivel del mar, el impacto será exponencial —declara.

¿Exponencial? Si no hacemos nada, esta ciudad podría desaparecer. Hundirse. Quedar inhabitable. Enterrada. Pero, si te fijas a tu alrededor, algunos habitantes de Miami ya desaparecieron.

La gente se desvaneció de las casas que la vieron envejecer, de las calles que la acogieron y de las esquinas que albergaban sus recuerdos más queridos. La expulsó no solo la muerte, ni las devastadoras ondas de calor ni los huracanes, sino la lenta gentrificación de los barrios de Miami, que le está poniendo un precio a la vida de las personas. Las grandes constructoras están transformando sitios como la Pequeña Habana, Liberty City o Little Haiti —barrios de bajos ingresos, pero elevados y alejados de la costa, en los que los latinos y las personas de color han echado raíz durante décadas— en refugios elegantes para los privilegiados. Los ricos que cambiaron sus condominios costeros por propiedades a la moda tierra adentro les están succionando la vida a esos códigos postales, expulsando el alma de esas manzanas.

Por aquí, incluso el cambio climático puede discriminar.

Y eso fue lo que empujó a gente como Adrián Madriz, un miamense de Venezuela y Nicaragua, a luchar por vivienda asequible y sustentable en Miami. Para él, el cambio climático es una cuestión de desplazados: están expulsando a la gente de su hogar. Me cuenta que, como organizador en Miami, el principal problema que escuchaba al tocar de puerta en puerta era la vivienda.

—Que vivían en pocilgas para poder tener un techo, que no tenían un techo, que tenían muy pocas opciones a la hora de pensar en su futuro en la ciudad —me explica Adrián.

Por eso, uno de sus principales objetivos es atacar la gentrificación climática de Miami, para que todos —no solo el uno por ciento de los miamenses— puedan tener acceso a infraestructura resiliente y desarrollos nuevos.

Si las olas grandes y azules del océano se estrellan contra la ciudad, ¿quién sobrevivirá? ¿Qué pasará con Miami? En más de un sentido, esos desastres climáticos son las urgencias que ponen a prueba la resiliencia de la ciudad. Una resiliencia que no solo depende de nuestra capacidad técnica para atacar el cambio climático, sino de nuestra capacidad de unirnos como un solo pueblo. Nuestra disposición a protegernos juntos. A luchar juntos.

Adrián me cuenta de su experiencia con el huracán Andrew. Él tenía unos 4 años cuando Andrew golpeó Miami el 4 de agosto de 1992, con unos vientos de categoría 5 que arrasaron el sur de la Florida. Tumbaron árboles, cortaron la luz y destruyeron coches. Había pilas de escombros por todos lados y un sinnúmero de casas sin techo.

—Nuestra familia lo perdió todo. Perdimos todo el edificio en el que estaba el apartamento. Se destruyó, y tuvimos que encontrar un nuevo lugar para vivir —dice.

Esa pasión de Adrián al hablar del derecho a la vivienda tiene aún más sentido, porque conoce en carne propia lo que se siente esa pérdida.

—En ningún momento sentimos que hubiera una comunidad apoyándonos —me cuenta—. Fueron momentos en los que nos sentimos muy solos. La familia batallaba por salir adelante y habría sido increíble poder apoyarnos en otras personas, pero cada quien tenía sus problemas.

Durante años, cada quien sí que tenía sus problemas en Miami. Cada cual libraba sus propias batallas, soñando con volver a su país de origen o con vivir en la burbuja de Miami. Rara vez pensábamos en lo que significaba esta ciudad, en quiénes éramos y en qué queríamos como colectivo. Pero, después de recorrer el epicentro no puedo evitar pensar que, hoy por hoy, Adrián podría tener toda una comunidad apoyándolo si otro huracán Andrew azotara Miami. Tal vez cada quien tenga sus problemas pero nos estamos percatando de que nuestras batallas tienen más en común de lo que sospechábamos. Miami no solo es el epicentro, es una ciudad que está siendo reconstruida desde sus cimientos por personas que están asumiendo su verdadero ser.

De abajo hacia arriba.

8

Borrados

Escondido en otro rincón de Miami, me dirijo a Allapattah. Tradicionalmente ha sido un barrio de migrantes de clase obrera, con una vibrante comunidad dominicana. Algunas personas incluso consideran que esta parte de la ciudad comprende las últimas manzanas que la gentrificación de Miami ha dejado intactas. No hay rascacielos, bares a la moda ni cafeterías *cool*. Me estaciono en Típico Dominicano, un viejo restaurante inaugurado en los años ochenta que desde entonces ha servido de refugio para los dominicanos recién llegados.

Entro al patio y me encuentro con una multitud reunida para hablar de raza y cultura en la comunidad latina. Lo primero que oigo es a un grupo de organizadores preguntándole a la muchedumbre:

—Cuando ven a una latina, ¿en quién piensan?

Todos se miran en silencio.

En mi caso, mi mente me llevó de inmediato a la televisión con la que crecí: Univision. Recordé a las mujeres altas y delgadas con pechos enormes de *La usurpadora* y *La dueña*, mis telenovelas favoritas de los años noventa. También recordé a las presentadoras y reporteras que aparecían en el noticiero de mi papá: la mayoría con vestidos apretados, algunas con toneladas de maquillaje, todas con el pelo totalmente alisado. Luego pensé en Eva Longoria. Y luego en Sofía Vergara. Y, al final, mi mente no pudo evitar pensar en JLo, con sus pantalones blancos bombachos y su ombliguera, bailando en su video de "Jenny from the Block".

Luego, alguien continuó con:

—¿Y qué hay de los inmigrantes? ¿A quién ven cuando piensan en migrantes?

Mi mente me llevó a la frontera.

Pensé en los migrantes centroamericanos y mexicanos que conocí en McAllen, Texas, unos meses atrás. Recordaba a la perfección sus caras al salir de la regadera en el refugio: su primer baño calientito desde que cruzaron la frontera. Pensé en el sinnúmero de latinos que había conocido en mi trabajo —los campesinos, las trabajadoras del hogar, los estudiantes y los artistas—, todos con títulos propios, pero todos migrantes antes que nada. Y pensé en mi propia familia. Mi mente me llevó a Cuba y a México.

Al fondo del patio, una mujer mayor, vestida de forma humilde, con piel y ojos cansados, alzó la mano.

—Somos muy trabajadores —dijo—. Yo empecé aquí limpiando casas, y ahora soy cajera de lunes a viernes. Trabajo muy duro en este país para tener una vida mejor. Para tener un Estados Unidos mejor.

Lo dijo como si tuviera que demostrarnos algo, como si nos rogara nuestra aprobación.

Todos en el patio se callaron cuando habló ella, y me temo que fue porque todos tuvimos la misma revelación.

En nuestras mentes no había surgido esa mujer: la imagen viva de una afrolatina. En las comunidades latinas, nuestros cerebros están tan condicionados a relacionar las palabras "latino" y "latina" con personas de tez clara que la noción de que haya alguien más oscuro queda eclipsada por estereotipos y constructos sociales. En Latinoamérica, donde los gobiernos y la civilización occidental borraron el rastro de los latinos de ascendencia africana, quienes comparten sangre con los africanos esclavizados, que sobrevivieron a merced del colonialismo y vivieron en las sombras de la historia, no siempre han tenido cabida en sus propios países.

Entre 1502 y 1866, enviaron a más de 11 millones de africanos esclavizados al Nuevo Mundo, varios de los cuales acabaron en Latinoamérica y el Caribe. Como ha reportado el historiador Henry Louis Gates Jr., muchos países latinoamericanos implementaron políticas para "blanquear" sus Estados después de haber recibido africanos esclavizados en sus tierras. Para aumentar su población blanca, los gobiernos fomentaron la migración de familias blancas a sus países y promovieron el mestizaje como medio para blanquear la negritud. Sin embargo, incluso siglos después, apenas si se reconocía la humanidad de los afrodescendientes en Latinoamérica. No fue sino hasta los años ochenta y noventa —en gran parte debido a los movimientos sociales negros en países como Brasil, Colombia, Panamá y Honduras— que los gobiernos de toda la región empezaron a añadir datos raciales a sus censos nacionales. Esa lucha aún no termina. El gobierno mexicano aún no reconoce de manera unánime a los afromexicanos en su Constitución. Los más de un millón de afromexicanos del país ni siquiera tienen garantizados sus derechos constitucionales (falta la aprobación del Congreso). De hecho, no fue sino hasta 2015, cuando el gobierno incluyó a los afromexicanos en el censo nacional oficial gracias a la presión de los activistas, que el país se molestó siquiera en reconocer la existencia de la comunidad.

Pero la historia real puede ser difícil de borrar. Según la investigación de Pew, "durante el periodo colonial latinoamericano, aproximadamente quince veces más esclavos africanos fueron llevados a las colonias españolas y portuguesas que a Estados Unidos". Por eso, ahora, siglos después, hay alrededor de 130 millones de personas con raíces africanas viviendo en Latinoamérica. Según el Proyecto sobre Etnia y Raza en América Latina de la Universidad de Princeton, eso constituye aproximadamente un cuarto de la población del continente.

El reto de muchos afrolatinos es que el público simplemente no sabe cómo categorizarlos. Por un lado, los estadounidenses no los consideran afroamericanos. Por el otro, los latinoamericanos no los consideran latinos. La gente está acostumbrada a ver la negritud con una sola lente.

En Allapattah, una de las principales organizadoras del evento, una joven de veintitantos, alzó la mano al frente del patio. Quería que le prestáramos toda nuestra atención y, mirando directo a la multitud, dijo con potencia:

—Cincuenta mil inmigrantes haitianos están en riesgo de ser deportados desde que Trump eliminó el Estatus de Protección Temporal (TPS, por sus siglas en inglés) para los refugiados haitianos. Esas son las imágenes que debemos tener en mente, y la gente a la que debemos tener en mente, porque los medios no están transmitiendo adecuadamente quiénes son las poblaciones más afectadas en el debate migratorio.

Tenía toda la razón.

Cuando los organizadores del Típico Dominicano nos lanzaron la palabra "inmigrantes", mi visión estaba tan concentrada en la frontera entre México y Estados Unidos que dejé a todos los demás de lado: a los inmigrantes indocumentados negros del Caribe, a los afrolatinos ignorados en la caravana migrante y a todos los inmigrantes que nunca cruzaron la frontera a pie ni por mar, sino por aire, sobre las olas.

Me di cuenta de que el debate migratorio de Estados Unidos estaba enfocado en un trasfondo, en un paisaje y en unos protagonistas muy específicos: la estrella era la frontera, y sus actores, las personas morenas. Pero, ¿y todos los que nunca llegaban a la pantalla? ¿Y las voces perdidas, eclipsadas por su propia negritud? ¿Las que descartaban por ser "demasiado negras" para ser latinas o "demasiado oscuras" para llegar siquiera al final de la "fila migratoria"?

La intención del evento en el que estaba era justo esa: forzar a la audiencia a plantearse esas preguntas, a poner en duda nuestros sesgos y expandir nuestra comprensión de nuestra propia gente. Esa tarde, estábamos en el patio trasero del Típico Café, un restaurante dominicano en Allapattah. Luego, mientras la gente esperaba a ver el documental *Latinegra*, de Omilani Alarcón, me senté entre el público y observé en silencio a mi alrededor. A mi derecha, una joven afrodominicana le estaba contando a su amiga que de chica le habían dicho que siempre caminara por la sombra para no ponerse más prieta. A mi izquierda, oí a una indígena negra nicaragüense decir:

—La gente cree que somos raros.

Todas esas mujeres formaban parte de la comunidad

latina. Sin embargo, en algún momento de sus vidas, habían sufrido discriminación porque el color de su piel no encajaba en la "caja latina".

¿Y quién definía esa "caja"?

Todos en el público conocíamos la respuesta: nosotras, las latinas de piel clara, la habíamos definido.

Le pregunté a Omilani cómo se le ocurrió filmar *Latinegra*, un documental que explora su camino hacia la autoaceptación como afrolatina. Me dijo que, durante un tiempo, le costaba trabajo explicarle su identidad a la gente. Sí, era de Nigeria, pero también era boricua. De hecho, había crecido en un hogar negro, de padre puertorriqueño y madre filipina. Estaba orgullosa de todas sus raíces, pero la reducían muy fácil a ser solo "negra". Para los demás, era negra. Me contó que, en un esfuerzo por hacerle justicia a su historia y honrar todas sus raíces, escribió una canción, "Latinegra". La letra empezaba así: "Ser latina no es ser negra, eso dicen por ahí. Pero salí a la calle, y ¿qué fue lo que vi? Morenitas como yo". La canción terminó siendo tan popular y despertando tantas reacciones en línea de otras afrolatinas que Omilani la convirtió en película.

—¿De qué tenemos que avergonzarnos? —me dijo—. Hay que recuperar nuestra identidad.

La vergüenza no proviene de nuestro reflejo, sino del vacío en el que descansa esa imagen. Muchos latinos y latinas tuvieron que asimilarse, que fingir ser algo que no eran. El problema es que los afrolatinos no pueden adaptarse ni esconderse, por lo que la visibilidad y la representación pueden ser antídotos superficiales a la vergüenza. No sustituyen los cambios estructurales reales que se necesitan para valorar de verdad las vidas de las personas negras y morenas.

Omilani Alarcón, cineasta afrolatina, en Miami.

Pero como suelen señalar los psicólogos, cuanto más te veas, más te querrás.

Así que, si no te ves en la pantalla que todos están viendo, ¿dónde encuentras tu orgullo?

Al terminar el evento en Típico Café, regresé a casa a ver el noticiero de Univision.

Al encender la televisión, reconocí lo poderosa que era la imagen que tenía ante mis ojos: mi padre, un periodista mexicano de piel clara, compartiendo el espacio con Ilia Calderón, una periodista negra del Chocó, la región predominantemente afrocolombiana de Colombia, en la costa del Pacífico. Ilia fue la primera afrolatina en convertirse en presentadora de noticias de un canal principal en el país. En ese instante, me imaginé cuántos latinos se veían de pronto reflejados en esa televisión. Desde el Chocó hasta Univi-

Mi padre, Jorge, e Ilia Calderón, como presentadores en el noticiero nocturno de Univision.

sion... me pregunté cómo se sentiría Ilia sobre su experiencia. ¿Cómo habría sido ese trayecto?

Al día siguiente, le pregunté si podía ir a platicar con ella a Univision.

—Yo crecí siendo negra y sintiéndome muy orgullosa de serlo —me dijo.

De inmediato noté que usó la palabra "negra" de forma afirmativa en esa oración, una palabra que ha sido tabú durante mucho tiempo en la comunidad latinx. Cada vez que mis conocidos habían usado esa palabra antes, siempre lo habían hecho en susurros, con connotación peyorativa. Esta vez, Ilia la dijo fuerte y claro, como si estuviera reivindicando su significado.

Aunque muchos turistas que solo visitan las paradisiacas playas de Cartagena lo ignoren, Colombia de hecho tiene la segunda población de afrodescendientes más grande de Latinoamérica. Ilia creció en la región colombiana del

Chocó, una zona de bajos ingresos donde la negritud era la norma. Sin embargo, aunque le dieran mucho orgullo sus orígenes, la sociedad trató de inyectarle un mensaje distinto con los medios masivos:

—Crecí viendo telenovelas en las que los negros siempre eran esclavos o personal de servicio.

También sintió la contradicción cuando se aventuró en las ciudades del interior de Colombia: quedó expuesta a un tipo de humillación que no solo vivía en la televisión, sino en la vida real, frente a sus ojos.

—Aunque yo estuviera orgullosa, ese orgullo también te enseña a sobrevivir y a mantenerte muy calladita —dijo Ilia—. Aprendes a pasar casi inadvertida. Pero ¿cuál es el límite, no? ¿Cuánto puedes soportar?

El problema era que Ilia había nacido para llamar la atención. Nació para sentar bases, abrir caminos y romper barreras. Logró obligar a millones de colombianos de tez clara a recibirla en sus salas todos los días. Al hacerlo, también le estaba afirmando a más del 10 por ciento de la población —la población afrolatina de Colombia— que ellos también pertenecían a su país. No solo como esclavos ni como marginados, sino como periodistas de prestigio. Como estrellas. Como gente merecedora de subir al escenario. Diez años después de que Ilia se fuera de Colombia, otra afrolatina siguió sus pasos y se convirtió en una importante presentadora de noticias.

Cuando Ilia llegó a Estados Unidos, en 2001, siguió la misma vía que muchos periodistas de lengua española. Se unió a Telemundo, luego a Univision, presentó varios programas y, en 2017, por fin se convirtió en coestrella de uno de los noticieros vespertinos en español más vistos en Estados

Unidos. Un papel que, hasta entonces, solo habían ocupado personas de piel clara.

—¿Cómo te sentiste? —le pregunté a Ilia—. ¿Qué simboliza este nuevo papel para ti?

Me dijo con mucha humildad que el éxito no era para ella, sino para los demás.

—Para mí, lo importante de este papel es hacer eco de las voces ajenas y dejar la puerta abierta para las jóvenes que sean como yo —contestó—. Lo que importa es que, cuando yo me retire o deje el puesto, no les cierren la puerta en las narices. Que sientan que lo pueden lograr.

El ascenso de Ilia Calderón se considera una anomalía —un "primero en su tipo"—, pero solo porque en eso lo hemos convertido. Todas las telenovelas, los noticieros, las notas periodísticas o los reportajes convencionales que solo incluyen a latinos de piel clara nos han hecho creer que nuestra comunidad solo tenía un color. Pero, si miras a tu alrededor, los afrolatinos siempre han estado entre nosotros. Han sido parte de nosotros. Nos han guiado. Según una encuesta de 2016 hecha entre latinos adultos por el Centro de Investigaciones Pew, una cuarta parte de los latinos de Estados Unidos se identifican como afrolatinos. Son por lo menos más de un millón de personas en este país. Digo "por lo menos" —y lo subrayo—, porque la identidad afrolatina es muy compleja. No solo rara vez se ofrece como opción en sondeos y encuestas, sino que además está en la intersección de dos trasfondos —negritud y latinidad— que han enfrentado una profunda discriminación histórica.

¿Por qué ponerte dos blancos en la espalda si puedes llevar solo uno? ¿Por qué marcar dos casillas si puedes acoplarte a una? La columnista Jomaira Salas Pujol escribió al respecto en el *Huffington Post*: "Por lo tanto, no es de sorprender que, en el censo de 2010, solo el 2,5 por ciento de los latinos eligieran 'negro' como su raza. Para muchos, marcar 'blanco' o 'alguna otra raza' en el censo es una cuestión aspiracional".

Culturalmente, la aspiración de los latinos ha sido asimilarse a la blanquitud, pasar por blancos y eliminar nuestros tonos más oscuros. Siempre nos hemos esforzado por ser las Sofías Vergaras del mundo. Y tenemos que preguntarnos: ¿Por qué? ¿Por qué elegimos esa imagen? ¿De dónde nos vino esa fascinación?

Como me dijo la directora ejecutiva de Mijente, Marisa Franco, en nuestra comunidad "hay mucho racismo interiorizado". Y esa es una de las razones por las que Mijente, una plataforma de organización latinx y chicanx, se alió hace poco con el Black Futures Lab de Alicia Garza para lanzar el mayor censo hasta hoy en lengua española dirigido a los afrolatinos que viven en Estados Unidos. Su propósito no solo es contar con exactitud a los afrolatinos, sino empujarlos a querer ser vistos. A querer ser contados. A querer tener voz.

—Uno de los mayores pecados de gran parte de la historia organizativa de lxs latinxs en Estados Unidos han sido las cuestiones de raza y de género —añadió Franco.

Y, como sigue habiendo esfuerzos por revertir el daño que hemos provocado en nuestra propia comunidad, los académicos están empezando a notar una tendencia entre los *millenials* y la generación Z.

—La generación más joven reconoce su ascendencia africana más que nunca —me dijo el Dr. Adolfo Cuevas, profesor asistente en la Universidad Tufts.

De nuevo, imaginen crecer con la imagen de Ilia Calderón en la tele todas las noches. ¿Qué efecto tendría eso?

———

A Ilia se le nublaron los ojos, miró por la ventana de su oficina y me contó la historia de la hija de su camarógrafo. Un par de años antes, Juan Carlos llevó a su hijita de piel oscura a Univision. En cuanto pusieron un pie en la oficina y caminaron por los pasillos, oficinas y escritorios, la niña volteó a ver a Juan Carlos y le preguntó por qué nadie se parecía a ella ahí. Él vio a Ilia saliendo de la sala de maquillaje y le dijo a su hija:

—¡Mira, ahí está! ¡Se llama Ilia Calderón, es amiga mía y es colombiana, igual que yo!

Ilia me dijo que, cuando la niñita la vio, se le desorbitaron los ojos:

—La abracé y empecé a llorar.

Luego le contó todo su trayecto, cómo había llegado a Univision y lo que implicaba su trabajo todos los días. Recuerda que Juan Carlos le dijo:

—Tú eres la imagen que quería ver mi hija, y la que esperaba ver. Significa mucho para nosotros.

Así se ve el cambio para Ilia.

Su legado ya arrancó. No solo en la hija de Juan Carlos, sino en los cientos y miles de afrolatinos en Estados Unidos que ya no ven una barrera enorme entre ellos y sus pantallas. Miles que ahora se pueden ver —no solo soñar o imaginar— sentados en una silla, en un estudio de televisión. Ahora saben cómo se ve eso, cómo se siente y cómo suena, y es una hermosa imagen que nos faltó durante demasiado tiempo.

Ilia fue la primera afrolatina en presentar un noticiero nacional importante en el país, y seguramente no será la última. Y eso es porque forma parte de una culminación de actos de valentía pequeños y grandes, de parteaguas de todos los tamaños que están tumbando poco a poco las barreras sistémicas que han borrado, ignorado y contenido a los afrolatinos durante siglos. A nuestro alrededor, hay un sinnúmero de afrolatinos abriéndose paso hacia la justicia, igual que lo hizo Ilia desde la costa del Chocó, en Colombia, hasta las oficinas de Univision, en Miami.

¿Cómo se ven esos cambios en nuestra comunidad latinx? ¿Hasta dónde han llegado? ¿Quiénes los dirigen? Miro a mi alrededor y veo que, independientemente de las respuestas a estas preguntas, ya se están empezando a plantear.

9

Las oscuras sombras de la libertad

No se suponía que Enrique y yo nos viéramos nunca. No se suponía que estuviéramos en el mismo lugar, al mismo tiempo, sentados a unas pulgadas de distancia. Eso es porque Enrique Tarrio se opone a todo en lo que yo creo. Mi moral, mis valores, mi existencia misma. Es un joven afrolatino que no solo apoya a Donald Trump, sino que hace todo lo posible para asegurar su triunfo.

Sin embargo, en teoría, Enrique y yo deberíamos ser amigos. Para empezar, como afrocubano —alguien que cuenta no con una, sino con dos identidades que representan a comunidades marginadas—, una creería que vería su propia historia de otra forma. A fin de cuentas, es descendiente de esclavos africanos y forma parte de una comunidad que ha soportado un largo legado de sufrimiento en la isla. A lo largo de la historia, el racismo sistémico se ha arraigado en la estructura social cubana. En el siglo XIX, Cuba se había convertido en el mayor productor de caña de azúcar del mundo, lo que convirtió a la isla en el más grande mercado de africanos esclavizados del Caribe, a quienes explotaban en las plantaciones de caña. Cuando Fidel Castro tomó el poder en 1959, las comunidades marginadas tenían esperanzas en los planes revolucionarios que les prometían más oportunidades a los oprimidos. Y, aunque algunos afrocubanos sí vivieron algo de progreso —como me señaló Leyanis—, las promesas de Fidel nunca se tradujeron en un cambio real y duradero para la comunidad.

Según un estudio reciente, la brecha racial en Cuba, creada por un racismo similar al de Estados Unidos, sigue siendo un amplio abismo que deja en desventaja a los descendientes negros de la esclavitud. Por ejemplo, el 70 por ciento de los cubanos negros y mulatos ni siquiera tienen acceso a internet. Solo el 11 por ciento tienen una cuenta de banco, y es menos probable que cuenten con educación universitaria que sus contrapartes de piel clara. Esa realidad de los cubanos negros en la isla, que hace eco de las dificultades que aún padecen los afroamericanos, hizo que creyera —ingenuamente— que alguien como Enrique Tarrio se sentiría más cercano al Partido Demócrata, que ha tratado de enfocar su agenda en las personas de color.

Aparte de los supuestos políticos, Enrique y yo nacimos en Miami, en familias de exiliados. Los dos somos inmigrantes de primera generación. Su abuelo, al igual que el mío, se vio forzado a huir de la Cuba comunista como refugiado político y encontró sus nuevos cimientos en un barrio que está tan solo a unas millas al oeste de donde se asentaron mis abuelos. Enrique creció en la Pequeña Habana. Yo crecí viendo a mis abuelos darles sorbos a sus cortaditos en esas mismas esquinas de Miami. Lo más probable es que incluso haya visto a Enrique por ahí antes de conocernos. Supongo que nos hemos cruzado sin percatarnos. Que hemos rondado la periferia del otro, a la distancia suficiente para seguir siendo unos completos desconocidos.

Pero si hay una lección principal que he aprendido de este viaje en busca de lo latinx, es que siempre es importante romper con los supuestos. Nuestros sesgos nos forman historias demasiado pronto. En el caso de Enrique, su color de piel —de un hombre negro y latino— parecía la antítesis del trumpismo. Sin embargo, ver a la gente con una lente latinx significa entender que nadie, incluyendo los afrolatinos, tiene por qué encajar en casillas, narrativas ni etiquetas. Significa darle a la gente el espacio para ser quien quiera ser, incluso si eso implica ser un partidario de Trump negro y latino. Eso es ser latinx: poner de cabeza los estereotipos. A veces, lo único que se requiere es salir de tu propia sombra.

Una mañana, estaba navegando en internet cuando encontré un artículo del *Daily Beast* titulado: "Por qué los jóvenes de color se están uniendo a grupos de supremacistas blancos". En esa nota leí por primera vez sobre Enrique:

> "Tarrio, quien se identifica como afrocubano, es el presidente de los Proud Boys [Chicos Orgullosos] en Miami, quienes se autodenominan 'chauvinistas occidentales'".

Los Proud Boys son una organización nacional con varias ramas locales que fue fundada por Gavin McInnes, uno de los cofundadores de VICE Media, durante las elecciones presidenciales de 2016, como grupo fraternal de derecha. Su lema principal es: "Chauvinistas occidentales que nos rehusamos a disculparnos por haber creado el mundo moderno".

La manera más sencilla de describirlos es imaginándose un "club de bebida para caballeros" unidos por su patriotismo extremo, su amor por el conservadurismo y su obsesión con la primera enmienda. A lo largo de los años, no solo se han aliado con el presidente Trump, sino también con mafiosos de la política como Roger Stone y con extremistas como Richard Spencer, que se ha convertido en un ícono para los supremacistas blancos.

Pero grupos como el Southern Poverty Law Center (SPLC) creen que los Proud Boys son mucho más que eso. Los consideran un grupo de odio conformado por nacionalistas blancos *de facto*. Entre otras cosas, el SPLC señala su retórica antimusulmana y misógina. Perciben una peligrosa violencia disfrazada de incorrección política inocente. Se los ha visto en mítines extremistas por todo el país, en trifulcas contra manifestantes y posando en fotos junto a grupos de *skinheads* neonazis. Aunque sería incorrecto decir que los Proud Boys sean los únicos responsables de los ataques, su estrategia sí es incitarlos. Aparte del SPLC, a muchos otros grupos les preocupa la manera en la que los Proud Boys usan su libertad de expresión. Han prohibido sus canales en redes sociales como Facebook e Instagram, por categorizarlos como "discurso de odio" y "organizaciones de odio". Pero ellos han combatido agresivamente todas las acusaciones e iniciado un procedimiento para demandar al SPLC por designarlos como "grupo de odio".

Enrique Tarrio, un afrolatino —un *millennial* que usa gorra de "Make America Great Again" en las calles de Miami, una ciudad construida por inmigrantes— es su secretario nacional, el portavoz de un grupo que promueve los "valores

Enrique Tarrio fuma un cigarro cerca de su casa en la Pequeña Habana.

occidentales" que tradicionalmente han dejado en el abandono a la gente que se ve justo como él: de piel oscura.

¿Cómo es posible?

LA SOMBRA DE ENRIQUE

En Enrique ves a un hombre cuyo nombre ha quedado mancillado por los extremismos:

"Secretario General de los Proud Boys..."

"Presidente de Latinos de la Rama de Florida de Trump..."

"Expulsado de Twitter..."

Se lo puede ver en línea, posando con Roger Stone por aquí, gritándole "¡comunista de mierda!" a Nancy Pelosi por allá. Enrique ha denunciado el nacionalismo blanco en público, pero en agosto de 2017 asistió al mitin Unite the

Right en Charlottesville, una marcha violenta que terminó con la muerte de Heather Heyer, de 32 años. Varios artículos apuntan a un fenómeno conocido como "supremacismo blanco multirracial", para intentar explicar a gente como él: individuos hiperconcentrados en sacar a los inmigrantes indocumentados del país en vez de asumir activamente lo blanco. Pasó casi un año en un penal federal por involucrarse en una empresa fraudulenta que vendía equipos de pruebas para diabetes robadas. Esa parte oscura de él se alimenta del olor a cigarro con el que le gusta rodearse.

Aunque Estados Unidos haya superado su obsesión con el régimen de Castro y dejado atrás la Guerra Fría, al parecer, Enrique nunca logró olvidar esa batalla. A su alrededor, ves recordatorios de un pasado que le quitó la libertad a su gente. Su abuelo se mece en una silla en el porche, columpiando las arrugas de su exilio. Sus vecinos —hacia ambos lados de la cuadra— tienen sus fachadas decoradas con las franjas azules y blancas de Cuba, y rumian un acento que nunca salió de la isla. Su casa está llena de retratos cursis que recuerdan su árbol genealógico.

Pero Enrique está en guardia. Su mente no deja de reproducir el momento en que el comunismo le dio la espalda al pueblo cubano. Por eso, aunque una vea una increíble estabilidad y calma a su alrededor, Enrique ve el peligro inminente del marxismo. Sobre todo cuando oye mencionar a alguien como la diputada Alexandria Ocasio-Cortez. Para él, ella representa el principal problema de los demócratas: un partido que se inclina peligrosamente a la extrema izquierda, lejos de los ideales democráticos de Estados Unidos. Una izquierda que, para él, se parece al comunismo cubano. De hecho, Tarrio es tan alérgico a lo que Ocasio-Cortez representa que ha vendido camisetas en las que llama a la congresista "idiota" y "comunista".

—¿No crees que estás siendo un poco paranoico? —le pregunto.

—Creo que es una paranoia segura, porque estamos tan acostumbrados a vivir en paz aquí en Estados Unidos... Es una pendiente resbaladiza, porque los seres humanos cometen errores —me dice.

Esa paranoia se cierne sobre todo lo que hace. Afuera de su casa, casi puedes sentir la misma brisa que toca la costa cubana, apenas a unas cien millas de las playas de Florida. Menciona que fue "duro" crecer en Miami, lo que hace eco de una verdad olvidada a la que muchos inmigrantes cubanos se enfrentan en Estados Unidos: hasta un 15 por ciento de las familias cubanas viven en la pobreza. Pero él, como muchos cubanoamericanos de primera generación, parece más concentrado en lo que hay del otro lado del océano que en lo que pasa aquí. Está a solo 100 millas de los sueños revolucionarios robados y el gobierno corrupto que oprimió a su familia. A solo 100 millas de los prisioneros políticos, del salario máximo por imposición y de los bienes controlados que azotan a Cuba. En ese sentido, Enrique podría estar haciendo lo que muchos cubanoamericanos de primera generación tienden a hacer: interiorizar los traumas de sus padres. Cuando creces toda tu vida con esas historias del pasado, las sientes reales, como si te hubieran sucedido a ti. Sus traumas se pueden volver los tuyos.

Enrique se aferra a la Constitución de los Estados Unidos con una potencia destructora. Si buscas en línea u observas algunas de sus jugadas preferidas, verás que cita la Constitución para justificar sus opiniones extremas:

—La Segunda Enmienda se hizo por si llegaba a haber un gobierno tirano. Para que el pueblo se alzara en armas contra él —me dice muy seguro.

Pero, al hablar con él, me doy cuenta de que su extremismo encubre su miedo a perder lo único que le pertenece en realidad: sus derechos. Entonces, una conversación polémica sobre la Segunda Enmienda suena más a un plan de supervivencia básica: la expectativa de corrupción futura.

La enmienda dice: "Al ser necesaria una milicia bien regulada para la seguridad de un Estado libre, no se infringirá el derecho del pueblo a poseer y portar armas". Algunos defensores del derecho a las armas interpretan el término "milicia" como "la capacidad de los ciudadanos de armarse para liberar al país si Estados Unidos llegara a caer en manos de un tirano". Muchos argumentan que eso fue exactamente lo que James Madison sugirió en *El federalista*. Por eso, algunas personas, como Enrique, no creen que las armas sean necesariamente para cazar, para deportes recreativos o ni siquiera para protegerse de ladrones, sino para salvar a la humanidad de la tiranía. Para mucha gente, se trata de un futuro verosímil. El gobierno ya le arrebató la libertad a su familia una vez. ¿Cómo puede asegurarse de que no suceda de nuevo?

La misma mentalidad aplica a otros temas polémicos. Enrique siempre espera que el gobierno abuse de su poder. Por ejemplo, cuando discutimos si el aborto debería ser legal, me dice que, para él, la cuestión es qué tanto deberíamos permitir que el gobierno controle nuestra vida privada. Su lucha es contra la infiltración del gobierno en la vida privada, no necesariamente contra el derecho de una mujer a elegir.

—Mi problema con Planned Parenthood es que reciben dinero del gobierno... —dice.

En la misma conversación, Enrique regurgita proclamas demócratas: "sí" a la legalización de la marihuana; "no" al oleoducto de Dakota; "sí" al matrimonio igualitario. Basadas en esta charla, algunas personas dirían que es "republicano", "libertario", "trumpista" e incluso "liberal", pero la realidad es que no encaja en ninguna casilla.

Para él, el péndulo no fluctúa entre ideologías polarizadas, sino entre valores arraigados que ponen a prueba los límites de los derechos. No es cuestión de estar a favor o en contra, de ser pro- o anti- nada, sino de definir paradigmas de igualdad que no se puedan obtener por la fuerza o por la coerción gubernamental. Y, para él, el mayor testamento de esa libertad sin trabas son sus palabras. En su capacidad de provocarte, enfurecerte e instigarte por cuestión de principios, no de desafío. La libertad de expresión es una espada que usa para despertar a las masas, para sacarlas de su sopor y recordarles qué tan lejos se encuentran de la opresión.

Enrique escribe "Michelle Obama es travesti" en un cartel. Le dice "changuita" a una actriz afroamericana. Imprime camisetas que dicen: "Pinochet no hizo nada malo" o "Roger Stone no hizo nada malo". Se presenta en la Marcha de las Mujeres del sur de Florida con un megáfono tan potente que interrumpe sus consignas. Va a las universidades a reclutar estudiantes al "chauvinismo occidental".

Necesita hacer todo eso para recordar que sí vive en una democracia.

—Prefiero una libertad peligrosa a una esclavitud pacífica —dice—. Siempre me ha gustado esa declaración.

¿A costa de quién es todo eso? ¿Quién paga por la libertad de Enrique? Le pregunto si entiende por qué sus actos se pueden considerar una forma peligrosa de discurso de odio.

—Victimizarte es lo peor que puedes hacer —me contesta—, porque no te prepara para el mundo real; el mundo real es feo y los dos estamos tratando de cambiarlo, de volverlo un lugar mejor.

—Pero ese lenguaje sí puede incitar a que otras personas ejerzan violencia —recalco.

Ese es uno de los efectos más palpables de la presidencia de Trump. Le recuerdo a Enrique que, en 2017, el FBI reportó que los crímenes de odio habían aumentado en un 17 por ciento. En 2018, el FBI descubrió que la violencia y las amenazas de crímenes de odio habían alcanzado su nivel más alto en los últimos 16 años. En particular, revelaron que la cantidad de víctimas de crímenes de odio contra los latinos habían aumentado en más de un 21 por ciento.

Sigo presionándolo con esos puntos. Por fin, me dice que él no es responsable de las acciones ajenas.

—Yo no soy responsable de nadie. Solo de mí mismo. Siento que es sano... tener un abusón en tu vida, porque te enseñan lo malo que puede ser el mundo y lo malvada que puede ser la gente.

Cuando me dice eso, me suena a que le guarda mucho resentimiento al mundo real. Creo que es un mundo en el que está desesperado por encajar, pero que nunca lo ha recibido con los brazos abiertos; es un joven afrolatino que, a lo largo de su vida, ha andado sobre fuego con tal de sobrevivir y de asimilarse. Cuando nadie más lo veía, él se aseguró de que lo vieran, oyeran y sintieran.

¿Quién lo ha apoyado todos estos años? ¿Quién lo ha estado cuidando?

Enrique no le pertenece a nadie. No tiene definiciones ni etiquetas concretas, ni estructuras fijas. En la izquierda, los progresistas de inmediato piensan que tiene pinta de pertenecer a sus bases: un joven negro y latino. Lo reclaman como "uno de los nuestros", pero no tardan en tildarlo de extremista. En la derecha, a los republicanos les atrae mucho la idea de tener un conservador moreno de su lado para fingir inclusión, pero luego no le dan poder tangible a la gente con su apariencia.

—Siento que el partido republicano... no nos ha ayudado. Han estado tan ocupados jugando a la política que se olvidaron de la clase media —me dice.

¿Se les olvidó? Pienso en el icónico Café Versailles en Miami, una parada obligatoria para los candidatos a la presidencia y al Congreso que tratan de ganarse el corazón de los votantes miamenses, como Enrique. Pienso en la infinidad de sesiones de foto que se han hecho dentro de esos muros. En las cámaras de televisión, las estaciones de radio locales y los clientes tomando una foto tras otra con sus iPhones. Entran y salen. La casa de Enrique no queda muy lejos del Versailles, pero me pregunto quién se habrá tomado el tiempo de recorrer la cuadra para saludarlo. ¿Quién tocó a esas puertas cuando nadie estaba viendo?

—Bueno, Enrique —le digo—, ahora, ayúdame a entender: ¿Por qué Donald Trump? ¿Qué le viste?

La simplicidad de su respuesta explica lo que muchos aca-

Una manifestación de Latinos for Trump en Miami.

démicos han tratado de desentrañar en libros de trescientas páginas.

—¡Por su calle! —dice.

—Perdón, ¿qué dijiste?

—¡Calle! —me contesta—. ¡Tiene calle!

En Trump, Enrique vio a un multimillonario que no se parecía nada a él ni poseía nada de lo que él tenía, pero que hablaba un lenguaje totalmente como el suyo: callejero.

—No habla bien. No es pulido. No es un gran orador. De hecho, es muy mal orador, pero por eso queda bien con los estadounidenses de a pie —me explica.

Su declaración tiene mucho de verdad. El arma mágica de Trump siempre ha sido su lenguaje. Su capacidad de parecer estar hablando sin rodeos ni corrección política. Puede que a los liberales y a los progresistas no les guste cómo suena ni lo que dice, pero no hay duda de que para los estadounidenses que piensan como él, se destaca entre todo el ruido. Durante las primarias de 2016, el *Boston Globe* publicó un artículo fantástico, en el que analizaba las estrategias de comunicación de los candidatos republicanos. El artículo, titulado: "Para los presidenciables, el lenguaje simple resuena", declaraba que Trump les hablaba a los votantes usando un vocabulario de nivel de cuarto de primaria, y descubrieron que su estrategia sí funcionaba: "Los candidatos republicanos —como Trump— que hablan en un nivel entendible para las personas en el nivel más bajo del espectro educativo están superando a sus oponentes presuntuosos en las encuestas. El lenguaje sencillo resuena con una franja más amplia de votantes en la era de los tuits de 140 caracteres y segmentos televisivos de 10 segundos, afirman los especialistas en discursos políticos". En política hay que aludir a la gente a nivel emocional y Trump sí que incita emociones. Es así de simple. A veces, todo lo que necesitas es decir palabras sencillas como "hermoso" y "enorme" para ganarte el corazón de las personas.

Le sucedió a Enrique. Él sintió que lo entendía. Podríamos decir que hay una atracción subyacente hacia la misoginia y el sexismo de Trump, pero, en el fondo, también apesta al esfuerzo desesperado de un inmigrante por que este país lo acepte. Que lo acepte tal como es, con todos sus errores.

¿Cómo, entonces, puede reconciliar Enrique la dura postura trumpista contra los inmigrantes indocumentados con su propia historia familiar de venir a buscar refugio a este país? La comunidad de exiliados cubanos, más que nadie, se ha beneficiado de la hospitalidad de Estados Unidos. Durante décadas, los servicios migratorios estadounidenses les han concedido vías más rápidas a la residencia permanente y a la ciudadanía que a otros inmigrantes. Durante décadas, la opinión pública ha llamado a los cubanos "seres humanos" y "refugiados", en vez de "ilegales" y "forasteros". El instinto de Enrique, en cuanto iniciamos esa conversación, es refugiarse tras su escudo: sigue cubierto de humo de cigarro. Sus respuestas apuntan a defender a los "inmigrantes legales contra los ilegales" y al "muro". Pero cuando las palabras se libran de la política y de los lemas partidistas —cuando los sustantivos se convierten en historias reales en vez de estadísticas abstractas—, la disputa se disipa lentamente. Cada vez que logramos dejar de lado la política, el tono de nuestra conversación se relaja. Contra toda expectativa, también empezamos a concordar en algunas cosas.

—Bueno, sí deberían poder venir si vienen huyendo de la violencia de las pandillas —me dice.

Para hallarle el sentido, le pregunté al Dr. Gamarra, profesor de historia de Latinoamérica en la Universidad Internacional de Florida, qué puede ganar un latino como Enrique Tarrio en el mundo "chauvinista occidental". En un mundo que históricamente ha beneficiado a las élites blancas y construido estructuras de poder en torno a sus puños cerrados. ¿Dónde encaja Enrique en ese mundo?

—Creo que es una cuestión de falsa consciencia. La idea de que de alguna manera te puedes meter a la sociedad blanca —declara el Dr. Gamarra—. Se identifican como una negación de su trasfondo.

Cuando me dice eso, recuerdo la primera vez que pasé tiempo con Enrique y algunos de sus amigos latinos y conservadores de los Proud Boys, durante un rodaje para VICE. Eran alrededor de diez. Cubanos, peruanos, argentinos...

sentados en la sala de su hermandad para chicos. Padres y esposos, viejos y jóvenes, pero todos inequívocamente "latinos" para la mirada convencional.

Una de las primeras cosas que les pregunté fue:

—¿Cómo se identifican?

De inmediato me gritaron:

—¡Somos estadounidenses antes que nada!

Uno continuó:

—Soy un estadounidense que de casualidad también es latino.

El otro dijo:

—Yo soy estadounidense de ascendencia cubana, ¡pero soy estadounidense antes que nada!

Por último, desde el fondo, escuché:

—¡Yo no me identifico como latino!

Mi orgullo proviene de poder responder "soy latinx" a esa pregunta. Para ellos, es su derecho a decir "ESTADOUNIDENSE ANTES QUE NADA". Sin embargo, ya sea que su respuesta sea por orgullo o por una negación frontal de su trasfondo latino, como señaló el Dr. Gamarra, la prueba definitiva de su verdad es cómo se identifican cuando nadie los está mirando. Cómo se sienten cuando están fuera de la mirada pública, cuando su carácter intrínseco domina cualquier tipo de expectativa social. Porque, entonces, no hay forma de escapar de ti mismo.

Enrique es un hombre que solo lucha contra sí mismo.

—Cuando vas a la cárcel, la gente se segrega sola —me dice Enrique, recordando el año que pasó tras las rejas.

Me explica que, mientras estuvo encerrado, la gente tendía a agruparse según su color de piel. Recuerda que los negros se congregaban junto a sus sillas; los latinos estaban en otra sección del lugar; los puertorriqueños tenían su propio rincón, y los blancos estaban en otra parte.

—Siento que es natural recurrir a eso —me dice.

—¿Y tú a dónde fuiste, Enrique? —le pregunto—. ¿Con qué grupo te asociaste?

Se queda callado.

—Fui con los latinos —contesta luego.

Enrique es alguien que ha pasado toda su vida rompiendo sesgos ajenos y viviendo su vida fuera de las casillas y las etiquetas que intentan contar su historia. Cuando lo contacté para conversar con él, quería creer que era un caso marginal en la comunidad latina, alguien que no podía representarnos. Al final, yo estaba equivocada. La historia que me había formado de Enrique estaba equivocada. No coincidimos en casi nada, pero sí en una cosa: todos tienen derecho a construir su propia historia. Y eso, en sí mismo, es una historia latinx.

Del Noreste al Medio Oeste

10

El acto de ser ordinario

Mientras avanzo hacia el norte desde Florida y dejo atrás ese lugar que me pone nostálgica, recuerdo que uno de los hilos conductores de la comunidad latinx es el importante papel que tienen nuestros ancestros para desarrollar nuestra historia. Parte de nuestra esencia como comunidad es que la mayoría podemos rastrear nuestros orígenes a una tierra lejana. Ninguno de nuestros caminos empezó aquí; comenzaron al sur de la frontera. Nuestras historias, al igual que nuestros ancestros, migraron a Estados Unidos, y ese es un rasgo único que llevamos con nosotros. Pero mis conversaciones en Miami con la comunidad afrolatina me hicieron pensármelo dos veces: si apenas si reconocen a una persona en su país natal —si su censo, su historia y sociedad apenas si la capturan—, ¿cómo contamos historias enteras? ¿Cómo capturamos el inicio de su camino?

A los gobiernos latinoamericanos les está costando un trabajo vergonzoso reconocer a sus comunidades de afrodescendientes, así que imaginen lo difícil que será rastrear sus movimientos e historias en otros lugares. Si ni siquiera tu patria te ve, ¿cómo puedes esperar que Estados Unidos te rastree y contabilice? Esa es una de las razones por las que no pensamos en afrolatinos dentro del polémico debate migratorio en Estados Unidos, ni cuando hablamos de los once millones de inmigrantes indocumentados que viven entre nosotros. Los afrolatinos suelen ignorarse. Pero ellos también trascienden fronteras. Igual que todos nuestros ancestros.

Por ejemplo, según un análisis de Pew sobre el Censo de Estados Unidos, en 2016 había aproximadamente 4,2 millones de inmigrantes negros en el país, la mayoría provenientes del Caribe, de Latinoamérica y de África. De ellos, alrededor de 700 mil son indocumentados. Y, aunque estén subrepresentados en el sistema, el ICE los ataca y deporta de manera desproporcionada. Según la Asociación Nacional para el Progreso de las Personas de Color, en este país se encarcela a los negros cinco veces más que a los blancos. Sabemos que es más probable que los detengan, que los arresten y, por lo tanto, que los metan a la cárcel. Eso significa que los inmigrantes negros, quienes, por supuesto, tienen apariencia de negros, son más vulnerables a la deportación. Tener antecedentes penales es caer directo en las garras del ICE. En 2016, un reporte de la Clínica de Derechos de los Inmigrantes de la Universidad de Nueva York descubrió que "los inmigrantes negros tienen una probabilidad mucho más alta de ser deportados debido a una condena previa que las personas provenientes de otras regiones". Pero no crean esa declaración al pie de la letra: el sistema penal estadounidense —que les tiende trampas a los negros para encarcelarlos— sirve como el mejor vehículo hacia el sistema migratorio.

¿Lo ven? Estás frito si lo haces y estás frito si no. En este país los inmigrantes negros se enfrentan a un castigo doble. Sin importar lo que hagan, los pueden criminalizar por su color de piel o por el sello en su pasaporte. Pero uno de los peores castigos al que se enfrentan los inmigrantes negros en este país es el olvido. Es muy probable que la sociedad estadounidense los olvide, al igual que en sus países de origen. Ojos que no los ven —perdidos entre los afroamericanos—, corazón que no los siente. Durante una de mis paradas técnicas en la carretera hacia Washington, D.C., estaba recorriendo noticieros en la tele cuando oí a una mujer de acento cubano. Estaba rogando que sacaran a su hermano de un centro de detención en Louisiana. En el segmento, la mujer le dijo a Morgan Radford, corresponsal de MSNBC News:

—Cuando llegan ahí, es como si llegaran a un cementerio. No tienen salida. No hay respuesta.

Hablaba igual que mi abuela, con ese acento cubano. También me sorprendió ver a esa mujer en la televisión, porque es poco común oír historias de detenidos cubanos indocumentados; la historia general de los inmigrantes cubanos tiende a ser de privilegios y éxito. Pero luego encajó todo: el hermano de esa mujer era afrocubano. Era un doctor negro que había huido del régimen castrista después de que el gobierno lo mandara a golpear. Llegó a Estados Unidos en busca de mejores oportunidades, pero terminó bajo custodia del ICE en el Sur Profundo. Para cuando vi el reportaje en televisión, llevaba 10 meses dentro. A diferencia de la mayoría de los cubanos a los que conocía, a él, por tener la piel oscura, lo habían abandonado, no lo habían monitoreado y nadie se hacía responsable. Estaba olvidado en el Sur Profundo.

En ese momento, me pregunté cuánto tiempo más pasaría entre esos muros.

—Aparte de su hermana, ¿quién más estará pensando en él? —pensé.

Seguramente Jonathan.

Estaba viajando para ver a Jonathan Jayes-Green, cofundador de UndocuBlack, una de las únicas redes nacionales del país que está cuidando de los inmigrantes negros indocumentados. Jonathan es un beneficiario de DACA afropanameño, *queer* e indocumentado. Washington es el núcleo de los activistas por los derechos de los inmigrantes, gente increíble que está trabajando sin tregua por brindarles justicia a los más vulnerables. Pero, a veces, ese círculo de activistas puede volverse un poco ensimismado y perder el contacto con el exterior. A veces son unidimensionales. Suenan como ñoños de la política pública, porque cambian oraciones reales por lemas políticos sensuales, pero robóticos. Sin embargo, Jonathan ha logrado humanizar su activismo al atravesar de golpe toda la burocracia que suele rodear a la política en Washington. Eso no solo significa exponer las historias ignoradas de los inmigrantes indocumentados negros en Estados Unidos, sino también sanarlas. Reconocer su agonía. Su trauma. Sentada frente a Jonathan —con esa enorme sonrisa optimista que tiene— sospecho que se siente un poco incómodo con toda la atención puesta en él. Pero abrirse conmigo es un acto de resistencia en sí mismo.

La historia de las personas negras e indocumentadas en este país no solo es una historia migratoria: es una historia agravada por siglos de colonialismo y racismo institucionalizado. Una historia que carga con la opresión que existe al otro lado de la frontera entre México y Estados Unidos, y también con las injusticias con las que se sigue estigmatizando la negritud de este lado de la reja. Una historia que dice que eres invisible allá y te criminalizan acá. Un día no te ven, y al otro te atacan. Jonathan no habla conmigo por sí mismo, sino por el resto del movimiento latinx. También es por ellos. Es para romper su silencio. Para librarlos de su carga, aunque sea una sola onza.

Hasta 2016, cuando UndocuBlack arrancó en serio, no había un lugar en el que estuvieran representados los inmigrantes negros indocumentados. Para explicar su nacimiento, Jonathan me lleva a las calles de Baltimore, no muy lejos de donde creció, en el condado de Montgomery. Es abril de 2015 y está marchando con miles de personas que protestan la muerte de Freddie Gray Jr., un joven de 25 años que murió por las lesiones sufridas bajo custodia policial. En ese punto de su vida, Jonathan ya se había desilusionado un poco del sistema por su trabajo en la administración del gobernador Martin O'Malley, donde fungió de administrador de la Comisión de Asuntos Hispanos y Caribeños. Como me explica, trabajar en un puesto tan alto fue un privilegio inmenso que le dio la oportunidad de representar a su comunidad y luchar por ella. Sin embargo, a veces parecía que las sesiones de fotos con políticos de alto nivel y partes interesadas pesaban más que las políticas públicas que solucionaran los problemas de la población inmigrante y negra del estado. Así que, desilusionado y viendo el historial de encarcelamiento masivo de Maryland, Jonathan entró a los disturbios de Baltimore, que empezaron en abril de 2015, con un largo rastro de enojo que llevaba acumulando durante décadas. Al igual que un sinnúmero de negros más. No solo en Baltimore, sino en todo el país: fue un levantamiento que desató un enojo feroz contra un sistema que prefiere ver a los negros enterrados que vivos.

A diferencia de muchos de los manifestantes, Jonathan no nació en Estados Unidos. Pero, al igual que ellos, como afrodescendiente, compartía la experiencia de haber sido discriminado en su propio país. En marzo de 2020, Cecilia Moreno, representante de las afrodescendientes en Panamá (Red de Mujeres Afrodescendientes de Panamá), dijo durante una conferencia: "En Panamá, hemos estado denunciando que la cara de la pobreza sea indígena y afrodescendiente".

No es una sorpresa que en Panamá, donde alrededor del 15 por ciento de la población es afrolatina, la desigualdad golpee más duro a los afropanameños. Y, sin embargo, a pesar de los grados de separación entre Panamá y Estados Unidos, Jonathan estaba marchando con afroamericanos, todos bajo la misma bandera, y bajo el mismo cielo azul. Porque, si eres negro e indocumentado en Estados Unidos, no tienes forma de escapar a esa trampa mortal: aunque este país no considere parte de él a los afrolatinos —no cree que sean nativos, que encajen fácil en una casilla hecha por y para estadounidenses—, de todos modos acaban metidos en la brutalidad contra los negros y los morenos, tienen el mismo riesgo de que los etiqueten y encasillen injustamente, de convertirse en el siguiente Freddie Gray, Jr.

En ese escenario, mientras marcha por las calles de Baltimore, cruza la mirada con una mujer mayor sentada encima de un coche. Ella lo mira directo a los ojos y dice:

—Esto es por ti.

—Sentí que estaba mirando mi alma —me cuenta Jonathan.

Se queda callado. Se le ponen los ojos llorosos.

Esas palabras le afirmaron que sí pertenecía aquí. Afirmaron su negritud, que siempre le cuestionaban como afrolatino. Afirmaron su dignidad como persona indocumentada, que casi siempre queda olvidada en la narrativa política convencional. Afirmaron que sí cabe en este país, lo que algunos niegan. Afirmaron la necesidad de que el movimiento por el derecho de los inmigrantes apoyara a los negros. Y, más que nada, afirmaron el dolor y el enojo que traía dentro. ¿Cuántos afrolatinos más se sentían así ese día?

—Estaba muy enojado durante mi experiencia en Baltimore —me dice de nuevo.

Es un doloroso recordatorio de las profundas injusticias que estaban padeciendo las comunidades negras de todo Estados Unidos. Poco después de los disturbios de Baltimore, Jonathan publicó un estatus en redes sociales en el que expresaba su enojo. Lentamente, la gente empezó a comentar en su publicación. "Yo también estoy enojado", escribió Jaime, su futuro cofundador. Finalmente, decidieron convertir esa indignación en línea en una pequeña reunión de inmigrantes negros indocumentados de todo el país. Pero, debido al enorme interés y atención recibidos, lo que en principio sería una junta de diez personas se convirtió en una asamblea de setenta. Entonces Jonathan cayó en la cuenta de que existía una comunidad mucho más grande que necesitaba ser vista y discutida.

—Nos estaban llamando con fuerza a ocupar nuestro sitio... nuestro sitio bien merecido en el movimiento. Yo tengo muy claro que conseguir papeles no borra los años traumáticos por los que pasa la gente.

La historia de los negros indocumentados incluye muchas más cosas que la inmigración. No solo trata de la realidad de vivir en este país sin papeles ni estatus, sino de ser negro en Estados Unidos. Esa realidad dice que el 21 por ciento de los negros viven en la pobreza, comparados con el 10 por ciento de los blancos; dice que las mujeres negras tienen el doble de probabilidad de morir en el parto que las blancas, y que los estudiantes negros tienen una probabilidad tres veces más alta de sufrir violencia con armas de fuego en su universidad que los blancos. Así que la historia de los negros indocumentados sigue buscando las palabras necesarias para sanar todas sus heridas. Y esa es una de las razones por las que la creación de UndocuBlack en 2016 fue tan revolucionaria, porque se originó en una necesidad orgánica de sanar, en vez de en una estrategia política calculada para ganar. A lo largo de los años, UndocuBlack ha convertido temas de políticas públicas, como apoyar la Ley del Sueño y la Promesa Americanos y exigir la derogación de la Ley de Reforma de la Inmigración Ilegal y de Responsabilidad del Inmigrante, de 1996. Ahora, Jonathan se sienta en salas de juntas elegantes y poderosas de todo Washington. Pero incluso cuando discutimos de políticas públicas, logra devolverme al corazón del asunto: la búsqueda de la paz interior.

—Nuestra gente vive muchos traumas —me recuerda—, ¿qué palancas podemos activar para avanzar hacia una sanación colectiva?

Jonathan piensa en grande. Su visión supera las fronteras de su país; entra a los horizontes de las vidas que la jerga estadounidense sobre los negros y la inmigración ha olvidado. Ahora, sus palabras pueden tocar a los olvidados. A los abandonados. A los que no aparecen en ninguna cuenta. Al igual que esa mujer mayor le dijo a él: "Esto es por ti" durante los disturbios de Baltimore, ahora puedo imagi-

Selfie con Jonathan en Washington, D.C.

Jonathan en Washington D.C.

narme a Jonathan repitiéndoselo a su comunidad: "Esto es por ustedes".

—A veces, no quiero ser un negro extraordinario —reflexiona—. Digo, yo solo quiero ir a trabajar, ¿no? Divertirme, ya sabes. Quiero incluir la capacidad del inmigrante de ser ordinario.

No hay nada más humano que ser ordinario. Que poder vivir tu vida y cometer tus propios errores. Y, a fin de cuentas, eso es justo lo que Jonathan quiere para los inmigrantes negros indocumentados: que no los consideren ni más ni menos que personas ordinarias.

A lo largo de mi carrera, incluyendo mi temporada en la campaña de Hillary Clinton, he pasado mucho tiempo en Washington, D.C., entrando y saliendo de oficinas, salas de juntas y reuniones con gente elegante —muy educada y muy importante en sus ámbitos—, todos rascándonos la cabeza para lograr una comunicación brillante, soluciones de políticas públicas revolucionarias y comunicados de prensa jugosos sobre inmigrantes y latinos. De una manera extraña, Washington, D.C., te hace sentir que no solo hay que ser una "persona extraordinaria" para operar en esos entornos de alto nivel y alto estrés, sino que también tienes que realizar "trabajo extraordinario". Mucha de la gente que recorre esos pasillos padece síndrome del impostor, y nos obliga a sobreanalizar y a sobreesforzarnos. Y, mientras hablo con Jonathan, me doy cuenta de algo: tal vez, todo este tiempo, no hemos entendido nada. Hemos pasado tanto tiempo tratando de pintar a los inmigrantes y a los latinos de este país como seres extraordinarios que tal vez la clave fuera mostrar lo ordinarios que son también.

No hay duda de que nuestros ancestros eran personas

extraordinarias: esa es la historia que nos encanta contar, porque es parte del fuego que nos alumbra día a día. Pero la realidad es que también eran personas ordinarias, como cualquier otro estadounidense. Y, en la comunidad latinx, se ven ambas caras: lo excepcional y lo ordinario.

11

Invisibles

Quince años después de haberme mudado a Nueva York, apenas me estoy dando cuenta de lo fácil que es perder la perspectiva en los lugares más visibles. Sin embargo, esa nunca fue mi intención.

Una de las principales razones por las que decidí mudarme a la ciudad más vistosa de todo el mundo fue que nunca quería perder de vista mi entorno. Parte de mi razonamiento fue que mudarme a la Gran Ciudad desenterraría partes de mí que se hubieran sentido reprimidas. Había oído a mi mamá hablar de sus días en la Universidad de Barnard, en el Upper West Side, de vivir en St. Marks Place y de cómo había encontrado sus cines independientes favoritos en East Village. En sus historias, siempre me la imaginaba caminando por el downtown, entrando al Angelika y sentándose al sol en Washington Square Park. Siempre me parecía muy liberador. Y, para mi joven mente, ese era exactamente el efecto que creía que Nueva York tenía en sus habitantes: hacía que jamás se sintieran invisibles. Yo quería eso.

Después de una larguísima despedida de mi mamá en la

esquina de la 116 y Broadway, de sobrevivir a mi primer viaje en metro sola (recuerdo vívidamente a una mujer gritándome desde el fondo mientras subía por las escaleras: "¿Por qué carajo vas tan lento?") y de dominar mi "paso acelerado neoyorquino", sentí que esta ciudad me quería de verdad. Era una adolescente que estaba siendo vista por primera vez. Por lo menos así me sentía. Nueva York fue el primer lugar en el que perdí el miedo a tomar de la mano a la chica que me gustaba en público. Fue donde me besé en un jardín —¡afuera!— por primera vez. Donde mi ropa y mi apariencia empezaron a ganarme admiración en vez de juicios. Donde mis piernas caminaban con una curiosidad incansable, sin las barreras de frenos que pisar o semáforos en los que esperar. Donde mis mejores amigos eran un hombre negro gay de Seattle y una mujer india de Nueva Delhi. Donde podía bailar toda la noche cumbias y electrónica francesa, bajo el mismo techo. Y donde mis varios acentos, identidades y compleja historia familiar se volvieron parte del famoso crisol que nos funde en una misma cultura.

Quince años después de que me mudara aquí, Nueva York y yo hemos crecido. Juntas, legalizamos el matrimonio homosexual, marchamos por World Pride, celebramos nuestro estatus de santuario y nos movimos al ritmo del afropunk. Vimos a Hillary Clinton convertirse en la primera mujer nominada por cualquier partido estadounidense importante, presenciamos el ascenso de Alexandria Ocasio-Cortez, nos movilizamos contra las Trump Towers y protegimos a los inmigrantes indocumentados. Pero también nos distanciamos con la muerte de Eric Garner y Layleen Polanco. Nos distanciamos cada vez que oía insultos racistas en el metro, cada vez que se ampliaba la brecha de desigualdad de ingresos y cada noche que una familia latinx ya no podía pagar la renta. Esos fueron los años que me formaron, me moldearon y me desafiaron, años que forjaron mis patrones de vida, mis rutinas diarias y todos los tics estrafalarios e inexplicables que he desarrollado con la edad.

Luego me di cuenta de que no había visto a las demás personas que estaban cambiando —o que se mantenían intactas— con la ciudad. ¿Cuándo fue la última vez que de verdad miré a mi alrededor? ¿Cuántas veces estuve asomada a mi celular en vez de ver la cara de la gente? ¿Había cambiado alguna vez mi trayecto matutino por la ciudad? Por cada viaje en metro que hacía, cada cuadra que caminaba o cada césped en el que me sentaba, ¿quién, a mi alrededor, era invisible a mis ojos? Esa había sido la pregunta que me había atraído a esta ciudad, y caí en la cuenta de que se me había olvidado por completo buscar una respuesta.

Decidí caminar por la ciudad que creía conocer tan bien. Pero, en vez de seguir mi rutina diaria, decidí viajar por Nueva York con la misma curiosidad incansable que tenía a los 18 años, cuando acababa de mudarme a mi dormitorio universitario.

En vez de que me guiaran los presupuestos que me había construido al correr de los años —moviendo mis pies como cochecitos motorizados—, me alejo de mi senda usual.

En 48 horas, esto es lo que veo a mi alrededor:

VIDAS ROBADAS

Cuando vez a Vidal desde lejos, nunca creerías que ya le han robado esa vida que le da nombre varias veces.

No una, sino dos. Le han arrancado no uno, sino muchos años de sus jóvenes 28. Sin embargo, nunca lo sospecharías por su brillante sonrisa. Si lo ves por accidente desde la otra acera en Harlem, lo más probable es que te fijes en sus tatuajes y luego inconscientemente conviertas un vistazo en una mirada más larga. Pero eso es exactamente a lo que está acostumbrado: a largas miradas suspicaces.

—Crecí en una zona de "detenciones y cateos"... donde la policía te paraba tres o cuatro veces —me cuenta.

"Detenciones y cateos" fue una política explotada por el alcalde Rudy Giuliani que básicamente le permitía al departamento de policía de Nueva York detener y catear peatones sin sospecha razonable. El mismo año en el que me estaba graduando de la universidad, en 2009, la Unión de Libertades Civiles de Nueva York registró que la policía neoyorquina había detenido a 581,168 personas. El 88 por ciento, o sea casi todas, resultaron inocentes. Mientras algunas personas, a unas pocas cuadras, caminábamos con un diploma en la mano derecha, los hombres de color como Vidal caminaban con esposas en ambas, los detenían un par de veces al día, los acosaba la policía y los ponían en un "libro de pandillas" arbitrario.

Durante años, la policía de Nueva York ha estado armando una polémica base de datos de supuestos "pandilleros" en la ciudad. El Departamento ha estado usando medidas arbitrarias para afiliar personas —en su mayoría varones jóvenes de color— a las pandillas. Cualquier cosa, como sufrir "detenciones y cateos" o tener antecedentes menores basta para entrar a ella. Se ha reportado que, entre 2013 y 2018, se añadieron más de 17 mil entradas al "libro de pandillas", casi el 100 por ciento de ellas eran de latinos o negros. Hoy por hoy, alrededor de 18 mil personas en Nueva York tienen sus nombres inscritos en ese libro.

A Vidal lo tildaron de pandillero mucho antes de convertirse en uno. Y eso se debe a que traemos gran parte de nuestro futuro predestinado de nacimiento.

—Yo solo imitaba todo lo que me rodeaba —dice.

Apenas si retenemos memorias de bebés, pero él recuerda los días en los que no dejaba de rugirle el estómago a su mamá.

—Son días de los que ves ciertos momentos y dices: "Pero, ¿qué le pasó a la tierra de los libres?" —comenta.

Al igual que muchos inmigrantes, la mamá de Vidal llegó a Estados Unidos de República Dominicana con un conjunto de ideales y aspiraciones. Sin embargo, en vez de vivir bajo un techo, Vidal acabó viviendo debajo de una escalera, con sus hermanos y su madre soltera. Sin casa y en pobreza extrema, sus oportunidades no eran las actividades extracurriculares, sino vender droga y adaptarse a la vida en las calles.

—Creo que lo que pasó fue que entré en modo supervivencia, ¿no? —explica.

Cuando cumplió quince años, era parte de The Bloods, una de las pandillas más antiguas e infames de Estados Unidos. A los 16, lo arrestaron por primera vez y lo mandaron a la isla de Rikers, el principal complejo carcelario de Nueva York, y lo sentenciaron a siete años de prisión, como si fuera un adulto.

Antes de 2017, Nueva York era uno de los únicos dos estados en procesar a los chicos de 16 y 17 años como si fueran adultos. Vidal fue víctima de ese sistema, un ambiente que nunca le presentó modelos a seguir, imágenes de éxito ni oportunidades de progreso, sino que lo castigó por ir por la vida como adolescente con los ojos vendados.

—Imitaba a gente que toda su vida había recibido la influencia de *dealers*, proxenetas y pandilleros —recuerda—. En realidad, lo que más necesitaba no era que me encarcelaran, sino una solución para volver a casa.

Él era un niño de 16 y 17 años en Rikers. Recuerda que lo trataban como un "animal" y que tuvo que luchar por su vida todos los días tras las rejas.

—Estar física y mentalmente encarcelado es como si tuvieras demonios y tienes que luchar con ellos todos los días. ¿Cómo vas a funcionar así? —me dice.

Lo liberaron en libertad condicional tras dos años, pero la vida afuera no era más sencilla que cuando lo habían arrestado.

—Estaba traumado —declara—, y no sabía cómo regresar a la sociedad.

Le negaron empleos, la policía siguió acosándolo y etiquetándolo, y Vidal acabó metido de nuevo en la pandilla. Como un reflejo de las altas tasas de reincidencia que aquejan el podrido sistema penal de este país, a los 19 volvió a entrar a él, y se quedó encerrado otros cinco años de su vida. Pasó de la Isla Rikers al Centro Correccional Greene, en donde estuvo en confinamiento solitario muchas veces. Pero durante esa segunda sentencia, se hizo una promesa que nadie había imaginado posible: creer en sí mismo.

—Tuve que preguntarme: "Pero ¿qué hago? ¿Cómo puedo cambiar lo que dicen de mí? ¿Qué puedo hacer?".

Tras el confinamiento solitario y varias amenazas de muerte, logró salir. Y lo más probable es que lo hayan visto en la televisión, en el periódico o en internet. Después de su largo camino, se convirtió en una de las principales voces del movimiento por una reforma del sistema penal. Apoyó con éxito la política de "Aumentar la Edad" que cambió la edad de responsabilidad criminal en el estado de Nueva York a 18 años, y ahora tiene la vista puesta en terminar con el encarcelamiento en masa.

Pero también está haciendo algo que ha faltado a nivel nacional: incluir a los latinos en la conversación sobre la reforma del sistema penal.

—La gente cree que el sistema penal solo es problema para los afroamericanos. No es cierto —me dice.

Sabemos que los negros y los morenos tienen una representación desproporcionada en el sistema. Sabemos que, en 2017, los latinos conformaban más del 20 por ciento de los convictos en el país, aunque solo representemos el 16 por ciento. Eso significa que una sexta parte de los varones latinos pasarán un tiempo en la cárcel en algún punto de su vida. Y sabemos que hay un sinnúmero de Vidales en las calles de Nueva York: criminalizados al nacer, encarcelados desde la pubertad, traumados de por vida.

Sin embargo, sigue siendo muy difícil encontrar datos precisos sobre latinos afectados por el sistema. Los investigadores y los formuladores de políticas públicas coinciden en que no se ha hecho lo suficiente para recolectar la información necesaria que nos permitiría apreciar el panorama completo. De una manera muy simple, el sistema penal nunca se ha considerado un "tema latino". La lente latinx está empezando a cambiar esa narrativa.

De entrada, los latinos no solemos tener una casilla étnica clara que marcar. Pero, más que nada, como comunidad, no la hemos convertido en nuestra lucha colectiva.

Vidal y yo frente a las oficinas de JustLeadership-USA en East Harlem.

—Sé que estamos librando muchas batallas diferentes. Nuestra identidad, por lo que estamos pasando... y creo que en realidad solo tenemos que averiguar qué significa exactamente encontrar el punto medio, ¿no? Crear un punto común en el que todos luchemos juntos —dice Vidal.

Antes de irme, le pregunto:

—Si pudieras volver en el tiempo, ¿qué le dirías a tu yo de seis años?

—Que se quisiera —responde sin dudarlo.

De inmediato pienso en Karolina en Arizona, porque sospecho que si le hubiera hecho la misma pregunta, me habría dado la misma respuesta: que se quisiera. De hecho, creo que habría obtenido la misma contestación de un sinnúmero de personas que he conocido en este viaje. Durante décadas, una fuente fácil de ese amor era la religión. Podíamos acudir a Dios, Jesús o la Virgen en busca de ese amor incondicional que nos faltaba. Pero ahora ni siquiera la iglesia parece bastar. De hecho, en 2014, el Centro de Investigaciones Pew descubrió que casi una cuarta parte de los adultos latinos se declaraban ex católicos.

Así que, ¿qué o quién está llenando ese vacío?

ALLAH Y FRIJOLES NEGROS

A veinte minutos de la ciudad de Nueva York, un concejal de Nueva Jersey de Passaic, una ciudad donde el 70 por ciento de los habitantes son latinos —muchos de los cuales se vieron forzados a abandonarla por el aumento de la renta—, me dice que la comunidad latina "ansía algún tipo de iluminación religiosa".

—Mediante sus experiencias únicas, sus contactos, sus relaciones en la escuela o en el trabajo, están explorando y encontrando el islam de muchas maneras —continúa.

Los latinos ansían algo más. Salim Patel, concejal de Nueva Jersey, dice no recordar haber conocido a algún converso latino cuando era niño en Passaic. Pero eso ha cambiado. Me cuenta que, al pasar de los años, ha presenciado un crecimiento exponencial de latinos conversos al islam.

—¿Y por qué sucede eso? —le pregunto.

—Si hablas con ellos, te dirán que provienen de un pasado del que no necesariamente están orgullosos —contesta—. La religión que seguían ya no los convencía y en el islam encontraron algo que tuvo todo el sentido para ellos.

Sigo mi paseo por la ciudad, ahora buscando respuestas a preguntas que ni siquiera había sospechado que tendría: ¿Acaso los latinos se están encontrando en el islam?

¿Me perdí de ese movimiento a mi alrededor? Es obvio que sí.

Es primavera, lo que significa que los neoyorquinos han terminado oficialmente de hibernar. Durante esta época del año, todo suena distinto por aquí. La radio que brota de los coches con las ventanas abajo, los pétalos que florecen en el parque y la brisa que estalla cada vez que alguien mete gol o encesta en las canchas al aire libre. Con el verano, las capas de la ciudad empiezan a caer una a una y podemos oír las cosas con más claridad. Si pones atención, oyes las oraciones matutinas al amanecer, la oración vespertina al atardecer y la alegría de romper el ayuno todas las noches.

Pero si te concentras, las oraciones matutinas tienen acento boricua, las mezquitas están llenas de dominicanos y el ayuno se rompe con arroz y frijoles negros.

La ciudad está en ramadán.

No se sorprendan, porque, de hecho, los latinos son el grupo de musulmanes estadounidenses de mayor crecimiento. Según un informe del ISPU, solo el 1 por ciento de los musulmanes se identificaban como latinos en 2009, pero para 2018, la cifra había crecido al 7 por ciento. Hoy en día, hay alrededor de 250 mil musulmanes latinos en Estados Unidos, y la comunidad no deja de crecer.

Así que me dirijo a una reunión para conocer a miembros puertorriqueños de la comunidad musulmana latina. Mi primera pregunta para todos es:

—¿Qué los convirtió al islam?

Y todos me dan respuestas similares. Es muy sencillo: cuando en serio les permiten elegir su fe, el islam se convierte en la respuesta clara para muchos.

Aldo Pérez, un organizador comunitario local, me dice que

en cierto momento se dio cuenta de que lo habían adoctrinado durante años. Para él, los vínculos históricos de los latinos con el colonialismo implican que la comunidad siempre ha recibido una fe, en vez de tener la opción de aceptar una.

—Nuestros padres nos hacen cristianos y judíos —afirma—. Mi libre albedrío fue elegir ser musulmán.

De manera similar, después de explorar el Corán y sacar sus propias conclusiones, personas como Danny Salgado y Wesley Lebron, un ex católico y un ex cristiano, prefirieron la idea de un solo Dios a la de una Trinidad misteriosa.

"Dios mío, Dios mío, ¿por qué me has abandonado?", dice el Salmo 22.

A lo largo de su camino hacia el islam, Wesley Lebron recuerda haber cuestionado ese versículo bíblico. Hace un tiempo, le preguntó al respecto a un cristiano:

—¿A quién le está llorando Dios ahí?

Lo que le contestaron fue: "Hijo, solo tienes que creer", una respuesta anticlimática que muchas personas dan por sentada y siguen ciegamente. En vez de eso, Wesley Lebron buscó sus propias respuestas y terminó convirtiéndose al islam.

—La gente lee el Corán para atacar a los musulmanes y acaba encontrando algo hermoso —explica.

Exactamente lo mismo le sucedió a su mamá latina. Hace más de dos décadas, lo corrió de la casa por convertirse al islam. Pero, dos años antes de nuestra conversación, le dijo:

—Hijo, te he estado observando y quiero ser musulmana.

Ser musulmán y latino pueden parecer identidades encontradas. Tal vez por eso la gente como la mamá de Wesley tenga reacciones iniciales como: "¡¿Que te convertiste al qué?!" o "¡¿Qué?!".

Aldo, uno de los líderes de la comunidad latino-musulmana de la ciudad de Nueva York.

Así que le pregunto a la comunidad:

—¿Cuál es la idea más equivocada que tenemos los latinos de los latinos musulmanes?

Aldo ni siquiera parpadea, de inmediato responde:

—Terrorismo.

—Que ya no somos latinos por ser musulmanes —dice Danny.

—Sigo siendo puertorriqueño de sangre y de corazón —me recuerda Wesley Lebron.

Esa sangre y corazón latinos nunca nos abandonan. Cuanto más tiempo paso con la comunidad, más similitudes noto entre las dos identidades.

Después de mi conversación, termino yendo a una cena de *iftar,* para acompañar a los musulmanes latinos a romper el ayuno durante el ramadán. Al entrar, veo Coranes en español, un mueble con información para beneficiar a las víctimas del huracán María y, por supuesto, montones de comida lista para servirse. La energía que se siente me parece extrañamente familiar. Acogedora. Es de generosidad, amor y compasión.

—La hermandad es algo que atrae a musulmanes y a latinos por igual —señala Danny.

—Al estudiar el islam y las tradiciones de los Profetas, encontramos coincidencias enormes [entre las dos culturas]: cómo tratas a tus compañeros, a tus padres, a tus invitados... todo eso coincide —me dice Wesley.

Pero no quiero entrometerme en su espacio durante el *iftar*. Quiero ser respetuosa mientras celebran ese momento sagrado, así que me siento en una mesa del rincón. Pero pronto me doy cuenta de que aquí no hay tal cosa como un "ellos" y un "yo". Fue un error suponerlo desde el principio, porque aquí todos somos familia. Una muchacha se acerca a mi mesa solitaria y me dice:

—Ven para acá y siéntate con las demás, hermana.

Sonrío y la sigo de inmediato. Dejamos atrás a los hombres, que están todos sentados a la izquierda, y nos unimos a las mujeres, que están reunidas a la derecha.

Cuando terminan las oraciones y el sol por fin se pone, rompemos el ayuno con el arroz con frijoles, el pollo frito y el pastel que nos esperan. Estoy rodeada de mujeres que no conocía: una inmigrante mexicana que dejó a su familia en la Ciudad de México para ir en busca del islam; una madre afropanameña musulmana; una trumpista dominicana musulmana. La lista sigue. Abuelas, madres e hijas. Primas y tías. Todas, latinas con *hiyabs* que revelan verdades que este

Foto de mi plato en la cena de *iftar*, que incluía un arroz con frijoles delicioso y pollo frito.

país nunca había oído antes, que cruzan intersecciones que esta nación nunca había transitado y que rompen estereotipos. Pero, todas, en algún punto, hablan un lenguaje familiar que todas conocemos demasiado bien como mujeres: el de la resistencia.

Nuestra tranquila cena de *iftar* se convirtió en una mesa redonda femenina *impromptu*, en un espacio seguro. Sonaba casi como sesión de chismería:

—Tenemos que alzar la voz —dijo una.

—Hay que decirlo, ellos [los hombres] sienten que deberíamos quedarnos en casa —menciona otra.

—Ven a nuestras reuniones semanales —le dijo una tercera a una nueva miembro de la comunidad.

No se sentía para nada como un reproche contra los hombres que teníamos a la izquierda, sino como la sinfonía de un coro femenino que empezaba a encontrar su voz.

Antes de irme, una de ellas se me acerca y dice:

—Ellos [los hombres] no nos presentaron nunca, ¿verdad?

Es la que estaba dirigiendo el chisme en la mesa, empujando a sus hermanas latinas a reflexionar, plantearse preguntas difíciles y verse como una unidad.

—Tienes razón —le digo—, no nos presentaron. Pero yo sé quién eres.

Nos damos un abrazo y nos presentamos formalmente.

La próxima vez, será la primera a la que busque al entrar al lugar.

EL EFECTO OCASIO-CORTEZ

Desde que era chica, me ha parecido que Nueva York emana poder. Algo tienen los enormes rascacielos, Wall Street, el ayuntamiento, el barullo constante... que se siente inaccesible y poderoso. Nadie en esta ciudad habría sospechado que una mujer llamada Alexandria Ocasio-Cortez, del Bronx, cambiaría el significado del poder, primero en esta ciudad y luego en todo el país.

Durante décadas, las latinas no sabíamos en realidad cómo se veía ni sentía el poder político. Sabíamos que estaba concentrado en las manos de algunos blancos y que, de vez en cuando, las congresistas como Nydia Velázquez, Hilda Solís e Ileana Ros-Lehtinen brillaban bajo los reflectores. Aunque nos hayan abierto el camino, y aunque su aparición haya sido de una familiaridad satisfactoria —esos acentos sutiles, esa determinación feroz, ese sentido del humor contagioso—, el poder, para muchas, aún se sentía distante.

Tal vez nos viéramos reflejadas en sus plataformas, pero no necesariamente en ellas mismas.

Después de la victoria de Trump, nuestros pies marchantes causaron un cambio inimaginable en la capital de nuestro país. Después de las elecciones de 2016, las latinas no necesariamente empezamos a marchar, militar y luchar; seguimos avanzando en esa marcha por la justicia que Dolores Huerta inició con sus consignas de "¡Sí se puede!" en los años setenta. Ahora, con más fuerza aún. Recuerdo que, en 2017, el día después de la toma de protesta de Trump, Carmen Perez, directora ejecutiva de The Gathering for Justice y copresidenta de la Marcha de las Mujeres, fue una de las líderes que se presentaron en un estrado ante más de medio millón de personas reunidas para la Marcha de las Mujeres en Washington, D. C., a unas cuadras de la Casa Blanca. Entre esa muchedumbre enorme —y frente a millones de personas más que la veían por televisión—, inició su discurso así:

—Estoy aquí como chicana, como mexicoamericana —Y se calló, como si quisiera que las palabras surtieran su efecto. Luego, continuó con sus comentarios de cinco minutos—. Cuando regresen a casa, recuerden, piensen en por qué marcharon. ¡Y organícense, organícense, organícense! —clamó justo antes de terminar su discurso.

Y con un puño al aire, cerró con:

—¡Sí se puede!

La voz de Carmen en ese estrado fue una señal silenciosa para todas las latinas que estaban haciendo historia sin siquiera percatarse.

Meses después de la marcha, pude hablar con ella sobre su experiencia. Me dijo que, antes de la Marcha de las Mujeres, las latinas no necesariamente se imaginaban como líderes. No había muchos estrados en los que aparecieran ni megáfonos que quisieran amplificar nuestras palabras.

—Lo que la Marcha de las Mujeres nos permitió hacer fue ver mujeres de distintos tonos, de distintos cuerpos... Y ahora hay muchas más jóvenes diciendo: "Yo soy ella y ella soy yo" —dijo. Ese fue el preámbulo del efecto Ocasio-Cortez.

Cuando Alexandria Ocasio-Cortez asumió un puesto en la Cámara de Representantes, millones de latinas pudieron decir por primera vez: "Yo soy ella y ella soy yo". Eso se debe en parte a que las elecciones de medio término de 2018 se convirtieron en el regreso del "Año de las Mujeres". Hubo muchas razones para ese titular. En primer lugar, una cantidad sin precedentes de mujeres resultaron electas, lo que significó un récord de 131 mujeres en ambas cámaras. Entre ellas, los apellidos como Ocasio-Cortez, Escobar y García empezaron a inundar los concurridos pasillos del Capitolio. El *Washington Post* reportó que las elecciones habían producido "uno de los grupos de políticos más diversos en la historia de Estados Unidos". De igual manera, las mujeres, como en todas las elecciones de medio término desde 1998, tuvieron índices de votación más altos que los hombres y también prefirieron de manera abrumadora al Partido Demócrata, lo que se consideró un referéndum sobre Trump. Las latinas dirigieron muchas de esas tendencias. En general, no solo votaban más que los latinos, sino que votaban a más candidatos demócratas: el 70 por ciento de las latinas votaron por los demócratas, contra el 60 por ciento de los latinos. Y, en campos de batalla importantes, como Nevada, el 75 por ciento de las latinas votaron por candidatos demócratas al Senado, contra el 54 por ciento de los latinos. En otras palabras, las latinas de Estados Unidos alzaron la voz.

A causa de las manifestantes, las activistas del #MeToo, las campesinas y las jóvenes, Washington, D.C. empezó a verse diferente. De pronto se volvió posible que una cantinera boricua de 28 años del Bronx se convirtiera en la congresista más joven de la historia. Sin un centavo, con labios rojos radiantes, arracadas enormes y sin experiencia previa en política, la congresista Alexandria Ocasio-Cortez ahora camina sin esfuerzo por los pasillos del Congreso.

Al igual que Carmen Perez, que la estudiante de Parkland Emma González o que la activista Mónica Ramírez, cientos de miles de latinas ahora pueden reconocerse en Alexandria Ocasio-Cortez. Muchas sienten una fuerte pasión por las cuestiones de política pública que aborda. Abolir el ICE, lograr Medicare para Todos y diseñar un New Deal Verde: la nueva generación se siente escuchada por primera vez. Pero, en más de un sentido, Ocasio-Cortez no solo representa la voz de la juventud, sino también la justicia para las generaciones anteriores de latinos que nos abrieron camino. Y eso es algo con lo que muchos latinos de primera generación se pueden identificar: su victoria en realidad es la de sus padres, hubo generaciones de lucha para llegar a donde estamos. La semana en la que Ocasio-Cortez asumió su puesto, escribió en su Instagram:

> "...Mami trapeaba el piso, conducía el autobús escolar y contestaba el teléfono. Hacía lo que tuviera que hacer por mí. Cuando mi padre murió, se convirtió en madre soltera de dos hijos, y tuvo que empezar de cero. Cuando él falleció casi perdemos nuestra casa, así que la vendimos y empezamos de cero. Una y otra vez".

Ocasio-Cortez sacudió por completo el *status quo*, pero las barreras que rompió eran tan suyas como de su madre, y eso resuena con muchos jóvenes, aunque sea de manera muy sutil. Así que, sí, no solo nos identificamos con su apariencia o con las políticas que propone. De hecho, muchas personas ni siquiera coinciden con su política y bastantes la rechazan por "socialista". Pero nos aferramos a su aura. Lo que reconocemos es su personalidad desvergonzada. Lo que nos resulta familiar es su confianza. Porque proyecta una imagen valiente que, a veces, hemos tenido demasiado miedo de asumir.

Ahora sabemos cómo se ve el poder. Ya no se siente inalcanzable.

El poder de esa proyección se mide mejor fuera de Washington y de las salas de audiencias del Capitolio. Yace en su capacidad de despertar a la gente que está fuera de los ámbitos tradicionales del poder. El efecto Ocasio-Cortez hace justo eso: que muchas personas en la comunidad latinx sientan que cualquier cosa es posible, incluso ser candidatas.

ESTAR "AFUERA" EN LA CIUDAD

Otra cosa que nunca he logrado olvidar son las Marchas del Orgullo en Nueva York.

Marchar por la Quinta Avenida, pasar por The Stonewall Inn y bailar hasta West Village. Banderas de arcoíris cubriendo manzanas interminables en toda Manhattan, desdoblándose como alfombras rojas bajo nuestros pies. El Orgullo te abraza con libertad, con apertura y con un amor que honra los clamores del movimiento por la liberación y la valentía de los héroes olvidados de los Disturbios de

Un grupo de latinas trans, frente al Stonewall Inn en la ciudad de Nueva York.

Stonewall. Das pisotones con orgullo por ellas: por Marsha P. Johnson y Sylvia Rivera, las olvidadas mujeres transgénero de color que dirigieron los levantamientos del 69. Durante el Orgullo, lo invisible se vuelve visible.

—Es como una fantasía —me dice Francisco.

"Francisco" es su seudónimo.

—Es un día en el que podemos expresarnos y la gente nos apoya —dice Kendra—. Pero, dos días después, la misma gente nos señala con el dedo. Vivimos en un mundo de doble moral.

"Kendra" también es un seudónimo.

—¡Es la ciudad más progresista del mundo! —te dicen—. Pero pronto te das cuenta de que no siempre es cierto.

No creo que Francisco y Kendra se conocieran desde antes, pero sus historias tienen inicios y progresiones similares. Todos los días de su vida —ya sea por la mañana, por la tarde o por la noche, antes o después de irse a la cama—, sufren un dolor similar en algún punto de su rutina diaria. Sin saberlo, sus caminos se cruzan casi a diario.

Francisco vino a Nueva York para ser gay abiertamente, huyendo de la homofobia que vivió en México. De manera similar, Kendra vino a la ciudad para sentirse libre en su piel de mujer transgénero, para dejar atrás la violencia y la persecución en Honduras. Al parecer, ninguno de los dos ha logrado encontrar esa libertad absoluta que ansiaban. Mientras que Kendra no ha logrado conseguir trabajo, Francisco, por lo menos, puede ganarse un ingreso estable.

Él me dice que, en cuanto llegó a la ciudad, se convirtió en albañil.

—No puedo ser abierto con ellos, porque me acosarían —dice.

Kendra, por otro lado, se ha visto forzada a ejercer de trabajadora sexual.

—No me gusta el trabajo sexual —me dice—, pero lo tengo que hacer para sobrevivir, vivir, comer y vestirme. Si no lo hago, ¿cómo podría sobrevivir?

Es una buena pregunta. ¿Cómo podría sobrevivir?

Aunque Kendra y Francisco tengan vidas muy distintas, aquí es donde sus experiencias convergen, en el simple hecho de caminar por la calle:

KENDRA CAMINANDO POR LA CALLE

Cierra los ojos e imagina a una latina transgénero muy delgada, con el pelo largo y lacio, grandes arracadas y una enorme sonrisa caminando por una intersección concurrida en el barrio de inmigrantes de Jackson Heights, Queens.

Aunque sea una zona llena de inmigrantes y uno de los barrios más diversos del país, ser mujer trans aún te pone en riesgo de encarcelamiento, violencia o incluso la muerte. Los informes indican que, a lo largo de los años, la policía neoyorquina ha perseguido arbitrariamente a las mujeres trans: les aplican cargos por prostitución únicamente por su apariencia e identidad de género. En 2018, los arrestos por vagancia relacionada con prostitución aumentaron más del 180 por ciento en la ciudad de Nueva York, la mayoría de ellos en Queens.

Kendra me cuenta que recibe miradas de peatones cualquieras. Tienen un "Ay, mira, es un hombre vestido de mujer" o un "qué persona tan rara" escrito en la cara al pasar junto a ella. Luego, Kendra regresa rápido con sus amigas, porque han aprendido por las malas que es peligroso caminar sola si eres una latina transgénero, incluso por las calles de Nueva York, todas con un ligero miedo de cruzarse con alguien agresivo que las hostigue. Tarde o temprano, encuentran a ese alguien, no una, sino varias veces.

En cierto momento, alguien les tira una botella de agua; en otra esquina, alguien las insulta:

—¡Maricones! ¡Se creen mujer!

Un poco después, alguien trata de robarles el bolso, y también está quien trata de meterles la mano en la falda. Tal vez, las agresiones físicas terminen durante esta caminata, pero la paranoia no tiene fin.

FRANCISCO CAMINANDO POR LA CALLE

Ahora, a una cuadra de Kendra, Francisco camina por la calle.

Aunque a él, como hombre gay cis, le resulte mucho más fácil asimilarse a la sociedad, sus jornadas laborales en las construcciones suelen incluir alguna forma de acoso verbal por parte de sus colegas. Pero, durante esta caminata, las cosas son distintas.

Alguien se le acerca y le empieza a pegar en la cara mientras le grita insultos racistas. Le abren una ceja. Cuando termina el ataque, sigue a sus agresores: una pareja afroamericana.

—Por lo menos díganme por qué me hacen esto —les pregunta.

—Porque odio a los latinos, hijo de puta. ¿No lo entiendes? —le contesta uno.

Tanto la anécdota de Kendra como la de Francisco son reales. Son experiencias vividas.

—Nunca voy a olvidar esas palabras —dice Francisco.

—Dicen que Nueva York es una ciudad muy abierta, muy generosa. Pero la realidad es otra. Sobre todo si eres una persona de color, no entiendes bien inglés y eres trans —me dice Kendra.

Esta ciudad está llena de luz. Hay faroles por la noche; los rascacielos resplandecen sobre todos los distritos, y las innumerables ventanitas irradian luces fluorescentes. ¿Cómo logramos no ver esto a diario?

Antes de salir de las oficinas de Make the Road NY en Brooklyn, donde llevamos horas hablando, les pido a Francisco y a Kendra que me hablen de sus sueños.

—¿Cuáles son?

Nueva York podrá ser muchas cosas, pero algo por lo que es reconocida a nivel mundial es por ser un lugar que le permite a la gente soñar en grande y tener grandes aspiraciones. Pero eso no es lo que contestan.

—Lo único que quiero es que todos podamos caminar por la calle sin que nadie nos ofenda —dice Francisco—. Algún día, quiero subirme a un tren sin que nadie me señale con el dedo. Quiero entrar a un restaurante sin que nadie hable de mí solo por ser gay.

Eso me despierta.

Me recuerda que, quizá, todo este tiempo, Nueva York me ha dado sueños demasiado grandes. He tenido los ojos fijos en el horizonte y, a veces, he ignorado la manera en la que la libertad y yo hemos interactuado todos estos años. ¿En serio me sentía tan libre en Nueva York? A veces, inconscientemente, he preferido no tomar de la mano a mi pareja mientras caminamos por la calle. He preferido no besarla en público ni demostrarle mi cariño en el metro.

"LITTLE OAXACA" Y LA PRINCESA DONAJÍ

Poca gente baja en la última parada del Metro North en Nueva York: Poughkeepsie. No sé exactamente por qué, pero recuerdo que en la universidad, Poughkeepsie tenía mala reputación. Se decía que era una ciudad industrial, llena de criminales, "fea". Era un lugar que no tenías razón para visitar (a menos de que tuvieras amigos en la Universidad de Vassar). Siempre me pareció uno de esos pueblos fantasma abandonados de la televisión. Al pasar los años, fui muchas veces al bello valle del Hudson para alejarme de la ciudad, pero nunca me molesté en desviarme un poco para visitar Poughkeepsie.

Pues resulta que esa localidad se transformó en Little Oaxaca, una animada comunidad de mexicanos indígenas que revitalizó por completo esa ciudad estadounidense.

Uno esperaría ver oaxaqueños instalados en Los Ángeles o en Nueva York, pero nunca en una ciudad que se llame Poughkeepsie.

Oaxaca es un estado en el sureste de México, y uno de los más pobres del país. Alrededor del 60 por ciento de la población vive en pobreza; el 20 por ciento, en pobreza extrema, y el 35 por ciento no tiene acceso a comida. Por su carácter rural, la mayor parte de la región sobrevive por la agricultura. Pero lo más importante es que Oaxaca también es uno de los estados con mayor diversidad étnica del país. Hay 16 grupos indígenas en la zona, incluyendo a los zapotecos y los mixtecos. Es un lugar en el que es tan común hablar español como cualquiera de sus muchas lenguas indígenas. Imaginen montañas majestuosas, las aguas del Pacífico y bosques que vigilan tierras marcadas por las almas de los ancestros indígenas. Es la tierra del mole, del mezcal y las tlayudas. Eso es Oaxaca.

Es bien sabido que los tres estados sureños de Guerrero, Oaxaca y Chiapas tienen los índices de pobreza más altos del país, en parte (pero no por completo) como resultado de su alta población indígena, que, según el informe de Oxfam, sufre niveles de pobreza cuatro veces más altos que el promedio nacional. Su tasa de pobreza extrema también es tres veces más alta que el promedio nacional. Y se dice que la ciudad de Poughkeepsie de hecho tiene la mayor población de oaxaqueños fuera de México. Pero, de todos los lugares del mundo, ¿por qué migraron a Poughkeepsie?

Una característica de la inmigración es que la respuesta más corta a las preguntas más complejas suele ser: por amor. Sin importar las fronteras, las políticas públicas, los muros ni las estrategias, la gente seguirá migrando por amor. Es una fuerza imparable. Poughkeepsie se convirtió en el hogar de muchos oaxaqueños sencillamente porque ahí estaban sus seres queridos. Eso era lo único común entre esa ciudad y sus pueblos natales. Durante las décadas de 1970 y 1980, muchos oaxaqueños empezaron a migrar a Nueva York en busca de trabajo. En vez de rendirse cuando no encontraron oportunidades en la Gran Manzana, muchos tomaron el Metro North hasta su última parada y terminaron en Poughkeepsie, NY. Era la estación en la que nadie más se bajaba —la más remota y ajena—, pero acabó convirtiéndose en la ciudad en la que los oaxaqueños lentamente encontraron trabajo en fábricas, restaurantes y la industria textil. Ahí encontraron un nuevo hogar y lo que más tarde se convertiría en Little Oaxaca.

—Vas a donde va tu gente... Así pasó —me dice Susie Ximenez, una joven oaxaqueña residente de Poughkeepsie que llegó con su familia hace años.

Y los indígenas oaxaqueños ayudaron a reconstruir esta ciudad. Susie recuerda que la calle principal estaba totalmente quemada por los disturbios de Rodney King en 1991. Fue un clamor que no solo se sintió en las calles de Los Ángeles, sino también en Poughkeepsie y en todo el país.

—Nadie conoce la historia —me recuerda Susie—, pero la comunidad latina y la oaxaqueña fueron las que se quedaron cuando la calle principal no era nada, y la han apoyado y hecho prosperar. Y desde entonces todos los negocios han dependido de la comunidad oaxaqueña.

Felipe Santos, otro oaxaqueño local, recuerda un contraste similar del antes y el después de Poughkeepsie.

—Las calles eran un basurero cuando llegué aquí —dice—, pero ahora hay negocios y la comunidad prospera. Así conquistamos corazones.

Es difícil creer que estoy aquí y no en un pueblo oaxaqueño. Durante una caminata por la calle principal de Poughkeepsie, la mayoría de las tiendas que verás las manejan oaxaqueños. Resalta el puesto "Chapulín", donde venden chilacayota, horchata y agua de jamaica. También hay diablito en el menú, un raspado de tamarindo con Valentina y Tajín. Semillas, frutas y aguas frescas por doquier, igualitas a las de los zócalos mexicanos. Todo está fresquísimo, decorado con mimo y elegido con amor. Pero no solo la comida resalta en esta ciudad, sino la manera en la que la comunidad oaxaqueña ha logrado canalizar las partes más ricas de su cultura indígena mexicana con tanta potencia.

Al mantener sus raíces, parece como si los oaxaqueños estuvieran reclamando una parte de Estados Unidos que perteneció a sus hermanos y hermanas indígenas, a los nativos americanos que se asentaron en Poughkeepsie mucho antes que los europeos. De ahí deriva la palabra *Pough-keepsie*, del pueblo indígena wappinger. Y cuando empiezas a ver a los oaxaqueños con esa lente —no como inmigrantes, sino como nativos—, la ciudad de Poughkeepsie empieza a cobrar un significado totalmente distinto. Todo lo que creías que estaba "fuera de lugar" está exactamente donde debe estar.

Hace más de diez años, Felipe Santos recreó la Guelaguetza en la ribera de Poughkeepsie. La Guelaguetza, que significa "ofrenda" en zapoteco, es la fiesta anual más famosa

Felipe y yo hablando frente al río en Poughkeepsie, donde se celebra la Guelaguetza todos los veranos.

de Oaxaca. Celebra la rica historia indígena precolonial del estado con danzas tradicionales. Hoy en día, gracias a Felipe y al grupo folclórico local que fundó, esa celebración también se festeja en Poughkeepsie. Una vez al año, los trajes vistosos, los artefactos y los sonidos de Oaxaca se apropian de la ciudad con orgullo. Felipe considera que no solo es una manera de ofrecerle un bello regalo a la ciudad, sino de transmitir sus tradiciones a sus nuevas generaciones de oaxaqueños.

Con sus colores y melodías, parece imposible perderse la Guelaguetza por aquí. Pero, a menos de que tengas los ojos bien abiertos y estés acostumbrado a considerar a los oaxaqueños en parte de "nosotros" en vez de un "ellos", no la notarás: El alcalde de Poughkeepsie, Rob Rolison, que lleva más de la mitad de su vida viviendo aquí, no se había enterado de ella hasta hace poco.

—¡Llevo viviendo aquí más de treinta años y no lo sabía! —me dice—. Lo cual es un síntoma de... mucha gente que vive en esta ciudad no sabe lo que pasa.

Así que le pregunto:

—¿Cómo fue la primera vez que vio la Guelaguetza? ¿Qué le pareció?

—Me voló los sesos —contesta.

Esta ciudad está rompiendo aún más estereotipos de los que esperaba. Tengo que admitir que, cuando conocí al alcalde Rolison, lo etiqueté injustamente de republicano aislacionista. En cambio, desde que asumió el cargo en 2016, se ha convertido en una voz crucial para fortalecer los vínculos entre sus votantes y el estado mexicano de Oaxaca. Quiere que sus habitantes estén en contacto con su cultura, en vez de reprimirla. Quiere que estén orgullosos de sus orígenes, no avergonzados. Que estén a la vista de todos, no en las sombras. Ahora está trabajando en construir un programa de intercambio entre los dos gobiernos locales y está comprometido con convertir a Poughkeepsie en un lugar seguro.

—Solo porque te fuiste de Oaxaca —me dice—, no dejaste tu cultura allá. Así que tenemos que hacerte ver que nos gusta que estés aquí y que seas oaxaqueño.

A veces, donde menos lo esperas es donde encuentras las respuestas que siempre habías buscado. Esta pequeña ciudad republicana, alejada de los titulares nacionales y de los reflectores de Washington, ha descubierto algo: cómo dirigir con amor.

Es casi una fantasía. ¿Y si no crees en todas esas tradiciones? O, si eres joven, ¿y si tu identidad de estadounidense, latinx e indígena no encajan a la perfección en cada caja? ¿Cómo te orientas?

Susie Ximenez es una *millenial* que migró de Oaxaca de muy chica. Ha pasado la mayor parte de su vida en Poughkeepsie y hasta hace poco le avergonzaba aceptar sus raíces indígenas. Durante años escondió su nombre indígena, Donají, a la mayoría de la gente.

—¿Qué te avergonzaba tanto? —le pregunto.

Ella recuerda que los medios estadounidenses siempre pintaban al estado de Oaxaca y a sus pueblos indígenas como una comunidad sucia y empobrecida. Y esa fue una de las muchas razones que la llevaron a esconder su nombre indígena a los habitantes de Poughkeepsie y a su propia gente. Sin embargo, cuando en serio empezó a aprender sobre su estado de Oaxaca, la riqueza de su cultura y la forma en la que los oaxaqueños habían revitalizado Poughkeepsie, empezó a ver el poder real de su identidad. Recuerda un momento en especial: cuando vio a su alrededor y confirmó que la espina dorsal de la economía de la ciudad eran las fuertes mujeres oaxaqueñas.

Ahora, cuando le preguntas cómo se llama, contesta:

—Mi nombre indígena es Donají, que significa "la princesa del pueblo".

Ya no evita la pregunta.

Susie no salió del clóset una vez, sino dos. Primero, salió como Donají, cuando no solo aceptó su nombre, sino que honró en verdad el poder que lo acompaña. La leyenda cuenta que Susie desciende de una antigua princesa zapoteca que sacrificó su vida por su pueblo. Sin importar lo lejos que esté de Oaxaca, ahora ella carga con esa responsabilidad. En segundo lugar, salió del clóset como mujer *queer*, algo que no siempre ha sido fácil en una comunidad que valore tanto las tradiciones.

De hecho, cuando menciono la Guelaguetza, me dice que ella nunca fue de niña, en toda su infancia en Poughkeepsie. Le pregunto por qué.

—Mis papás trataban de mantenernos alejados, porque se burlaban mucho de nosotros —dice.

Recuerda que a ella y a su hermano los acosaban constantemente por su orientación sexual: algunos niños le decían "marimacha" y otros, "Juanita".

—Era horrible oír todas esas cosas negativas de la comunidad que se supone que es tu gente y tu hogar —me dice.

Sé lo horrible que es. Pero hay algo en nuestra generación que nos diferencia de la de nuestros padres: no renunciamos a nuestras verdades. Al contrario de lo que pensarían otras personas, para Susie, ser *queer* no es un insulto a sus raíces indígenas, sino un testamento de su belleza y su riqueza.

—Hay muchos íconos *queer* en nuestra historia indígena, ¿por qué no admitirlo? —me dice.

—¿Qué leyenda indígena admiras más, Susie? —le pregunto.

Hace siglos, dos guerreros se enamoraron perdidamente. Se iban al valle —lejos de todo y de todos— para esconder su amor.

—Se esperaban ahí, porque era el único lugar en el que se sentían cómodos —explica Susie.

Esperaban, se acostaban juntos y se amaban, hasta que se convirtieron en dos montañas continuas que ahora forman parte del horizonte oaxaqueño. Ahora están tan entrelazados en la historia y la cultura de Oaxaca, que apenas si te percatas de ellos.

La princesa Donají en Poughkeepsie.

No tengo dudas de que la próxima vez que regrese a Poughkeepsie, esas montañas estarán replicadas en el valle del Hudson. Y, gracias a la princesa Donají, tampoco tendremos miedo de decir sus nombres en alto.

MISS RIZOS

Cuando por fin regreso a mi departamento en Brooklyn, De'Ara, mi novia, se está cepillando en la sala. Tiene el pelo largo y rizado. Fue de las primeras cosas que atraparon mi mirada cuando la conocí.

Cuando empezamos a salir, gran parte del enamoramiento sucedió cuando ni siquiera estábamos atentas, mientras hacíamos nuestras rutinas diarias sin pensarlo. Solo que, lo que era una rutina para mí, no lo era para ella, y viceversa. Ella me veía lavarme los dientes y dejar la pasta sin tapa todas las noches, y yo la veía ponerse su gorra de seda para dormir y aplicar un acondicionador profundo a sus rizos. Ahora, como ya memoricé su rutina después de tantos años, sé que cada vez que lleguemos a una ciudad ajena, una de nuestras primeras paradas será en el supermercado, para encontrar el mejor champú y acondicionador para sus rizos. También sé que, normalmente, cuando yo soy la encargada de conseguirle ese producto capilar, siempre escojo el incorrecto.

De'Ara ama su cabello. Pero no hay que dar ese amor por sentado.

Yo veo todo el mantenimiento que requiere. Todo el cuidado. Toda la energía. Y, más que nada, veo que requiere cariño. Pero necesito entender que las afrolatinas no siempre han aceptado la belleza que veo en su pelo. Amarlo no siempre ha sido tan sencillo como parece. Cuando las normas sociales, los medios convencionales y las etiquetas profesionales tradicionales les dicen a las masas que se alisen el cabello para "verse bien" y "presentables", los rizos se convierten en una maldición. Cuando los blancos imponen sus estándares de belleza —y dictaminan lo aceptable y lo inaceptable—, reprimen los rizos. Y cuando el color de tu piel te convierte en blanco de agresión, debes esconderlos. Domarlos lo más posible. Es cierto que ahora es mucho más común ver a afrolatinas como Amara La Negra posar en portadas con sus radiantes rizos naturales, pero no siempre ha sido así. Todavía se está luchando por esa liberación.

Ahora que estoy de vuelta en Nueva York, decido ponerme en contacto con Carolina Contreras, una emprendedora conocida como "Miss Rizos".

Carolina es una joven afrolatina de República Dominicana que abrió el primer salón de belleza para cabello rizado en la

De'Ara, sonriendo.

isla. Ahora va a abrir otro en Washington Heights. Ya había oído hablar de ella antes de conocerla. Shaday, una buena amiga de la universidad de mi hermana, jura y perjura que ella vende los "mejores productos capilares" para los rizos. Desde que conozco a Shaday, siempre ha portado esos hermosos rizos con orgullo. Eso fue exactamente lo que planeó Miss Rizos cuando inauguró su negocio: que las afrolatinas se sintieran orgullosas —no avergonzadas— de sí mismas. Y Carolina no siempre se sintió así. Ella aprendió a querer sus rizos.

Cuando me siento a hablar con ella, le pido que me remonte a la primera relación que tuvo con ellos. Al igual que todas las relaciones, el amor tiene fases: resistencia, dolor, evolución y, después, quizás, amor.

—Recuerdo que mi mamá me jalaba el pelo... desde chiquita me inculcaron que era un problema —me cuenta.

Carolina me explica que, sin saber cómo manejar el pelo

rizado, recurrió a lo mismo que un sinnúmero de mamás afrolatinas: se lo alisó. Alisarse el pelo era sinónimo de pasar menos dificultades en la escuela, al buscar trabajo y al navegar por la realidad. Era lo normal, y un refuerzo positivo en código de "sentirse hermosa". Carolina les transmitió las mismas tradiciones a sus hermanas: arreglarse el cabello, alisarse los rizos y, literalmente, causarse dolor con tal de asimilarse.

—Les quemaba el cuero cabelludo con el alisador —declara—. Eso era lo que les hacía a mis hermanas. Y eso es violencia.

Carolina me recuerda que los traumas se pueden esconder de muchas formas.

—Les causaba daño físico y las hacía llorar —continúa—. Pensaba que les estaba haciendo un favor al volverlas más bellas y a la vez más parecidas a lo normal. Las estaba asimilando para volverlas más eurocéntricas.

Y esa presión de asimilarse a los estándares europeos se sentía en la Isla, pero también en Massachusetts, a donde ella y su familia se mudaron cuando era muy chica.

—¿Y en qué momento pudiste reconocer ese dolor como tal? —le pregunto—. ¿Cuándo te diste cuenta de lo que pasaba?

Me dice que cobró consciencia de que su pelo era una extensión de su color de piel en el bachillerato.

—Entonces empecé a pensar un poquito más en lo que le hacía a mi cabello y en lo que eso tenía que ver con ser negra —me dice.

Mientras maduraba, empezó a educarse sobre la raza, a aprender a enorgullecerse de su negritud, a encontrar una voz en el activismo y a empezar a cuestionar muchos de los presupuestos con los que había crecido. Aunque, para cuando llegó a la universidad, ya se había vuelto muy escéptica de las normas que le habían inculcado de niña, seguía sin poder dejar de alisarse el pelo. Todos sabemos que es muy difícil romper una rutina.

—Sentía que era normal alisarme el cabello. Era como lavarse los dientes. Como bañarme. Si no me lo alisaba cada dos meses, me sentía sucia.

Sí intentó dejárselo rizado un par de veces en la universidad e incluso al graduarse, pero siempre le ganaba el miedo o pensaba que era demasiado incómodo.

En cierto momento, las cosas cambiaron.

Al igual que muchas otras personas en la comunidad latinx, hubo un momento específico que marcó su transición. Fue cuando se dio cuenta de que había una desconexión entre los valores que predicaba y lo que ella hacía. Recuerda que un día se estaba asoleando en República Dominicana cuando una amiga le dijo:

—¿Qué haces tirada en el sol? ¡Sal de ahí; te vas a poner prieta como una haitiana!

Carolina recuerda haberse enojado y haber confrontado a su amiga por hacer un comentario tan insultante. Pero lo que no esperaba fue su respuesta.

—¿De qué me hablas? Tú te alisas el pelo —le contestó.

Carolina me dice que, en ese instante, no supo cómo defenderse, porque no pudo decir que había sido su decisión alisárselo.

—En ese entonces no tenía el lenguaje porque no era cierto —declara.

Al día siguiente, se cortó el pelo. A la semana siguiente, se cortó un poco más. Unas semanas después, se cortó aún más. Para fin de mes, se había tuzado la mayor parte del cabello. Todo a lo que se aferraba había desaparecido.

Le pregunto cómo se sintió luego de cortarse todo el pelo. Me dice que pasó por muchas emociones. A veces se sentía como niño; otras, como un pollo; otras más, hermosa, y la mayoría, fea. Pero al final se sintió liberada. Y ese sentimiento —ese descubrimiento y revelación— fue el inicio del nacimiento de Miss Rizos.

—Yo creo que sin esos sentimientos tal vez no habría recorrido el mismo camino de descubrimiento hacia Miss Rizos ni habría podido ayudar a otras personas, porque lo viví.

Después de bloguear sobre su camino y desarrollar una gran presencia en línea, Carolina se convirtió en una de las voces más influyentes del cuidado del cabello natural para las afrolatinas. Vendía sus productos de belleza, contestaba cientos de preguntas de sus seguidoras y veía a clientas en su sala. La gente de toda República Dominicana le pedía consejo.

—Poco a poco, empecé a sentir que había algo muy especial en lo que estaba sucediendo —dice.

Años después, en 2014, abrió con éxito "Miss Rizos", el primer salón de belleza de la isla dedicado exclusivamente al cabello rizado natural. Pero Miss Rizos es más que una estética. Se ha convertido en un espacio en el que la gente encuentra el apoyo que no existe afuera. Donde encuentran una belleza que no sabían que tenían, o un poder que ni siquiera sabían que les pertenecía. Donde, de pronto, se sienten comprendidas. Carolina cuenta que una mujer quizá entre queriendo que le desenreden el pelo, pero sale sabiendo qué decirle a su esposo cada vez que le diga que no le gusta su cabello al natural. Tal vez entre por un trata-

Carolina, "Miss Rizos", en Washington Heights.

miento sencillo, pero sale maravillada con un cuerpo que acaba de descubrir. Tal vez entre para aprender a lidiar con el cuero cabelludo quemado, pero sale con una caja de pañuelos, porque ahora sabe que está bien sentir el dolor de su trauma. Quizás entre sola, pero sale con un grupo de mujeres que ahora la apoyan a ella, a sus hijas y a sus nietas.

Con cada corte, tratamiento y conversación que suceden dentro de esos muros, no solo los mechones caen al suelo, sino años de abusos. De dolor. Y de traumas. Y con la muerte de cada rizo llega un renacimiento. Más fuerte que nunca. Más resiliente que nunca. Más sano que nunca.

—Es un lugar especial, ya sabes —dice Carolina.

Ahora, Washington Heights puede esperar lo mismo.

Carolina, al igual que todas las personas que he conocido en este viaje, está trabajando sin tregua para asegurarse de ser vista.

Las esquinas en las que vemos a Vidal, los trenes en los

que nos sentamos junto a Kendra, las mesas que compartimos con Wesley Lebron y el aire que respiramos con la princesa Donají. Todos y cada uno de nosotros hemos decidido retirar la mirada en vez de ver a quien tenemos enfrente, y luego seguimos de largo sin pensar en detenernos.

Nueva York sigue siendo la misma ciudad de la que nos enamoramos mi mamá y yo hace décadas. Sigue siendo la misma ciudad que me llenaba de sueños todas las noches. Y sigo pudiendo cerrar los ojos y ver las siluetas de los rascacielos ante mí. La única diferencia, después de estas 48 horas de deambular, es que ahora se ve mucho más magnífica de lo que sospechaba.

12

En casa

Aunque no lo crean, muchxs latinxs se sienten como en casa en el Medio Oeste de Estados Unidos.

Ubicado donde menos te lo esperas —lejos de las ciudades fronterizas, las soleadas ciudades sureñas y la Costa Oeste—, el Medio Oeste es un lugar que muchos latinos consideran su hogar. Ese lugar al que llamamos "Estados Unidos medio", que muchos consideran "la tierra de los blancos", en realidad es la de los morenos, el hogar de millones de latinos que han estado alzando casas en silencio allá. No se ve a simple vista hasta que empiezas a poner atención. Pero cuando por fin lo hice, me percaté de que era lo más cercano que me había sentido a estar en casa en mucho tiempo. Eso se debe en parte a que la presencia latina en el Medio Oeste se remonta a mucho tiempo atrás. A mucho antes de que los libros de historia convencionales siquiera supieran que existía la historia latina.

—Parte del problema en la academia es que todo necesita referencias, y ha estado mal desde el principio —me dice

Rebekah Crisanta de Ybarra, una latina salvadoreña indígena y artista de St. Paul.

Para ella, lo que los libros de historia no mencionan es que las comunidades indígenas del paleolítico, como los lenca latinoamericanos que se originaron en las tierras altas de El Salvador y Honduras, han migrado por América desde que tenemos memoria. De hecho, su pueblo puede encontrar rastros y conexiones antiguas con los sitios sagrados de los dakota en el estado de Minnesota.

La existencia cultural entonces empieza a depender de la indescriptible intimidad que ciertos espacios evocan naturalmente en la gente. Como cuando conoces a alguien, pero sientes como si lo conocieras desde siempre, como si lo hubieras conocido antes de esta vida. Así se siente un lugar remoto como Minnesota para algunos latinos, como Rebekah. Indescriptiblemente familiar. Me dice que les sucede seguido que los visitantes la miren y digan:

—Ustedes tienen otra vibra aquí en Minnesota; no puedo decir exactamente por qué.

Para ella, la respuesta es muy sencilla.

—Creo que en parte se debe al profundo cimiento de la alianza entre tribus —dice.

Ya fuera en el paleolítico o hace apenas un siglo, la presencia de latinos en el Medio Oeste no es nada nueva. Y aunque no haya suficientes académicos ni investigadores que se hayan asomado al tema, jóvenes estudiosos como Sergio González, quien creció en Milwaukee y ahora es autor y profesor, están resucitando partes de la historia que han quedado demasiado tiempo perdidas en la traducción.

—No es una historia nueva —me asegura Sergio.

Insiste en que si al hablar de migración latina solo nos concentramos en la frontera, nos arriesgamos a perdernos el panorama completo. Tengo que admitir que, hasta hace poco, yo era una de esas personas que cruzaban el Medio Oeste sin detenerse un segundo. Sin ansias de desviarme hacia los plantíos, hacia los pueblitos ni hacia las partes sur de las ciudades. Sin embargo, se ha registrado que más de 100 mil mexicanos se instalaron en el Medio Oeste durante las primeras tres décadas del siglo XX. La gente llegó a Wisconsin, Iowa, Minnesota o Illinois, no solo atraída por los trabajos agrícolas, de la manufactura o del empaque de carne, sino también por los disturbios políticos y sociales que sucedían en Latinoamérica, como la Revolución Mexicana.

—Solemos pensar en lxs latinxs solo como trabajadores. Los latinos han venido a Estados Unidos por muchas razones... esa diversidad de experiencias casi siempre se pierde —dice Sergio.

Aunque tan solo alrededor del 9 por ciento de los latinos de todo el país vivan en el Medio Oeste, la comunidad sigue creciendo. Para darles una idea, cuando la población latina creció de manera abrumadora en todo el país entre 2000 y 2010, el Censo de Estados Unidos confirmó que el crecimiento fue particularmente fuerte en el Sur y en el Medio Oeste. Descubrieron que, durante esa década, la población latina aumentó en casi un 50 por ciento, un crecimiento "más de doce veces más alto que el de la población total del Medio Oeste".

De pronto, esta tierra empieza a sentirse más nuestra.

TRAS EL AROMA DE LA COMIDA: CHICAGO

No había estado en Chicago desde que trabajé en la campaña de reelección de Barack Obama, en 2012.

Aunque hubiera pasado tanto tiempo, mis pies seguían acostumbrados a una rutina que quería llevarme a nuestro viejo cuartel general de campaña frente al espectacular Millenium Park y el lago Michigan, de un azul profundo. Desde lo alto del Prudential Building, donde estaban nuestras oficinas, recuerdo haber sentido que nuestra campaña estaba en la cima del mundo. Como si tuviéramos el poder para ayudar a quien se sintiera excluido. Esa fue nuestra promesa de "Esperanza y Cambio". A veces es necesario bajar de las alturas para entender de lo que te estás perdiendo a nivel de piso, pero no recordaba cuántas veces había salido de ese Prudential Building en 2012.

Así que, en vez de recorrer el mismo camino, le pregunté a mi taxista en el aeropuerto O'Hare:

—¿Qué debería hacer por aquí?

No se lo pensó dos veces.

—Tiene que ir al Restaurante Nuevo León. Todo está bien rico ahí —dijo. Empezó a contarme que su madre le hacía pozole y mole cuando estaba en México. Y me dijo que habían pasado 24 años desde su última visita a su ciudad natal.

—Me convenció. Lléveme al Nuevo León, por favor —le dije.

Durante el trayecto, el aroma imaginario a maíz, chile y carne de cerdo nos llevaron a ambos al otro lado de la frontera.

Cuando llego al Nuevo León a las 11:30 de la mañana, ya se está llenando para el almuerzo, y es porque se autodenominan "la mejor cocina mexicana en el Medio Oeste". Junto a mí, un grupo de albañiles acompañan una canción de José José que pasan en la radio y, enfrente, el dueño, Emeterio Gutiérrez, saluda a todos los que entran a su restaurante:

—¡Hola! —dice con encanto.

Tiene 74 años, y durante décadas ha visto a la comunidad crecer, transformarse y sufrir.

—Si no tienes dónde comer, vas y lo encuentras —me asegura.

Desde 1962, el Restaurante Nuevo León ha sido un lugar de refugio para los latinos.

Cuando Emeterio tenía 16 años, sus padres abrieron el lugar con tan solo seis mesitas. Como la mayoría de los inmigrantes que acababan de llegar de México en esa época, el restaurante solo era una manera de sobrevivir para la familia. Y terminaron encontrando el éxito en Chicago igual que como lo habían hecho en su ciudad natal de Sabinas Hidalgo: cocinando para los demás. En su restaurante recién abierto, servían machacado con huevo, caldo de res, frijoles Sabinas y tacos Sabinas. Durante los años sesenta, Emeterio recuerda que su clientela se convirtió en una oleada de inmigrantes que habían dejado a sus familias para conseguir empleo y asentarse antes de traer a sus esposas e hijos a Estados Unidos. Hombres solitarios que, alejados de sus seres queridos, se consolaban con la comida. Pero todos esos platillos pronto se convirtieron en mucho más que meros ingredientes para ellos; reemplazaron lentamente su nostalgia con aromas y su anhelo con especias.

—No era un restaurante; en cierto momento se convirtió en una institución —dice Emeterio con orgullo.

Por fin, las esposas de esos hombres llegaron a Chicago.

Y, una por una, nuevas generaciones de familias florecieron en el Restaurante Nuevo León. Mientras miro a mi alrededor, sentada en un rincón con mi Coca-Cola mexicana en una mano y mis tacos Sabinas en la otra, logro ver quietud entre todo este cambio. A lo largo de los últimos setenta años —justo afuera de las puertas de este restaurante—, Chicago ha prosperado, sufrido, segregado y tenido esperanzas. Y, dentro de ellas, los hombres empezaron a compartir sus mesas con las nuevas generaciones de hijos, hijas y nietos. Pero también con sus vecinos polacos, con las familias negras, con los turistas blancos y con los inmigrantes indocumentados. Todo cambió al pasar de los años, pero todo también se quedó exactamente igual gracias a las recetas, que brindaron consistencia, seguridad y tranquilidad a un lugar que muchos inmigrantes sentían muy distante. La familia Gutiérrez transformó un negocio restaurantero en un santuario.

Cuando me voy del Nuevo León, Emeterio me grita desde el fondo:

—¡Ojalá que vuelvas, mija!

Al doblar la esquina, me sigue el olor a paletas, churros, mangos y elotes asados. La acera está repleta de pequeños negocios; esperan a que los estudiantes hambrientos salgan de la escuela y a que los padres cansados salgan del trabajo. No sé si se percaten, pero tienen un poder inmenso en sus humildes manos: el de alimentar a la gente con recuerdos. El de hacerla sentir que pertenece aquí. A nuestro alrededor, los titulares señalan que la brutalidad policial de Chicago se dispara, la gentrificación desaloja a la gente, las balas truenan como cohetes y la pobreza amenaza las partes sur

El personal del restaurante Nuevo León en Chicago.

y poniente de la ciudad. Pero en esos puestos de comida —pequeños refugios de la realidad—, el tiempo logra detenerse de la misma manera que Emeterio logra mantenerlo quieto dentro de su restaurante.

Pero cuando las recetas sí cambian, empiezan a contar nuevas historias. Nuevos olores, nuevos ingredientes, nuevos tamaños y sustitutos son señal de una narrativa en cambio constante.

Decido seguir el aroma a mantequilla y azúcar que me ha estado llamando desde la mañana y termino en la Panadería Nuevo León (sin ninguna relación con el restaurante de Emeterio), un negocio en el histórico barrio de Pilsen, en Chicago, que lleva más de 45 años abierto. Don Abel, el anciano patriarca del establecimiento, desarrolló su negocio

Tres generaciones de la panadería Nuevo León.

confeccionando un menú según las demandas de su comunidad.

—Ay, ¿no tiene pan de muerto? —le preguntaban sus clientes—. ¿No podría empezar a hacerlo? —le rogaban.

Poco a poco, la panadería se convirtió en un oasis que reflejaba los diferentes sabores que se remontan a las distintas regiones de México: desde el norte hasta el sur, todos los tipos de pan estaban representados. Cuando entro a la panadería, me saludan un sinfín de conchas, pero lo que atrapa mi atención de inmediato es lo que menos esperaba: pan vegano.

En mi mente, el veganismo no es sinónimo de comida mexicana.

—¡Qué opinaría mi abuela mexicana Yuyu de esto! —me pregunto.

Me detengo un segundo y le pregunto a la joven latina en el mostrador:

—Pero, ¿por qué pan vegano? ¿Cómo sucedió eso?

—El veganismo está creciendo entre la comunidad hispana —me dice—. Como Pilsen está cambiando, nos ha dado la oportunidad de plantearnos un reto. Nos mantiene creativos.

Ser creativos y romper con nuestros moldes tradicionales es un don de nuestros ancestros. Algo que Don Abel probablemente ni siquiera habría sospechado. Una señal de libertad bien merecida.

Resulta que Xiomara es la nieta de Don Abel, y ahora ayuda a manejar la panadería familiar. Me explica que la única razón por la que hay opciones veganas en el menú es porque su propia conversión al veganismo empujó a su padre a hacer pan que satisficiera a su nuevo paladar. Pero ese veganismo recién descubierto también es un reflejo de las caras nuevas que entran y salen por las puertas de la panadería. Antes eran madres latinas que compraban montones de pan para sus hijos y grandes familias. Y, ahora, gran parte de su clientela son individuos jóvenes que se compran una o dos piezas de pan solo para ellos.

—La gente ahora quiere tomar fotos, así que tenemos que hacer que el pan se vea lindo —me dice Xiomara—. ¿Has oído hablar de la mantechoncha? —me pregunta entusiasmada (definitivamente no había oído hablar de ella)—. ¡Es una mantecada abajo y una concha arriba! Gracias a ella, el negocio va bien.

Con sus selfies y sus productos vegetales, esos nuevos panes mexicanos son más que solo modas de *millennials* y de la generación Z: son atisbos de las opciones que nuestros

Una vendedora ambulante en una calle de Chicago, vendiendo mango con chile y limón.

padres no tuvieron nunca. Ingredientes que están empezando a formar sus propios sabores en Estados Unidos. Negocios que están empezando a ganarse nuevos clientes.

Antes de despedirme, menciono de nuevo lo rico que huele ahí adentro (se lo han de decir todo el tiempo).

Xiomara se ríe.

—Estoy tan acostumbrada, que ya no lo huelo. Aquí crecí.

—Espera —le digo—. ¿En serio no lo puedes oler?

—No —me contesta.

Supongo que es como volver a casa después de mucho tiempo fuera. El olor de la cocina te golpea duro al principio, pero te acostumbras rápido. Dejas de extrañarlo, porque estás dentro de él. Estás en casa.

Pero la capacidad de perder el sentido del olfato es real. Puede ser señal de que perdiste una parte de ti. Desafortunadamente, esa insensibilidad es mucho más común de lo que muchos creen en esta ciudad. Si pones atención mientras caminas por la calle Chicago, encuentras La Catrina Café.

En cuanto pones un pie adentro, te sientes distinta. Me distraen todas las calaveras de colores que celebran el Día de Muertos, y sigo sin detectar por qué se siente distinto este lugar. Pero cuando conozco a la dueña, Diana, y a su socia y nuera, Paola, lo entiendo de inmediato: es un sitio real. Al igual que la comida tiene la capacidad de crear un refugio, también tiene la habilidad mágica de ayudarte a sacudirte los problemas y ahogar tus penas. "Comida de consuelo", le dicen. Pero Diana y Paola parecen tener una manera distinta de hacerlo. No solo usan su café para servir chocolate caliente y despertar recuerdos de infancia, lo sirven para enfrentar los tabúes de los que escapa la comunidad como las drogas y los opiáceos. Con cada mordida, sorbo o conversación en estas mesas, es casi como si Diana y Paola quisieran que te enfrentaras a la muerte para que nunca olvides qué se siente estar vivo.

Y eso es porque el hijo de 22 años de Diana, Gabriel, se fue de este mundo demasiado pronto.

Ella recuerda que, en mayo de 2016, algo hizo que fuera a ver a su hijo, que era barista en el café. Debió haber sido su instinto materno, porque sabía que algo andaba mal con él esa mañana. Instantes después, mientras corría hacia su café, recuerda haber visto la ambulancia con el cuerpo de su hijo. Acababa de fallecer por sobredosis de heroína. Cuando murió, su pareja, Paola, estaba embarazada de su hija.

—A mi gente no le gusta hablar de sus problemas —dice Diana—. Eso fue lo que me pasó cuando descubrí que mi hijo estaba consumiendo [drogas].

Cuando Diana se enteró de que su hijo tenía un problema

de adicciones, recuerda que su familia lo mantuvo en secreto. Desafortunadamente, eso es muy común en las familias latinxs de todo el país: a veces nos cuesta trabajo confrontar nuestros propios prejuicios. Según el Centro Nacional para la Información Biotecnológica, menos de uno de cada once latinos contactan especialistas en salud mental. Nos da miedo pedir ayuda, sobre todo cuando más la necesitamos.

—Si se lo hubiera dicho a alguien, tal vez habría conseguido ayuda —me dice Diana con lágrimas en los ojos.

Sin embargo, aunque no haya pedido ayuda en ese entonces, sí se convirtió en una de las primeras personas en su comunidad en hacer público el significado de la muerte de su hijo.

—Decidí que no podía solo quedarme en duelo y no hacer ni decir nada y solo hundirme en mi tristeza... Porque hay un problema, y mientras más ruido hagamos y mientras más hablemos al respecto, más gente alzará la voz para pedir ayuda.

A diferencia de los lugares anteriores que visité, lo que descubres aquí es que la comida produce un tipo de refugio diferente, uno que evoca una vulnerabilidad que tiene menos miedo de enfrentar la realidad. Hay algo liberador en eso. En medio de mi conversación con Diana, una joven latina con sus hijos entra al café.

—Hola, Diana, ¿cómo estás? —dice.

Desde lejos, veo que intercambian palabras más profundas de lo que diría una simple clienta.

—¿Quién era? —le pregunto a Diana cuando regresa.

—Tiene un hermano que falleció por opiáceos. Tenemos esa conexión.

Ese tipo de intercambios no son raros para ella. Cuando

Gabriel falleció, mucha gente las contactó a ella y a Paola. Gente que quería encontrar paz en su duelo pero, más que nada, que quería compartir su historia de dolor y adicciones.

La gente por fin está hablando.

Desde el fallecimiento de Gabriel, Diana tiene una reunión de Narcóticos Anónimos todos los jueves en su café. También empezó a organizar capacitaciones con naloxona, un medicamento que puede ayudar a revertir temporalmente los efectos de una sobredosis por opiáceos. Puede ayudar a una persona a seguir respirando. Diana menciona que la mayoría de los asistentes al último taller que hizo eran latinos.

—Lo llamo "Cómo salvar una vida" —me dice.

Según un estudio de 2017 del CDC, todos los días, un promedio de 130 estadounidenses muere por sobredosis de opiáceos, una epidemia que durante mucho tiempo se ha tratado como un problema "de blancos" en el Medio Oeste. Pero la infinidad de catrinas colgadas en el café —esas llamativas calacas mexicanas—, nos recuerdan que la muerte no distingue por colores. Inmortalizan para siempre la presencia de Gabriel entre nosotros, y nos obligan a romper el silencio que nos mantenía ignorantes.

—Mi hijo era un poco artista. Dejó una caja llena de bocetos y arte. Lo estoy guardando todo para su hija —me dice Diana cuando me preparo para partir.

Cuando salgo de La Catrina Café, me encuentro con un enorme mural que cubre su exterior. Lo creó un artista local que usó los bocetos de Gabriel para hacer un memorial de él y su familia. En él están Gabriel, su pareja Paola y su hija Olivia, mirándote desde arriba.

Incluso después de todo lo que he comido hoy —los tacos

Paola, la viuda de Gabriel, parada frente al mural que conmemora la vida de Gabriel. El mural fue creado por el grafitero Sentrock.

Sabina en la mañana, el pan dulce en la tarde y el mollete en el café en la noche—, en algún momento dejaré de sentirme llena. Pero en ese mural encuentras unas caras, anécdotas y una historia inmortalizadas que nunca podrían desaparecer como lo hace la comida.

En el arte puedes encontrar permanencia.

Sigo sus colores y voy a las Ciudades Gemelas: de donde es De'Ara.

[Nota: Hace un par de meses, me informaron que Diana cerró La Catrina Café. Diana y su esposo se mudaron a México].

TRAS LOS COLORES: CIUDADES GEMELAS

Durante años, De'Ara exudó colores, y esta ciudad del Medio Oeste está empezando a mostrarme por qué.

Al reflexionar sobre mi relación con ella, pienso que una de las cosas que me enamoraron fue el color que le añadió a mi vida. Y lo digo en todos los sentidos. No solo añadió un amor inconmensurable, sino colores de manera literal. Azules, amarillos, verdes, naranjas, duraznos y rojos. Cuando nos mudamos juntas, su primera petición fue pintar algunas de las paredes blancas. También empezó a destruir lentamente la apariencia minimalista y estéril de mi departamento de Brooklyn con pinturas, carteles e imágenes en los rincones de toda la casa. Ahora, cada vez que abro una alacena, un clóset, un baño o incluso el refrigerador, hay más colores que los que mis ojos estaban acostumbrados a ver.

Pero el amor por los colores de De'Ara es más profundo. Es su manera de aferrarse al legado mexicano de su familia.

De'Ara proviene de una familia negra y mexicana de Minnesota. Pero, al conocerla, todo el mundo olvida fácilmente su parte mexicana. Cuando trabajábamos en la campaña de Clinton, donde nos conocimos, recuerdo que nunca la invitaron a nuestras "juntas de personal latino". De hecho, cuando los latinos se enteran de que es mexicana, muchos dicen:

—¿En serio? ¡Creí que eras negra!

He visto la reacción una y otra vez, y yo misma fui culpable de ese sesgo cuando la conocí: puse en duda su ascendencia inconscientemente, porque su acento, su familia y su color de piel no coincidían con los míos. En realidad, los bisabuelos de De'Ara nacieron en México y, después de cruzar la frontera, se conocieron en Minnesota, tuvieron hijos y se adaptaron lo mejor que pudieron a la vida en el Medio Oeste. Muchos de sus hijos se casaron con familias negras, gran parte del español se perdió de generación en generación y el apellido "Avaloz" terminó convertido en "Bauers", "Balengers" y "Longs".

Sin embargo, durante todos esos años, los colores siguieron a su familia por doquier. Recuerdo haber subido las escaleras para entrar a su departamento de arenisca en la Avenida Madison por primera vez. Era la única puerta principal que resaltaba en toda esa cuadra de Brooklyn, la única diferente de todas las demás: una puerta pintada de un precioso azul cielo. Estaba pintada con el mismo azul resistente con el que Diego Rivera había fabricado sueños, con el que los mayas hacían la lluvia, con el que otros pintores mezclan los grandes cielos mexicanos con los océanos vastos y profundos. La decisión de pintar esa puertita principal, como muchas decisiones cotidianas que toma De'Ara, es su manera sutil de nunca olvidar de dónde viene. Y exactamente de esa forma lxs jóvenes latinxs de Minnesota, su lugar de nacimiento, usan los colores: para asegurarse de que su antorcha nunca se apague.

Una de las primeras cosas que noto en Minnesota es uno de sus mayores clichés:

—Qué amable es todo el mundo por aquí —pienso.

Pero los activistas latinos locales no tardan en señalarme otra realidad.

—A eso se le llama "amabilidad de Minnesota": son amables contigo, pero te echan a la policía —me dice Anaïs Deal-Márquez, una poeta local.

—El racismo aquí es real. Como es un lugar tan blanco, es muy pasivo, pero muy consistente —me dice Arianna Gennis, organizadora.

—Viví un tipo de racismo especial del Medio Oeste... la exotización del otro —señala Rebekah, una artista.

Pero mientras que sus ancestros —al igual que los abuelos de De'Ara— tal vez hayan caído presa de esas sonrisas engañosas, una nueva generación de latinos está resistiendo. Y esta forma de resistencia puede verse muy distinta dependiendo de en qué rincón de las Ciudades Gemelas estés. Puede convertirse en ropa, murales, arte callejero e incluso alfarería. Podría resultar invisible si solo ves hacia el frente, pero abrumadora si miras a tu alrededor.

Levanta la cabeza.

En una esquina de Mineápolis, entro al estudio de la artista Bris Carbajal, donde está trabajando en su marca de ropa, Yessenya. En los estantes veo unos impresionantes pantalones naranjas que parecen girasoles gigantes; veo abrigos de invierno verdes con botoncitos naranja oscuro; veo un sinfín de blusas ligeras amarillas, verdes y azules, que evocan los colores de México y el aire cálido de allá. Mientras camino por su estudio, me cuesta trabajo creer que los minesotanos quieran cambiar sus camisas de franela por el trabajo excéntrico de Bris. Casi parece fuera de lugar. Pero la razón por la que sus creaciones triunfan en el Medio Oeste —entre inviernos largos y grises— es la misma razón por las que las concibieron: para resaltar. Para que la gente se detenga. Para que los peatones vean a quien las trae puestas cuando se crucen en la acera.

—Siento que crecí siendo muy invisible y secundaria, y creo que resalto con mi trabajo, por su calidad y sus colores... Atrae miradas —dice.

Sí que atrae miradas.

Bris es una joven latina de veintitantos que creció en una granja de migrantes a apenas 40 minutos de donde estamos. Su familia, que es de Chihuahua, México, llegó a trabajar en los campos, donde cultivaban cosas como maíz, pepino, col, fresas y sandías. Son los mismos amarillos, verdes, rosas y rojos que vi en sus diseños. De manera similar a la dura realidad a la que se enfrentan en los campos del Valle Central de California, Bris me cuenta que su familia tuvo que soportar injusticias solo para sobrevivir.

—Así crecí, pensando: "Estás aquí para hacer ese trabajo de mierda" —dice.

(Aclaro: Bris usa la palabra "mierda" para definir la manera en la que trataban a su familia, no al trabajo agrícola en sí). También recuerda que sus maestros le decían que no tenía permiso de hablar español en la escuela.

—La asimilación es real —recalca.

—¿Y qué te inspira? —le pregunto.

—Creo que soy distinta a mis padres, porque ellos no perturban la paz. Les dan por su lado. Yo no me dejo.

Su respuesta es una reacción directa a las injusticias que ha sufrido su familia cada día en el campo. Su trabajo, subraya una y otra vez durante nuestra conversación, está inspirado en los sacrificios que han hecho sus padres por ella. Así que esto es lo que realmente significa "Yo no me dejo":

Yo no me dejo asustar.

Yo no me dejo invisibilizar.

Yo no me dejo avergonzar por mi acento.

Yo no me dejo silenciar.

Eso es lo que significa el color en el Medio Oeste: no dejarse.

Desde donde estoy en Mineápolis, también noto una ciudad que está pasando por una seria crisis de vivienda asequible. De derecha a izquierda, el gobierno local está

implementando nuevas políticas de uso de suelo para ata-
carla, las familias de color están siendo expulsadas de sus
hogares, la segregación cada vez se intensifica más y la
estabilidad puede convertirse en un sueño aun más caro e
inalcanzable. Así que, si te están expulsando: ¿Cómo te ves
siquiera en el panorama?

Si sigues hacia el suroeste por la esquina de la calle 42 y
Cedar Avenue, en Mineápolis, pasarás junto a uno de los
murales más grandes de la ciudad. Se llama *Oleadas de cambio*. Lo creó una joven artista puertorriqueña llamada Olivia
Levins Holden.

—La gente me ha dicho que es su mural preferido en las
Ciudades Gemelas —me dice Olivia.

Es imposible no verlo. Desde lejos, ves una mano morena
agarrando la fuente del río Mississippi mientras el agua se
dirige hacia un grandioso cedro que espera al otro lado del
mural gigante. Entre las olas del río azul —se arremolina
hacia arriba y hacia abajo—, ves las caras de la gente que
ha hecho fluir ese caudal de historia durante siglos: nativos
americanos y migrantes, líderes LGBTQ y musulmanes,
ancianos, niños negros, manifestantes e inquilinos.

Cualquier otro día, pasaría junto a esta esquina y apenas
le daría un vistazo. Pero hoy me doy cuenta de que Olivia
está creando un hogar para los desplazados con su arte. Un
retrato de los invisibles, una marca de los olvidados y una
página que nunca se escribió en los libros de historia sobre
el Medio Oeste.

El 7 de julio de 2016, un día después de que el oficial de
policía Jeronimo Yanez asesinara a Philando Castile en un
cruce de las Ciudades Gemelas, Olivia y varios artistas más
hicieron un mural público *impromptu* en honor a la víctima.

Parte del mural *Oleadas de cambio*, pintado por Olivia Levins Holden en Mineápolis.

—Nunca lo voy a olvidar —me dice ella.

Los artistas se reunieron en un barrio predominantemente latinx en la parte sur de Mineápolis, justo en East Lake Street. Con paneles de madera y unas cuantas cubetas de pintura, hicieron lo que nadie más podía hacer en ese momento: justicia. Se había perdido una vida, pero erigieron un alma con colores. En cuestión de horas, mientras el grupo seguía trabajando en el mural, la muchedumbre empezó a formarse a su alrededor, animándolos, llorando cada brochazo y protestando con su duelo. Después de 24 horas, el mural decía:

Qué les decimos a nuestros hijos cuando...
No importó la educación.
No importó la docilidad.

No importó la edad.
No importó tu culpa/inocencia.
No importó nuestra indignación.
No importó, tal cual, la evidencia.
La verdad es que nuestras vidas sí importan.

Un par de semanas después de la muerte de Castile, tuvieron que quitar el mural, porque demolieron el edificio en el que estaba pintado. Pero Olivia me cuenta que, incluso después de que desapareciera el arte, los vecinos crearon un altar cerca. Durante días y semanas, los peatones —la mayoría personas de color— se paraban en la esquina. Ya no estaba el lienzo, pero había velas prendidas en su lugar.

¿Ven el efecto que tuvo el color en ese pequeño cruce del Medio Oeste? Todo lo que rechazó el oficial Yanez en Castile, cobró vida en esa esquina; todo lo que odiaba en ese negro de 32 años lo aceptó esa esquina, y todo lo que atacó con un sesgo profundamente implícito lo protegió esta esquina con un orgullo profundamente desvergonzado. Se convirtió en el hogar de los quebrantados. Y, en esas esquinas rotas, calladas e inesperadas, llenas de colores y duelo, hay mucho que aprender de la comunidad latinx. Ahí podemos aprender de nuestra solidaridad con los negros, de nuestras identidades interseccionales, de nuestros sesgos internos y de la manera en la que este país nos ve desde fuera.

Ese mural puede haber desaparecido hace mucho tiempo, al igual que el altar, pero el legado de Castile fue honrado una vez más por los miles de manifestantes que tomaron las calles de Mineápolis en respuesta al asesinato de George Floyd el 25 de mayo de 2020. En respuesta a la pérdida de otro hombre negro. Sin embargo, hubo algo diferente en este levantamiento. Esta vez, muchos latinos no solo alzaron sus voces en solidaridad con sus vecinos negros para exigir el fin de la brutalidad policial y ratificar que #BlackLivesMatter, sino que también se enfrentaron a su propio papel en la perpetuación del racismo y la antinegritud. Recordemos que el oficial que disparó a Philando Castile era un latino que pasaba por blanco. Recordemos también que George Zimmerman, el oficial que disparó contra Trayvon Martin, de 17 años, el 26 de febrero de 2012, era un latino que pasaba por blanco. En lugar de pasar por alto estos detalles, finalmente nos estamos dando cuenta de cuán arraigados están los prejuicios raciales entre nosotros. Y ese despertar doloroso pero necesario es parte del movimiento latinx: la responsabilidad.

Cuando me voy del estudio de Olivia, le pregunto:

—Para ti, ¿qué propósito tienen tus murales?

—Son una declaración grande y ruidosa, de verdad que siento que puede resultar sanadora —me contesta con su voz tranquila.

Antes de partir, hay un rincón más de esta ciudad al que quiero ir. El que quizá sea el más brillante, pero a la vez el más fácil de pasar de largo, porque es muy probable que los recuerdos hayan borrado sus colores.

Antes de venir al Medio Oeste, no entendía realmente la presencia indígena de nuestra gente en esta parte del país. Y estoy confirmando que mi ignorancia es emblemática de un problema mayor que no dejan de señalarme: es fácil olvidar de dónde provenimos. No podemos ver lo que ya no está frente a nosotros.

—Creo que una de las cosas que me preocupan de los latinos a futuro es una visión en escorzo de la historia. La gente no está recordando sus raíces lo suficiente —me asegura Rebekah.

Como mencioné antes, Rebekah es una joven lenca, la primera nación ancestral de Centroamérica, que ha echado raíz en toda América durante siglos. Su familia, que es parte salvadoreña y parte noruega, se mudó al Medio Oeste hace décadas.

Rebekah me muestra su identificación de la nación lenca maya, una forma de identificación que la ONU reconoce oficialmente. Una forma que legitimiza sus raíces indígenas y su lugar en Estados Unidos. Nunca había visto una identificación de esas antes.

—Yo la uso como manera de demostrarles cosas a los negacionistas. "Aquí está la prueba. ¿Quieres ver mis papeles? ¡Aquí están!". Este es mi derecho como primera americana —me dice.

Así es como ella usa el poder del arte en Minnesota, no solo para enaltecer a los pueblos indígenas, sino para obligarnos a los demás a entender de dónde provenimos y de quién es la tierra en la que estamos parados. Usa distintos métodos para influir en las conciencias: teatro, música, imágenes, alfarería hecha a mano y eventos. Pero lo que más me sorprende es la simplicidad que yace tras los colores de sus pinturas: la geometría, las coordenadas, los puntos, las líneas y los petroglifos. Todo se siente muy abstracto al principio. Pero esos colores te ponen los pies en la tierra, porque cuentan nuestra historia.

Una de sus pinturas se llama "Reenmarcar la Isla Tortuga como Cocodrilo". En ella, se ve un lienzo blanco dividido en cuatro coordenadas. Hay pequeñas huellas por todo el espacio, apuntando hacia el norte, sur, este y oeste. Pero cuando

"Reenmarcar la Isla Tortuga como Cocodrilo", de Rebekah Crisanta de Ybarra.

miras más de cerca, los pasos se transforman en el marco de un cocodrilo cuyo cuerpo abarca desde la punta de Norteamérica hasta el cabo de Sudamérica.

—Les decimos *Las Américas* —escribe Rebekah en su descripción.

Cuando empiezas a ver los colores de otra manera, empiezas a ver la historia con otro marco conceptual. Los ancestros de Rebekah cuentan la historia de una sola tierra, dividida por nada. Ver el mundo a través de los colores de Rebekah muestra que ellos pertenecen aquí, sin importar lo que digan otras personas.

—Yo incito a la gente a que rebusque en sus raíces familiares. De pronto, vuelven a casa. Sus puertas se les abren de una manera diferente —me dice.

Tu casa te encuentra.

En Minnesota, lo vi con los colores. En Chicago, lo vi con la comida. Pero Rebekah me recuerda que también puede suceder con la música. Así fue que su papá empezó a encontrar un sentido de pertenencia en este país. Cuando llegó al Medio Oeste, era común que fuera el único latino. Ella recuerda que le gustaron los tambores nativos. Su padre encontró amigos y una comunidad al unirse a círculos de tambores. No podía explicar por qué, pero sentía que esos tambores le eran extrañamente familiares en un lugar que le era ajeno.

—La humanidad busca conexiones y un sentido de pertenencia, y la gente oye el tambor y lo siente familiar y quiere conectarse —dice Rebekah.

Me subo al coche y me dirijo a Wisconsin. A mi alrededor veo plantíos de fresas, campos de vegetales y montones de letreros de "¡Queso!". A fin de cuentas, estoy entrando a la tierra de los lácteos.

EN BUSCA DE LA MÚSICA: WISCONSIN

Durante muchas millas en esta carretera, los cálidos aromas y las escenas que dejo atrás empiezan a disiparse en un paisaje que siento cada vez más remoto. Se gente, su tierra, sus colinas, los letreros ocasionales de TRUMP que veo estampados en las defensas de los coches: todo se ve ligeramente lejano y dividido.

Pero luego, cuando entro a la ciudad de Madison y recorro la calle hacia su capital, inesperadamente me encuentro con cientos de latinos formados para una protesta del Primero de Mayo. Viejos y jóvenes, trabajadores y estudiantes: lo mundano ahora porta un ritmo palpitante. Oigo las esperadas consignas de protesta, pero, más que nada, oigo latinos que están encontrando su voz en las canciones. A mi derecha, los estudiantes de bachillerato aúllan "Vivir mi vida", de Marc Anthony, y a mi izquierda, un grupo canta "México lindo" a todo pulmón mientras suena en el megáfono.

¿Quién lo habría imaginado? Pues de hecho tiene mucho más sentido de lo que esperaba.

Wisconsin es sede de uno de los festivales de música latina más grandes del país: Los Dells. Durante los últimos tres años, Los Dells se ha celebrado en la región agrícola del estado, con artistas como Daddy Yankee, Bad Bunny, Cuco, Maná y Flor de Toloache. Se oye reguetón, pero también bachata, indie, mariachi y música electrónica. Y eso no está sucediendo en Florida, Nevada, California o Nueva York: está pasando en Wisconsin.

La música es una de las maneras en las que la comunidad

Una manifestación de "May Day" en el centro de Wisconsin.

latinx se ha aferrado a su alma desde principios del siglo XX, sobre todo en un lugar como Milwaukee, la ciudad más segregada de Estados Unidos. Si eres moreno en Milwaukee, tu probabilidad de quedar desempleado, encarcelado y ser víctima de racismo se sale de la gráfica.

Y, aunque haya informes que indiquen que la población latina de la zona metropolitana de Milwaukee se ha triplicado en los últimos treinta años, sigue siendo difícil mantener la frente en alto en esta ciudad.

Esa es una de las muchas razones por las que la música anima a los latinos por aquí: es difícil mantener la cabeza gacha con un ritmo que te obliga a alzar la mirada. Es aún más difícil mantenerte quieto —para perderte entre las masas— cuando la música obliga a tu cuerpo a seguir su cadencia. Durante años, la comunidad latina local ha encontrado su orgullo en ritmos, letras y sonidos que les confirmen su pertenencia. Lo único que tienes que hacer es cerrar los ojos y seguir el himno de violines, guitarras y chelos que salen del salón de Dinorah Márquez, en la parte sur de Milwaukee.

La más bella sinfonía de mariachi saca a los madisonitas de estas frías calles estadounidenses para llevarlos a las cálidas y concurridas calles de México. Estoy rodeada de alumnos del "Programa de Cuerdas de Artes Latinas", un proyecto que Dinorah inició en 2002 para brindarles educación musical preuniversitaria a estudiantes latinos de bajos ingresos. Empezó con 26 chicos, y ahora hay más de 200 inscritos.

Los alumnos —latinos de primera y segunda generación— están sentados en círculo alrededor de ella, ensayando para un evento importante que tendrán la semana que entra. Podrán ser jóvenes, pero en este salón —con sus instrumentos en mano— tienen una presencia enorme. Eso habla de su poder: los músicos despiertan emociones. Con un simple acorde pueden cambiar el equilibrio de poder. Eso es algo que Dinorah sabe bien.

—La idea, desde el principio, fue que los estudiantes se llevaran a casa canciones que reconocieran sus padres —me dice sobre su programa.

Quería que se llevaran a casa recuerdos, pero que también tocaran sinfonías que pudiera apreciar el público blanco. Su propósito no necesariamente era que aceptaran a sus alumnos en los medios convencionales, sino que se sintieran orgullosos de la alegría que producían en la gente.

—Sin importar el color de tu piel, la gente dice: "Wow, qué buenos son; esta música es increíble" —dice Dinorah.

Estudiantes del Latino Arts String Program practicando con sus instrumentos durante clase.

En muchos casos, estos instrumentos son un escudo contra la realidad que existe fuera de estos muros. Un alumno me dice que él siempre era el "único latino en el grupo" y que sus maestros le hacían la vida difícil por hablar en español. Otro me dice que siempre siente que tiene que "cambiar" de personalidad entre sus amigos morenos y sus amigos blancos y tratar de ser "menos político con los estudiantes caucásicos".

Luego, Dinorah, con ojos llorosos, me cuenta de Claudia. Claudia fue una de las primeras alumnas que tuvo, y hoy va a hacer su recital de fin de cursos en la universidad, un parteaguas que antes le costaba imaginar siquiera. Me explica que, años atrás, unos coyotes secuestraron a Claudia mientras cruzaba la frontera México-Estados Unidos con su

Dinorah y sus estudiantes en el escenario, ensayando para una función.

familia. Después de meses de extorsiones y abusos, la hospitalizaron y por fin se reencontró con sus seres queridos en Milwaukee.

—Sobrevivió de milagro —dice.

Sin embargo, una de sus primeras peticiones cuando le dieron de alta fue tocar la guitarra.

—Quiero tocar la guitarrita chiquita —le dijo a su mamá.

Así que lo hizo. Diecisiete años y muchas clases después, venció al destino.

Sin importar qué veredicto obtengan fuera de estos muros, dentro del salón de Dinorah, la música ayuda a estos estudiantes a transformarse. Vi su confianza crecer en cuanto tomaron sus instrumentos y tocaron el primer acorde. Vi que sus voces consiguieron oxígeno mientras más fuerte cantaban. Que sus pies golpeaban el suelo sin contenerse. Y vi que no había ningún otro lugar en el que prefirieran estar, porque se sentían como en casa.

Pero apenas a unas cuadras de ese salón, "como en casa" suena distinto. Desde lejos, noto que las canciones de mariachi y las cuerdas de guitarra poco a poco dan paso a ritmos de hip hop y rap. Entro al gimnasio de la Augustine Preparatory Academy siguiendo esta nueva melodía. Está lleno de estudiantes de tercer año sentados en las gradas. Puede ser muy difícil lograr que los estudiantes de secundaria te pongan atención, pero están totalmente cautivados por lo que tienen enfrente: es Browns Crew, conocido por aquí como "el dúo de hip hop latino de Milwaukee".

Sebastián Daniel y Chris Piszczek, dos habitantes de la parte sur y latina de la ciudad, iniciaron Browns Crew en 2011. Vestidos de *jeans*, sudadera y gorra de beisbol frente a la joven audiencia, Sebas y Chris empiezan a rapear. El público enloquece. Es un público formado sobre todo por alumnos latinos de bajos ingresos demasiado jóvenes aún para ver la fragilidad de sus sueños. Sebas y Chris empiezan con una canción en español titulada "Autonomía", y luego siguen con una en inglés que trata de "alcanzar una estrella".

Cuando terminan de tocar, Sebas y Chris miran a los chicos y dicen:

—Para saber a dónde van, tienen que saber de dónde vienen.

De nuevo, el público enloquece. Me pregunto por qué, si esos chicos siguen siendo demasiado jóvenes para entender esas letras y ritmos. "No me parará un pinche muro o un güero", dice una de sus letras, a la que estos chicos contestan con aplausos, risas, aullidos y sonrisas enormes.

—La gente a veces ni sabe lo que decimos, pero nos siguen el juego porque saben que lo decimos con amor y que es sincero —me dicen Sebas y Chris.

Los estudiantes parecen cautivados por la imagen de estos dos hiphoperos que de pronto les parecen un futuro posible en quince años: orgullosos de quienes son, sin disculparse. Un futuro en el que ya no estén sentados, sino de pie, con la confianza necesaria para subir al escenario.

—¿Y qué significa el nombre "Browns Crew"? —pregunto.

—Queríamos representar el orgullo moreno. Cuando decimos que queremos poner nuestra cultura en primer plano, está en el nombre —dicen—. La cultura moldea cómo somos y cómo nos vemos.

Ser un joven latino en Estados Unidos hoy en día es llenar muchos roles diferentes y vivir realidades distintas. Sin embargo, tradicionalmente, los géneros musicales han tratado de meter a los latinos en una casilla, bajo la etiqueta de "música mexicana" o "música latina". Y, aunque sea muy bello preservar las tradiciones de esos acordes, Browns Crew nos demuestra que esas notas convencionales pueden quedarles cortas a las historias contemporáneas. Nuestro ser completo ya no cabe en esos ritmos. Y, por eso, Sebas y Chris tocan cadencias latinoamericanas, pero las mezclan con hip hop y cumbia. En sus canciones, rapean sobre la inmigración, pero también hablan de identidad en el Medio Oeste y de segregación en Milwaukee. Cantan en inglés, pero también en español y en *espanglish*. Hacen que esos estudiantes sientan que pueden salir de cualquier casilla en la que los metan.

De costa a costa, los latinos jóvenes están tratando de averiguar su identidad, pero nunca creí que Wisconsin sería un lugar en el que todos podríamos encontrar respuestas a nuestras preguntas. A veces, lo que la gente busca no son respuestas verbales, sino ritmos y melodías que la tranquilicen y le den la seguridad que necesita. En Milwaukee conozco a un sinfín de artistas jóvenes que, al igual que Browns Crew, están rompiendo estereotipos a izquierda y derecha. Como DJ Loop, una de las únicas DJs latinas en el estado. ¿Su objetivo?

—Difuminar las líneas de lo que pueden hacer las latinas —me dice.

Vianca Fuster es una periodista y documentalista puertorriqueña. ¿Su propósito? Estar a cargo de nuestras historias.

—Hay mucha gente blanca a cargo de nuestras narrativas y eso me inspira a decir "no" —me cuenta.

Enrique "Mag" Rodríguez es el director de un acelerador para músicos locales, incluyendo hiphoperos y cantantes de R&B. ¿Su problema? Que otros latinos le digan que no es "lo suficientemente mexicano". En la industria de la música, se espera que, si eres latinx, seas *manager* de artistas latinos o, por lo menos, de géneros musicales que se alíneen mejor con la "cultura latina" tradicional. Como le dijo a la *Wisconsin Gazette* en una entrevista en 2016: "Cuando era chico, en la parte sur, nadie rapeaba; no era algo que se hiciera ahí". Algunos miembros de su propia comunidad latina no siempre aceptan que en la ciudad a Enrique se le conozca como el manager que representa a "los hiphoperos más prometedores".

—En los medios nos atacan por ser mexicanos —dice—, pero también olvidamos lo racista que puede ser nuestra gente con otras comunidades.

Juntos, estos jóvenes artistas están cambiando la imagen de lo que es ser "lo suficientemente latino".

Antes de irme de la Augustine Preparatory Academy, les pregunto a Sebas y a Chris:

—¿Pueden ver el impacto que tienen en estos chicos? ¿Cómo se ve desde su perspectiva?

Se quedan callados. No hace mucho tiempo, ellos formaban parte de los estudiantes latinos morenos sentados en las gradas. Y ahora son los que están en el escenario.

Por fin, responden:

—Cuando los chicos nos miran y dicen: "Carajo... ellos también son de aquí. ¡Míralos!".

Al cruzar la frontera de Wisconsin y entrar a Iowa, la música de la radio empieza a sonar un poco diferente. No puedo encontrar nada parecido a los ritmos latinos que escuché antes, pero, si abro las ventanas, alcanzo a escuchar el coro en la Iglesia Católica St. Alphonsus, ubicada en el pueblito de Mount Pleasant, Iowa. Ahí no viven más de 8,500 personas, en un condado que votó por Trump en 2016 y en un pueblo en el que el 7 por ciento de la población es latina. Podría haber ido a alguno de los destinos más populares de Iowa, como Des Moines, Iowa City o Cedar Rapids. Pero hay algo en este coro que captura mi atención. En primer lugar, es una sinfonía bilingüe. En segundo, como descubriré pronto, ese sonido tiene la capacidad única de unir a un pueblo que ha estado muy dividido por líneas partidistas, raciales y migratorias.

EN BUSCA DE LA RELIGIÓN Y LA LENGUA: IOWA

Cuando entro a la Iglesia Católica St. Alphonsus en Mount Pleasant, me doy cuenta de que están conmemorando el aniversario de las redadas del ICE que sucedieron en este pueblo del este de Iowa.

El 9 de mayo de 2018, el ICE hizo una redada en una planta de concreto en Mount Pleasant, en la que detuvo a 32 trabajadores indocumentados, la mayoría guatemaltecos. Desde entonces, han liberado a algunos, otros siguen esperando audiencia y otros más fueron deportados. Pero las 32 familias siguen desgarradas y traumatizadas.

Algunas de ellas me dijeron que muchos de los hombres no han logrado volver a conseguir trabajo, que sus hijos (la mayoría de los cuales son ciudadanos estadounidenses de primera generación) sufren acoso escolar y que tienen un miedo paralizante que los acompaña en el sueño y la vigilia. Tristemente, escuchamos ese tipo de historias en los medios todo el tiempo, pero Mount Pleasant es un pueblo que rara vez atrae los reflectores.

En medio de esa crisis, Mount Pleasant se unió como no

La esposa y las hijas de uno de los 32 trabajadores indocumentados que fueron detenidos en mayo de 2018, frente a la iglesia de St. Alphonsus en Mount Pleasant, Iowa.

lo he visto en muchos lugares del país. Y fue gracias al poder de la religión, que creó un sitio que personas muy diferentes podrían llamar su "hogar".

Dentro de la iglesia, me siento en una de las últimas bancas. Desde ahí, tengo una vista perfecta de la audiencia. Algunas de las 32 familias se sientan junto a familias blancas. Los pastores celebran un servicio bilingüe. Les cuesta trabajo el español, pero de todos modos articulan cada palabra lo mejor posible.

—Hermanos y hermanas —dicen joviales.

El coro, compuesto principalmente por gente blanca y vieja, canta en inglés y en español. Aquí, todos pertenecen, ya sean morenos o blancos, ricos o pobres. Es una escena difícil de encontrar en otros rincones del país.

Antes de salir de la iglesia, veo que hay un letrerito de

La iglesia de St. Alphonsus en Mount Pleasant, Iowa.

donaciones para contribuir a las familias migrantes afectadas por la redada del ICE. La iglesia presbiteriana, junto con una organización llamada IowaWINS y otros grupos locales, han estado ayudando a las familias con la renta, los honorarios de los abogados, la comida y los servicios en lo que los hombres logran reponerse. La esposa de un hombre al que deportaron hace unas semanas me dice que la iglesia no la ha abandonado durante estos meses dolorosos.

—No nos han dejado solos. Ya casi pasa un año desde que sucedió, y no dejan de ayudarnos —dice sorprendida.

A veces, quien menos lo esperas es quien te apoya.

—¿Por qué la religión está uniendo a la gente aquí? —le pregunto a Trey Hegar, uno de los pastores que celebraron el servicio y uno de los aliados clave de las familias inmigrantes y latinas de Mount Pleasant.

Su respuesta fue simple.

Trey Hegar con un joven feligrés.
Fotografía: Claudia Montaner.

—La regla de oro es Mateo 25: "Ama a tu prójimo como a ti mismo". Eso es lo principal, y ese mensaje es lo que fomenta un cambio en el mundo.

En ese pueblo remoto, descubrí el poder que pueden tener las palabras y los versículos bíblicos, su capacidad de sanar un país insensibilizado por el odio. Aceptar a los inmigrantes no es algo que puedan hacer solo las leyes:

—Tiene que venir del corazón, y ahí es donde los pastores y la religión tenemos que hacer nuestra parte. Para empezar a cambiar a la gente. Para empezar a reclamar un poco del lenguaje que se apropió la política —me dice.

A veces, todo lo que necesitas son palabras para que alguien se sienta como en casa. El pastor Hegar me cuenta que hacer su servicio de domingo en inglés y español fue una decisión estratégica que tomó la iglesia para enviar una señal de bienvenida a la comunidad latina de Mount Pleasant. Es verdad: los acentos familiares pueden aliviar el miedo. Las palabras nostálgicas pueden ayudar a la gente a bajar la guardia, a mostrar la cara detrás de nuestro velo de protección. Y, para mi sorpresa, la preservación del español es algo que valoran mucho en esta región del Medio Oeste. No solo en Mount Pleasant, sino también en otras partes del estado. De hecho, si viajas dos horas en coche hacia el norte, te encontrarás con el primer pueblo de Iowa con mayoría latina, donde el español es tan común como el inglés, o quizás más.

Voy a West Liberty.

Hasta ahora, a lo largo de este viaje por el Medio Oeste, he visto a latinos —jóvenes y viejos— bailar tango con la lengua española. Algunos la aceptan, otros la rechazan; algunos se aferran a ella, otros la abandonan; algunos se enorgullecen de ella, otros se avergüenzan; algunos la recuerdan, otros la olvidan. Es un tango complicado. Pero en West Liberty, un pueblo de unos cuatro mil habitantes, ya lo tienen resuelto: ya sean morenos o blancos, el español es parte de su identidad. Así se construyó el pueblo desde el principio.

West Liberty es el primer pueblo de Iowa con mayoría latina. Es correcto: ahí hay más latinos que blancos. Y eso se debe a que, al igual que muchas ciudades del Medio Oeste, tiene un largo historial de migrantes que se asentaron ahí a principios del siglo XX, para trabajar en los ferrocarriles.

Hablo con Cara McFerren, descendiente de una de las primeras familias latinas que echaron raíces en West Liberty. Su abuelo, John Edward Ponce, se convirtió en el primer latino en graduarse de la secundaria, en 1933. Cara me cuenta que su abuelo tuvo que aprender inglés en el sistema educativo, hasta que se volvió completamente bilingüe e inculcó en sus seres queridos la importancia de hablar bien inglés. La historia es que la integración mediante la asimilación se convirtió en la norma para muchas familias latinas e inmigrantes, pero el flujo migratorio hacia West Liberty nunca se detuvo, lo que significa que resultó difícil dejar el español por completo. Al igual que la abuela de Cara, un sinnúmero de latinos consiguió trabajo en West Liberty Foods, una planta procesadora de pavo que es el mayor empleador del pueblo. (Si alguna vez has comido un sándwich de pavo en Subway, lo más probable es que la carne proviniera de esta planta). Los latinos construyeron los cimientos de este pueblo y, casi un siglo después, siguen impulsando su crecimiento.

Cara McFerren y su madre, descendientes de una de las primeras familias latinas que se asentaron en West Liberty, Iowa.

Cuando se construye un hogar hablando español, no se puede borrar de su infraestructura. Desde el plano original hasta el producto terminado, permanece en todos los rincones de la casa. ¿Por qué no aceptarlo?

En otoño de 1998, el Distrito Comunitario de West Liberty implementó el primer programa bilingüe de Iowa. Originalmente, solo se ofrecía para estudiantes de jardín de niños, pero ahora está disponible hasta el grado 12. Los efectos que está teniendo en Mount Pleasant son increíbles. Más de la mitad de los estudiantes del distrito están inscritos en la iniciativa, el índice de graduación es del 97 por ciento y hay lista de espera para entrar al programa.

¿Y adivinen qué? La mayoría de los estudiantes en la lista son niños blancos ansiosos por aprender español.

Paso un par de horas en la escuela, y el nivel de integración que han logrado es impresionante. En la primaria, veo pupitres con niños morenos y blancos, jugando con una inocencia que no ha aprendido a discriminar por el color de piel. Durante la clase de cuarto año del Sr. Ortiz, los alumnos aprenden sobre Don Quijote y, cruzando el pasillo, están dando clase de ciencias en español. Los niños salvadoreños, guatemaltecos y mexicanos trabajan con los estudiantes blancos para averiguar cómo encender un foco. En la secundaria, hay una discusión en clase sobre *Cien años de soledad*, de Gabriel García Márquez.

—¿Qué impacto notas? —le pregunto a una de las maestras de kínder.

—No tienen que tener miedo de hablar español —me dice.

En más de un sentido, esa respuesta carga con el legado del abuelo de Cara, un hombre que construyó los cimientos que sostienen a las nuevas generaciones de latinos. Hoy, el hijo de Cara, el bisnieto del Sr. Ponce, está inscrito en el programa bilingüe de West Liberty.

—¿Qué habría opinado de esto tu abuelo? —le pregunto a Cara.

—Creo que estaría muy orgulloso.

Suena la campana. Se acabaron las clases.

13

La reina de Estados Unidos

Extrañamente, en el Medio Oeste también fue donde más aprendí sobre el poder del *drag*.

Las *drag queens* tienen la capacidad de transformarse en un *alter ego* sin límites. No solo desafían los estándares de belleza y las normas de género, sino que, más que nada —aunque solo sea por unos minutos—, tienen la capacidad de invocar un poder que de otra forma les sería inalcanzable en el "mundo real". Con su transformación, una reina puede hacer cualquier cosa. Puede ser quien sea, decir lo que sea e inspirar cualquier cosa.

Dorian Corey, la infame *queen* neoyorquina y mujer trans que estelarizó el documental de 1991 *Paris is Burning*, de Jennie Livingston, lo ha dicho mejor que nadie: "En la vida real, no puedes conseguir un trabajo de ejecutiva a menos de que tengas el historial educativo y las oportunidades. Que no seas una ejecutiva se debe tan solo a la situación de la sociedad... A los negros nos cuesta trabajo llegar muy lejos. Y los que sí lo logran, suelen ser heteros. En un cabaret, puedes ser lo que tú quieras".

Sin embargo, hay una pequeña restricción: a menos de que seas indocumentado.

Drag Race de RuPaul, el *reality* del canal VH1 en el que las reinas compiten por el título de "La Próxima Superestrella Drag de Estados Unidos", se ha vuelto viral. Es un programa al que muchas personas le atribuyen "volver convencional" a la comunidad LGBTQ y darles visibilidad a las mujeres trans de color, lo que les brinda una sensación liberadora sin precedentes. Sin embargo, los inmigrantes indocumentados no pueden competir. Resulta que ser *drag queen* no es un derecho universal.

Una mañana, mi amigo Ado Arévalo me mandó un mensaje que decía:

> "Aunque la cultura *drag* esté creciendo tanto gracias a RuPaul, muchos no podemos audicionar para él por nuestro estatus... así que voy de camino al título nacional de 'Miss Gay America' como reina indocumentada...".

Después me enteraría de que Miss Gay America era una de las únicas opciones que Ado, indocumentado, tenía si quería competir en un concurso de belleza nacional para *queens*. Obviamente, la plataforma de Miss Gay America existe desde 1972 y se ha convertido en el sistema de concursos de belleza más antiguo, grande y prestigioso para transformistas en mujeres del país. Si, por alguna razón, no puedes imaginarlo, piensa en Miss America o en Miss USA. Ahora, imagina que los contendientes son hombres transformándose en mujeres. Todos los años, competidores de todo el país, representando a varios estados, compiten por la corona de Miss Gay America.

Pero nunca han visto a un contendiente como Ado.

Vive en Phoenix, Arizona. Es un joven salvadoreño de 28 años que huyó de su país cuando era adolescente, por el asesinato de su padre; un centroamericano que estuvo en un centro de detención, separado de su familia, y que, contra todo pronóstico, se construyó una vida en Estados Unidos. Un hombre que no solo estaba decidido a ganar la corona, sino a convertirse en la primera reina indocumentada en la historia de Miss Gay America.

En un momento en el que el país quería silenciarlo, él estaba decidiendo vivir de la manera más escandalosa posible, en todos los espacios a los que entrara. La gente como él solía vivir en las sombras y en el clóset, una sombra que incluso ahora le impide revelar su estatus de indocumentado y un clóset que le esconde su orientación sexual a su comunidad latina conservadora. Pero él decidió no seguir ninguna de esas reglas. No solo vio una corona brillante en el *drag,* sino una oportunidad de hacer una declaración política. Una oportunidad de trastocar el orden establecido.

De trastocar tu definición de indocumentado, trastocar cómo crees que debería verse un hombre gay, trastocar tus presupuestos de lo que representan los latinos y trastocar tus nociones de lo que quiere lograr el drag. Los espectáculos de drag no solo son para entretener, son sobre todo para cuestionar los sesgos, sin importar que estés borracho en el #DragBrunch o no.

De todas las estrategias que Ado podía haber usado como activista y organizador, ¿por qué fue el drag una herramienta efectiva para que la gente ejerciera la compasión?

—A veces a la gente le cuesta menos trabajo tomarte en serio cuando traes puesta una peluca —contestó.

Ado me contó de la primera vez que se manifestó de *drag* en las calles de Arizona, y dijo que de inmediato le abrió puertas a más conversaciones e interacciones con desconocidos. De cierta forma, se sintió más visto. Ha de haber sentido algo parecido a lo que vivió Marsha P. Johnson en los años sesenta: se abrió paso por todos los escenarios, los Disturbios de Stonewall y las marchas. En una entrevista de 1992, Johnson recordó:

—Yo no era nadie, nadie de Ningulandia, hasta que me convertí en *drag queen*.

Porque, piénsalo: ¿Quién atraería más tu atención? ¿Alguien con un letrero de "Abolan el ICE" vestido de civil o con leotardo de leopardo? ¿Alguien en tenis hablando de las cosas inhumanas que suceden en la frontera o alguien con taconazos de cuatro pulgadas pidiendo que pongas atención a las mismas atrocidades? ¿Quién puede distraer tu atención de la pantalla de tu celular? ¿Quién te hace mirarlo dos veces? Y, cuando ya detienes la mirada esa segunda vez, ¿qué aprendiste?

Ado me recuerda que esa era la intención original de la cultura *drag*, una transformación de nosotros mismos y de la gente a nuestro alrededor. Gracias al *drag*, la percepción que tenía la gente de Ado empezó a cambiar, pues a los espectadores curiosos no solo les intrigaba su apariencia, sino también su mensaje. ¿Qué era eso del DACA? ¿Qué estaba pasando en la frontera? ¿Por qué están militarizando nuestras comunidades? ¿Cómo me afecta todo esto a mí? Y resulta que fue Sicarya Jr., el personaje *drag* de Ado, quien mejor pudo contestarle esas preguntas al público.

Ado fue seleccionado para representar a Miss Gay Arizona como la primera alternativa para el concurso nacional Miss Gay America de 2020, que sucedería en St. Louis, Missouri. Su trayecto hacia ese escenario fue demasiado importante como para no documentarlo. Era mucho más que una noticia sobre el *drag*; era una noticia que podía poner de lado las conversaciones sobre políticas públicas y la politización de los inmigrantes y, más bien, empujar a la gente a enamorarse en serio de una comunidad. Es el tipo de amor que contradice todo sentido común, pero que termina ganándose a las masas. Ado podría tener ese efecto en la gente.

Así que le pregunté a mi querida amiga Luisa Conlon, una cineasta genial con la que había trabajado antes, si estaría dispuesta a hacer un pequeño documental sobre Ado. Ya sabía cuál iba a ser su respuesta.

UN VIAJE A MISS GAY AMERICA, EN ST. LOUIS, MS

Pronto estamos en St. Louis, con Ado y su pareja, Jerssay, que venía viajando con él.

Cuando veo a Ado, de inmediato recuerdo cuando lo conocí hace más de dos años, durante un evento organizativo para *dreamers*. Es un hombre humilde y guapo con cara de niño. Siempre presente y atento. Su pareja, Jerssay, también es una reina indocumentada que porta el nombre "Annita Green Card" en sus espectáculos. Pero él vino a apoyar a Ado y a verlo ganarse la corona en Missouri.

La verdad es que Ado no es alguien con quien puedas encontrarte fácilmente en Missouri.

Menos del 0,4 por ciento de los latinos del país viven aquí, un estado que votó por Donald Trump por una mayoría

Ado (derecha) y su pareja Jerssay (izquierda), parados afuera de la tienda donde compran las telas para sus vestidos de *drag*.

abrumadora en 2016. En St. Louis, el aire fresco de la ciudad, que sopla entre viejas bodegas, silba entre personas que ahora viven en las calles y bufa entre los barrios segregados, creando un fuerte contraste con los vientos cálidos y desérticos de Arizona. Hay una sensación diferente en el aire; todo se siente un poco raro.

Es el primer día oficial del concurso de belleza Miss Gay America 2020. El Hampton Inn, situado justo frente a la sede del concurso, está lleno de competidores ansioses que acaban de llegar de todo el país. Ya vengan de Ohio, Arkansas, Oklahoma o Nueva York, las mejores *drag queens* de Estados Unidos están presentes. Tenemos a Espressa Grande, a Kali Coutour, a Ivy Dripp y a L'Oréal, entre muchas otras. Todas están ansiosas, subiendo y bajando por los elevadores mientras se preparan para la noche. Algunas ya están vestidas de *drag,* otros presumen sus ombligueras ajustadas y muches

Sicarya cruzando la calle, caminando desde el hotel hacia el concurso Miss Gay America, mientras Luisa graba.

más están a medio camino. Pero ningún participante se parece a Ado. Casi todos son blancos. De los 37 contendientes, hay aproximadamente seis hombres de color. Y no solo el color de su piel abrumadoramente blanca me impresiona al principio, sino su caminar tan desenvuelto y confiado. Decidido. Casi como si ese aire fresco que deambula por afuera no pudiera nunca interponerse en su camino. Ado también tiene ese porte, pero, a diferencia de les demás, sé que lo puede perder todo en un instante por su estatus de indocumentado.

—Si te beneficias por ser masculino, blanco y documentado, y ahora tienes matrimonio homosexual, es casi como tener la vida resuelta —me dice Jerssay.

Lo dice a pesar de que, normalmente, cuando pensamos en la comunidad *queer*, la consideramos muy progresista. Pensamos en elles como un grupo de personas que entienden el verdadero significado de "derechos humanos" e "igualdad de derechos".

—Pero muchas veces no pasa del matrimonio igualitario o los derechos laborales —reflexiona Jerssay—. Estamos fuera del clóset, pero seguimos en las sombras porque a nivel nacional no nos reconocen por ser indocumentados.

Pero, esta noche, Ado va a subir al estrado y revelar que es un inmigrante indocumentado.

¿Cómo va a reaccionar el público? ¿Qué pensarán de él las demás *drag queens*? ¿Y los jueces? ¿Creerán que es algo honroso o lo juzgarán por ello? Ado ha recibido el apoyo de su comunidad en Arizona, pero ¿cuántos miembros de esta ciudad del Medio Oeste han conocido a un inmigrante indocumentado en sus vidas? Al estar a más de mil millas de la frontera entre México y Estados Unidos, ¿cuántos han tenido que pensar en la separación de familias, en los niños enjaulados o en los abusos raciales constantes?

Esta noche quizá sea la más especial de todo el concurso de Miss Gay America, porque es cuando muchas participantes presentan sus "talentos". Las reglas indican que la categoría de "talento" es la de mayores puntos, pues juzgan a las reinas "en función de la calidad de su canto doblado, en vivo u otra forma de entretenimiento". En otras palabras, es cuando pueden montar su espectáculo. Pueden decir lo que quieran, bailar como quieran y comportarse como quieran. Mientras tanto, Jerssay está sentado en la primera fila de la sala abarrotada, retorciendo los dedos, moviendo los pies y con los ojos fijos en el escenario, esperando con ansias la entrada de Ado.

De nuevo me pone las cosas en perspectiva:

—Al decir que eres indocumentado, ya estás ofreciendo una narrativa para que la gente te prejuzgue. Así que estás entrando a una sala llena de gente que duda de ti o que ya formó su opinión sobre ti. Cambiar eso es el doble de trabajo, porque ya no solo es una *queen*, sino una *queen* indocumentada. Es como si te estuvieras tratando de ganar sus corazones todo el día.

Aldo es el participante número 35. Será uno de los últimos en salir a escena. Ya ha habido más de dos horas de espectáculos. Hubo una reina que cantó como Cruella Deville; otra que hizo una sátira de Lady Gaga y una increíble que usó un fragmento de *The First Wives Club*. Hasta ahora, hemos bailado. Aplaudido. Reído. Gritado. Las concursantes han jugado limpio, y nos hemos entretenido.

Entre presentaciones, suenan tintineos en el fondo, se ordenan más vodkas con soda y se oyen piropos soltados a derecha e izquierda. El público está muy animado.

—¡Y ahora, la contendiente número 35: Sicarya! —anuncian.

Ado entra en escena como Sicarya.

Trae el pelo largo y esponjado. Las cejas esculpidas con maestría. Las pestañas rizadísimas. Aretes de diamantes que deslumbran. Y los ojos de un azul penetrante. La hermosa Sicarya, siempre aferrada al alma de Ado. Mientras que todas las anteriores han entrado a escena con una canción, ella levanta su micro y dobla las palabras de un poema. Se trata de "Borders", de Denice Frohman, una latina puertorriqueña *queer*. Las primeras palabras que salen de su boca son:

> *Empieza antes de llegar aquí*
> *antes de que las escaleras le digan que es ajena a un*
> *país que conoce muy bien las manos de su bisabuelo*
> *mexicano.*

Todos a nuestro alrededor dejaron de juguetear de pronto, y todas las miradas están fijas en ella. No solo en su belleza, sino en sus palabras, en lo que trata de decirnos.

Sicarya continúa recitando:

Camina una semana por el desierto con sus dos tíos,
sin nada más que unos galones de agua y una
oración metida en los bolsillos, con la esperanza de
que les duren lo suficiente...

Otro paso, es demasiado joven para saber lo que
significa la frontera...
cuando llegue su familia, sabrá que hay algunas
fronteras que no se pueden cruzar a pie.

La sala cae en un silencio sepulcral.
Sicarya termina el poema con:

...así que, cuando te pidan los papeles, Ana, muéstrales
tu piel,
usa tu lengua como capa,
alza el puño como un secreto que ya no puedas
esconder,
ya no te pueden tener asustada,
no te puedes permitir dejar un sueño, así que,
cuando vengan por ti, diles, en la lengua que
mejor conoces
que ya no tienes miedo.

Y cuando crees que Sicarya acabó su espectáculo, te sorprende con más. Deja claro que no ha terminado. Se dirige

Sicarya, sobre el escenario, momentos antes de recibir una ovación de pie por su actuación.

hacia el fondo del escenario y se sienta junto al piano que construyó con sus propias manos. Está sonando "Rise Up", de Andra Day, pero eso no es lo que captura la atención de la audiencia. Son las imágenes que decidió proyectar en el fondo de su acto. Imágenes de refugiados migrando desde Centroamérica; de madres leyéndoles la Biblia a sus hijos en un frío centro de detención; de niños y niñas esperando a solicitar asilo; de refugios hechizos; de familias desesperadas tratando de cruzar la frontera, y de agentes fronterizos usando la fuerza contra los migrantes. Y muchas imágenes del sol y el cielo que todos compartimos por encima de la reja y el alambre de púas que nos separan.

En el público, la gente tiene la mirada de quien ha recordado de nuevo esas dolorosas verdades. Pero, sobre todo, tiene la mirada de la gente que lleva demasiado tiempo evitando ese tipo de contacto visual. Evitando ver esas imágenes, evitando ver más allá de sí misma, evitando mirar a su alrededor y debajo de ellos. Por primera vez, de verdad están viendo a Sicarya. No solo como reina ni como artista, sino como una inmigrante indocumentada con un mensaje. Tal vez sea alguien a quien antes demonizaron, o a quien simplemente ignoraron y despreciaron la mayor parte de sus vidas. Pero, en este momento, la ven.

Cuando termina su acto, recibe una ovación de pie. La primera y única ovación de pie de toda la noche. Cuando le contamos lo que pasó cuando salió de escena, no lo podía creer.

—¡Te dieron una ovación de pie! —le decimos a Ado.

—¡En serio! —contesta impresionado.

Pero, desafortunadamente, ya saben cómo termina esta historia.

A pesar de lo bien recibido que fue su espectáculo, Sicarya ni siquiera llegó a las 10 finalistas. Perdió el concurso de belleza Miss Gay America 2020. Según Ado, algunas de las demás participantes incluso cuestionaron su legitimidad para participar por su estatus de *dreamer*. Algunas incluso hacían bromas sobre que la Oficina de Aduanas y Protección Fronteriza ya había llegado a deportarlo. Se estaban burlando de él. Aunque los casi 800 mil *dreamers* de este país hayan crecido en Estados Unidos, paguen impuestos, impulsen la economía y respeten la ley, sus vidas están en un limbo constante. Mientras escribo estas líneas, su destino está en las manos de la Corte Suprema, pues están decidiendo si la administración de Trump puede acabar con el programa de la era de Obama que los ha protegido de la deportación desde 2012. Ado ni siquiera puede participar en un concurso de belleza sin que le recuerden lo incierto que es su futuro.

Sin embargo, por incierto que sea, no evita que él comparta su mensaje: las *queens* de Estados Unidos se parecen mucho más a él de lo que creemos. Las reinas deben ser líderes valientes y amables. Deben hacer el bien y predicar con el ejemplo. Su belleza debe brillar por dentro y por fuera: por su apariencia, pero, sobre todo, por su alma. Y todo lo que tienes que hacer es ver a una frente a ti para creer que merece su corona.

Ve a un *ballroom* para verlo con tus propios ojos.

Entre las sombras y el sol

En busca de latinx

Mientras me dirijo a casa desde el Medio Oeste, pienso en lo que me ha hecho ver este viaje.

En los campos de Fresno, en la Pequeña Habana de Miami, y en los rincones sureños de Carolina del Sur, presencié realidades de mi comunidad que no había notado antes. Durante décadas, millones de latinxs vivimos bajo nuestra propia sombra, de alguna manera. Las latinas respetaban las normas de género, las personas *queer* amaban con vergüenza, los indígenas coexistían en silencio, los jornaleros normalizaban el dolor, los afrolatinos se sentían borrados, los padres indocumentados resistían el miedo y los jóvenes cargaban con el peso del trauma generacional. Los miembros de la comunidad latinx acataban una historia que comprimía nuestras diferencias y nos pintaban como un solo bloque, una sola voz, un monolito. Sin embargo, el sol que me ha seguido durante meses en la carretera, a lo largo de autopistas y cruzando el cielo, ha iluminado de una manera refrescante mi entorno, para mostrarme el retrato de un país que de pronto se ve distinto de lo que imaginaba. El sol no solo ha sacado a la luz a la comunidad latinx, por todos lados, viviendo con identidades múltiples, sino que también ha revelado nuevas regiones de Estados Unidos que no suelen pensarse como el hogar de esos grupos demográficos.

Eso es lo principal del movimiento latinx: te obliga a ver de otra forma a 60 millones de personas, pero también te obliga a reconceptualizar la geografía del país. Tierras que antes sentíamos ajenas, ahora sentimos propias. Sistemas que no se construyeron para nosotros ahora están abiertos para que los naveguemos y prosperemos en su interior. Las fronteras se convierten en el centro; el Medio Oeste se vuelve nuestro hogar; Florida se vuelve menos familiar y el Sur Profundo se vuelve sagrado. La historia, la gente y los lugares que creíamos conocer empiezan a cobrar un nuevo sentido gracias a este movimiento.

Este viaje me inspiró a caminar con la mirada clara, buscando siempre lo que no se pueda percibir a simple vista. Pero antes de terminar por completo, hay alguien a quien quiero conocer en persona. Para mí, ella define al movimiento latinx, pero tengo que verlo con mis propios ojos.

En redes sociales usa el nombre "Afrodominicanxthings". Su nombre (real) es Danyeli Rodríguez del Orbe, una afrodominicana del Bronx. Como aprendí por espiarla en Instagram, es activista, artista, y solía estar indocumentada. Y cuanto más recorro su página, más confianza brota de su perfil. Confianza en su identidad como afrodominicana, confianza en la manera en la que habla de negritud y latinidad. Sus fotos, sus poses, su arte, su escritura, sus videos... Danyeli parece ser alguien que es ella misma sin disculparse.

Hablamos un rato por teléfono.

Primero me lleva a su infancia en República Dominicana. Por su tono de piel oscuro, recuerda que ciertos familiares hacían comentarios sobre su "nariz grande y negra" y otros le decían "haitiana".

—De niña, no me gustaba, porque conectaba "haitiana" con "fea". Ser haitiano era ser feo, pobre, sucio —dice.

Eso se debe a que el "antihaitianismo" lleva siglos cocinándose en la isla. No solo debido al régimen autoritario y racista de Trujillo en los años treinta, sino por una época colonial que glorificó la parte española y más blanca de la *Hispaniola* contra su vecina más oscura.

No fue sino hasta que dejó la isla para migrar al Bronx con su mami que empezó a sentirse cómoda en su propia piel. Rodeada de cientos de dominicanos que también habían construido su hogar en Nueva York, en esas calles encontró la isla que había dejado, hasta percibir la normalidad de su piel oscura, su belleza y su origen mixto.

—Nueva York me dio los cimientos para crecer como dominicanoamericana —declara.

Al deshacer años de sesgos que le enseñaron a temerle a su negritud, encontró orgullo en una identidad que no huía de sí misma, sino que se esforzaba por aceptar todos los aspectos de su ser. Indocumentada. Latina. Negra. Dominicana. Y cuando habla de Nueva York, en especial de Washington Heights, siento la emoción en su voz. Fue donde se enamoró por primera vez, donde encontró su comunidad y donde encontró su voz como artista de *spoken word*.

Quiero verla presentarse. Quiero conocerla en persona, en las calles que la acogieron. Pero se mudó a Los Ángeles. Y aquí es donde las cosas empiezan a cambiar un poco: la historia de Danyeli en la Costa Este es ligeramente distinta a la de Danyeli en la Costa Oeste. No es porque ella haya cambiado. De hecho, tiene más confianza que nunca. Más bien, la historia está cambiando porque la manera en la que los demás la perciben cambió. Incluyendo la manera en la que de pronto la ven otros latinos.

Entender la esencia de lo latinx implica reconocer que el color puede verse muy distinto dependiendo de dónde estés parado, no solo en Latinoamérica, sino también en Estados Unidos. Nuestro país no solo está cubierto de montañas, ríos y lagos, sino de matices que dictan las dinámicas de poder locales y las tramas dominantes en la narrativa. Todo eso puede cambiar dependiendo de en qué parte del país estés. Bajo la premisa latinx, es un hecho que quien seas en Nueva York puede cambiar en Los Ángeles.

Decidí volar a Los Ángeles para conocer a Danyeli en persona. Me dice que me encuentre con ella en UCLA, así que subo al coche y me dirijo hacia allá. Hasta ahora, no sé exactamente qué esperar ni en qué me estoy metiendo, pues solo me dijo que estoy a punto de ver parte de su trabajo.

Entro al campus y luego a Boelter Hall, y abro una puerta que me lleva a un salón abarrotado. Me siento en el piso, miro a mi alrededor y me doy cuenta de que estoy rodeada de montones de estudiantes adolescentes de campamento de verano. Me entero de que todos son indocumentados y todos están totalmente hechizados por Danyeli y su colega Ernesto Rocha, que están dando una conferencia sobre sus experiencias como activistas indocumentados. Los alumnos están un poco acostumbrados a escuchar las palabras de ánimo de Ernesto. En más de un sentido, han vivido —o están viviendo— su historia: migraron de México a California y convirtieron su estatus de indocumentado en resiliencia. Todos son parte de la historia de California Dreamin'.

Pero cada vez que habla Danyeli, noto algo en sus expresiones: un asombro inocente. La mayoría de ellos nunca habían visto, oído ni hablado con una persona indocumentada que se pareciera a ella: una latina negra. Alguien que no viene de México, que no tiene una relación con la frontera y que no es morena. Alguien que no encaja a la perfección en la narrativa dominante de California.

Cuanto más habla Danyeli, más se les desorbitan los ojos.

Está hablando de la vida en la isla. De cómo solía negar su negritud, de cómo luego aprendió a amarla, de cómo entró en ella y de cómo al final encontró su hogar en Nueva York. Les está enseñando que los inmigrantes no tienen por qué parecerse a ellos. Pueden verse más oscuros, migrar de otras maneras y tener historias distintas, contadas en otros acentos, incluso en otros idiomas.

Los estudiantes siguen escuchando. Nadie juguetea, mira su *iPhone* ni le manda mensajes a quien le guste ese verano.

Al final de la presentación, muchos alzan la mano para preguntar algo. Pero a mí se me queda un comentario:

—Me gusta que no hayas esperado respuestas en tu viaje. Lo averiguaste todo tú sola —le dice alguien a Danyeli, y noto que es uno de los únicos alumnos de piel más oscura del lugar.

La verdad es que, durante toda su vida, si Danyeli hubiera esperado respuestas, lo más probable es que no estaría donde está ahora. No en este salón de la UCLA; no en la Costa Oeste; no transformando espacios, deconstruyendo el colorismo ni inspirando confianza en quienes más la necesitan. Cierra la noche con:

A través de la ventana veo a los estudiantes reunirse, entusiasmados por hacerse una foto con Danyeli después de su presentación.

—Quiero que todas las Danyelitas se vean a sí mismas.

—Cuando los inmigrantes negros se ven a sí mismos durante tus pláticas y presentaciones, ¿qué te dicen? —le pregunto.

—Lo primero que me dicen siempre es "gracias" —contesta—. Normalmente están agradecidos, porque no ven su historia por ningún lado... Porque no solo compartimos la experiencia negra, sino además la de inmigrantes, y eso cambia la imagen de la migración. Ya no se sienten solos.

Pero no sentirse solos no implica que no se sientan fuera de lugar.

Al día siguiente, Danyeli y yo nos vemos en uno de sus restaurantes preferidos de Los Ángeles.

—¿Y por qué te fuiste de Nueva York? —le pregunto de inmediato, curiosa.

—Quería ver cómo es ser afrolatina en un lugar en el que no fuéramos comunes, donde no tuviéramos una comunidad tan grande —me dice—. Quería trabajar en espacios donde se necesitara, donde la gente necesitara que la educaran sobre inmigrantes negros.

¿A qué se refiere exactamente con "necesitara"?

Danyeli me explica que la narrativa migratoria tiende a estar dominada por voces morenas y, en California, esas voces muestran sobre todo el ángulo mexicano. Danyeli no solo cuestiona esa dinámica de poder por la lente única con la que se cuentan las historias, sino por los mensajeros que las narran. Para ella, hay demasiados latinos de piel clara que están cooptando el término "moreno", hablando desde una perspectiva que, de hecho, no les pertenece. Desde un color que no les pertenece. Desde un dolor que no les pertenece.

Cuando llegué a la Costa Oeste y vi a los mexicanos más claros llamándose "morenos", dije: "¡¿Cómo?!" —comenta—. Pero estoy aprendiendo mucho de cómo se interpreta el lenguaje dependiendo de dónde estés. La Costa Oeste ha creado una comunidad propia, basada en sus propios términos. Creo que a la gente le cuesta trabajo dejar eso. Que alguien llegue y los desafíe, que diga: "De hecho, en la Costa Este, ustedes pasan por blancos. De hecho, en la Costa Este, ustedes no son morenos".

Al igual que el color de piel cambia dependiendo de dónde estés en el país, el lenguaje también se puede distorsionar dependiendo de tus coordenadas en el mapa. Lo que a ti pueda resultarte blanco, para ellos es moreno; lo que pueda ser latina para ella, es negro para él; a quien se considere un inmigrante allá no se toma en cuenta acá.

Una y otra vez, a lo largo de todos estos viajes, no deja de surgir la pregunta: "¿Cómo nos identificamos?". Es la misma conversación que tuve con mis amigos de la secundaria en Florida, que no se habían dado cuenta de que eran "latinos" hasta que salieron de Miami. Es la misma conversación que tuve con miembros de la comunidad maya, que no querían ser etiquetados como "latinos", sino como pueblos indígenas. Es la misma conversación que tuve con Ado, quien no solo quería ser considerado un activista indocumentado, sino una *drag queen*. Es la misma conversación que tuve con Enrique, quien no quería que el color de su piel definiera su ideología; o la que tuve con otros afrolatinos, que querían que tanto su color de piel como su ascendencia brillaran. De costa a costa, conocí a gente que no estaba de acuerdo con su identidad. A fin de cuentas, ese es uno de los principales puntos de esta historia: está bien diferir. Está bien no estar de acuerdo. El caso es que no hay una sola manera de ser latino en Estados Unidos. No hay una sola manera de sentirse latino en este país. No hay una sola manera de parecer latino, ni de sonar como latino. Y, de momento, la única etiqueta que puede honrar esa verdad colectiva y abarcar ese espectro de ambigüedades es la bandera latinx.

Realmente sientes la importancia de esa bandera en California, donde tanta gente está tratando de encontrar su sitio.

—¿Y cómo se ve la negritud en la conversación migratoria en la Costa Oeste? —le pregunto a Danyeli.

—Se convierte en una nota al pie de página—me dice.

Le pregunto qué siente al entrar en esos espacios de la Costa Oeste.

—¿Dónde te sientes más cómoda? ¿Con quién te sientes más en casa?

Antes de que conteste, me la imagino caminando por Washington Heights, en Nueva York. Me la puedo imaginar perfecto en la esquina de la 181 y St. Nicholas, comiéndose la habichuela con dulce que compraba todos los domingos con su mami cuando era chica. Me la imagino con esa confianza inquebrantable que irradia, que alcanza todos los rincones de Nueva York.

—Definitivamente me siento más cómoda en espacios negros que con latinxs —contesta sin dudarlo—. Los negros me apoyan más. Me reciben mejor. Y les interesa en serio (no como amenaza ni por malicia, sino por pura curiosidad), de dónde proviene mi negritud... Hay más curiosidad por entender de dónde provengo, más que resistencia.

Cuando terminamos de almorzar, paseo por el nuevo barrio de Danyeli, para darme una idea de cómo se ve su nueva vida aquí en Los Ángeles. Está en Crenshaw, que está en el sur de la ciudad y es uno de sus históricos barrios negros. Mientras camino, veo la Primera Iglesia Presbiteriana Africana en Estados Unidos y, afuera de Hank's Mini Market, un enorme cartel en honor a Nipsey Hussle, que dice: "Un visionario de Slauson y el Distrito de Crenshaw". De la nada, una vieja mujer negra se orilla en su coche y me pregunta:

—¿Cariño, me puedes comprar dos cigarros en la tienda y traérmelos?

—Sí, señora —contesto en automático.

Cuando se los llevo, baja la ventana:

—¡Gracias, cariño! —grita y se va.

Te sientes cómoda aquí. Apoyada. Bienvenida. Ahora me

imagino a Danyeli caminando por Crenshaw Boulevard, en el corazón de una comunidad que palpita distinto que Washington Heights, pero cuyo amor la arropa de la misma forma. Este es su nuevo hogar. Y ahora me la puedo imaginar perfecto aquí: irradiando su confianza inquebrantable.

Antes de regresar al aeropuerto, me queda una parada. Voy a Boyle Heights, donde Danyeli va a hacer *spoken word*. Ahora presa de la gentrificación, Boyle Heights es hogar de la cultura mexicana. Cada vez que visito Los Ángeles, aquí es donde vengo a tomarme mi Coca-Cola mexicana en botella de vidrio y donde devoro mis tacos al pastor.

Pero, desde donde estoy en esta tienda del barrio, los trasfondos y las culturas y los acentos y los colores y los estatus en realidad no importan. Es porque la poesía de Danyeli está trascendiendo cualquier línea que pudimos haber dibujado entre nosotros. Con palabras que cuentan historias de amor, letras que cuentan historias de desamor, ritmos que alaban a mami, sonidos que nos hacen llorar y rimas que nos hacen recordar... todxs en ese lugar somos latinxs, no por nuestro color de piel, sino por la conexión que sentimos con todo lo que dice, por la manera en la que nos identificamos con ella por nuestras experiencias pasadas. Con caras fascinadas, miramos a Danyeli igual que los estudiantes en aquel salón de la UCLA. Solo que esta vez no está tratando de educarnos, sino de hacer algo incluso más grande: de lograr que la veamos.

—¿Qué poder tiene este arte? —le pregunto. Ya lo sé, pero quiero que me lo diga con sus palabras.

—Frente al escenario es diferente, porque la gente está tomando mis historias. Hay gente que conecta con lo que significa ser una niña inmigrante, seas negra o no. Con

Danyeli leyendo su poesía.

lo que significa aprender inglés. Con lo que significa estar rezagada. Logran ver gracias a esa narrativa.

Cuando me despido de ella, le digo que espero verla pronto en nuestra querida Nueva York.

—Ahora no puedo esperar a verte presentarte allá. Esto fue increíble.

Pero, al decirlo, me doy cuenta de que ella está exactamente donde tiene que estar. Porque, a fin de cuentas, tal vez esta ciudad sea más suya de lo que sospechemos.

En el camino de regreso, por el este de Los Ángeles, pienso en su fundación. La mayoría de la gente no lo sabe, pero, según el Dr. William D. Estrada, los primeros fundadores de la ciudad incluían mexicanos de ascendencia africana. Hubo 44 colonos mexicanos que migraron desde lo que ahora es el norte de México y establecieron *El Pueblo de Nuestra Señora la Reina de Los Ángeles de Porciúncula* en 1781. Se dice que más de la mitad eran mexicanos de ascendencia africana, mientras que varios más eran mestizos o tenían otras razas.

No es de sorprender que esa parte de la historia de Los Ángeles apenas sea conocida, pues ha habido varios intentos de enterrarla. Según un artículo de *Los Angeles Times* escrito por Cecilia Rasmussen y publicado en 1995, "la ciudad parecía considerar su historia multirracial como una suerte de vergüenza". Como reportaron en los años cincuenta, se instaló una placa en lo que ahora se conoce como el Los Ángeles Plaza Distrito Histórico. La placa honraba a los fundadores y señalaba en específico sus orígenes raciales. Sin embargo, como declara Rasmussen, pronto desapareció de la vista del público. "El rumor es que a varios comisionados de Recreación y Parques no les gustó esa exhibición pública del papel que tuvieron los negros en la fundación de la ciudad", escribió.

Más de dos décadas después de que desapareciera la placa, la reemplazaron. Esta vez, sin ninguna mención de los fundadores afromexicanos. Luego, a principios de los años ochenta, la reinstalaron "con una sencilla tableta de bronce que dice los nombres, raza, sexo y edades de los pobladores. Se instaló gracias a los visionarios esfuerzos de Miriam Matthews, la primera bibliotecaria negra con título universitario de California".

En otras palabras, los afrolatinos construyeron esta ciudad. Desde su concepción, la convirtieron en un enclave interracial. Y la realidad es que de no ser por una sencilla placa de bronce —que luchó contra las corrientes sociales y grabó una nueva identidad en los libros de historia—, nunca habríamos sabido que esta ciudad les pertenece. La tableta

Zuri, una de las muchas afromexicanas que viven en Los Ángeles.

incluía apellidos que nadie había escuchado. Etnias con las que la gente no se sentía cómoda. Más que nada, incluía un honor que no estaba dispuesta a reconocer. Pero, de todos modos, exaltó a una comunidad que había sido olvidada. Por eso importa el lenguaje. Porque, a menos de que le permitas evolucionar intencionalmente, te arriesgas a borrar la existencia de alguien más. Y, en más de un sentido, el movimiento latinx está intentando recrear ese mismo efecto: construir una placa con una "x" que incluya y afirme la pertenencia de todxs.

Me di cuenta de que todxs a quienes había conocido en mi viaje —desconocidxs y seres queridos— estaban paradxs en parte dentro de sus propias sombras. Todxs nosotrxs, cada quien a su manera, paralizadxs por el miedo, las expectativas sociales y el dolor. Aunque hubiéramos recorrido distintos caminos, tuviéramos recuerdos diferentes y contáramos historias dispares. Me di cuenta de que todxs sentíamos las mis-

Vero, otra orgullosa afromexicana, es hija de un hombre negro y una mujer mexicana.

mas frustraciones: esa sensación de siempre estar al borde de la gloria, sin llegar nunca. Tan cerca del cambio, tan cerca de sentirnos en casa, tan cerca de lograr justicia, tan cerca de ver nuestro reflejo entero, tan cerca de volvernos visibles, tan cerca de querernos, tan cerca de dejar ir el pasado, tan cerca de sentirnos estadounidenses, tan cerca de superar el dolor. Tan cerca, pero sin llegar aún.

Tal vez, para nuestros padres, nuestros abuelos y bisabuelos, ahí terminó su historia. La historia migratoria es que muchos de nuestros ancestros se vieron forzados a aceptar la mediocridad con tal de que los aceptaran en este país. En todas sus luchas y logros aquí, el sufrimiento y los sacrificios fueron partes inevitables de su camino. A veces, querer más y pedir que se les valorara en este país eran principios que se sentían más como privilegios que como derechos.

Ahora, esa historia está cambiando.

Yo creo que las etiquetas de "hispano" y "latino" no abarcan todo el espectro de quiénes somos, a qué aspiramos y qué merecemos. En más de un sentido, son términos que otros han escrito y definido, no nosotrxs. Lo han hecho políticos, historiadores y gurús del *marketing* que, durante décadas, nos han alterizado como un monolito y nos han impuesto expectativas. Nuestra historia, a lo largo de la de Estados Unidos, se basó en cifras y datos firmes. Tiene sentido. Es más fácil ganarte "el voto latino" si crees que todos los latinos son iguales. Es más fácil contar nuestras historias si ignoras los matices de nuestros trasfondos. Y es más fácil vendernos productos si crees que tenemos gustos simples, no complejos. Pero, en todos esos análisis, lo que siempre ha faltado es la voz entera y desatada de nuestra comunidad, la que no cree en lo que es suficiente, sino en lo que es nuestro. Eso merece dar vuelta a la página en los libros de historia y crearnos una nueva etiqueta: latinxs.

En todas partes estamos entrando en nuevos ámbitos de poder sin límites. Cada treinta segundos, un joven latino cumple 18 años y puede votar. Los latinos nos hemos convertido en el segundo bloque de votantes más grande del país, por encima del afroamericano. Los *millennials* latinos estamos rompiendo estereotipos, como el grupo más proclive a identificarse como LGBTQ. Las latinas, antes constreñidas por normas sociales, se están organizando y dirigiendo movimientos contra la violencia sexual. En la radio y en las discotecas, la música latina ya es oficialmente más popular que el country y la electrónica en Estados Unidos. En la televisión, por primera vez en la historia, tenemos a una afrolatina presentando un noticiero nacional. De costa a costa, los latinos están abriendo más pequeños negocios que

Yo, durante mi viaje, con mi cámara desechable, buscando a la comunidad latinx.

cualquier otra población en Estados Unidos, con lo que son el grupo demográfico de pequeños empresarios de mayor crecimiento. Y hay más latinos en el Congreso que nunca. Un movimiento nuevo y poderoso está sucediendo fuera de nuestras ventanas. Durante años, no hemos podido articular por completo de qué trata este movimiento, qué representa ni qué lo une, pero no hay duda de que es la oleada de lo que significa formar parte de la comunidad latinx: millones de personas saliendo de su sombra y consiguiendo poder.

Pero esto es apenas el principio de esa oleada.

Eso es justo lo que vi en estos meses de viaje. Vi a una comunidad en proceso de correr hacia el sol, exponiendo con valentía el verdadero color de su piel, sus vulnerabilidades más recónditas y las profundidades de su alegría. Dentro de campamentos de casas rodantes, *ballrooms*, aulas e iglesias; afuera, junto a los valles, montañas, fronteras y océanos, todxs estaban descubriendo una parte —grande o pequeña— de sí mismxs que habían enterrado. Todxs, yo incluida, por fin salíamos del clóset.

Esa es la historia de la comunidad latinx: Estados Unidos nunca nos ha visto en plena luz del día. Nosotrxs, todos los 60 millones, apenas si nos hemos visto unxs a otrxs bajo la misma luz. Y cuando lo hagamos, varios rincones del país se sentirán cambiados; nuestras voces adquirirán fuerza y nuestro poder alcanzará alturas inimaginables.

No hay precedente de lo que podría ser eso.

Por eso, para llegar ahí, es importante llamarnos por nuestro nombre completo: LATINX.

Agradecimientos

Cerraré el libro de la misma manera en la que lo abrí: en realidad, yo nunca salí del clóset, hasta hace poco.

Como espero que hayan mostrado estas páginas, el hilo conductor de *Latinx* es que existe una comunidad llena de personas que, tras décadas de opresión, están saliendo del clóset, cada una a su manera: los *dreamers* salen de las sombras, las madres denuncian el abuso sexual, los afrolatinos no reniegan de su negritud, las latinas trans reclaman sus derechos, los miembros de la generación Z rompen estigmas... La lista sigue y sigue. Aunque estas páginas tan solo representen a una fracción de la comunidad, están llenas de voces que no solamente me desafiaron, educaron e inspiraron, sino que también me impulsaron a seguir saliendo del clóset: a ser lo más auténtica posible. La historia latinx no es estática, sigue evolucionando. Así que agradezco profundamente a todas las personas que me permitieron entrar a sus espacios a lo largo de este viaje y me ayudaron a escribir el inicio de nuestro nuevo capítulo como una sola comunidad.

Recuerdo varios momentos de mi vida que culminaron

con la creación de este libro. La premisa de *Latinx* está basada en un concepto simple: ver más allá de lo evidente. Varias personas me enseñaron a hacer eso a lo largo de mi educación y de mi carrera. Las primeras estuvieron en las aulas de la Universidad de Barnard. En los pasillos de la Casa Blanca de Obama, fueron la Dra. Jill Biden, Cathy Russell, Anthony Bernal, Ashley Williams, Kirsten White, Melanie Kaye, Shira Miller y Allison Zelman. En mis clases en la Escuela Kennedy, fueron los profesores Tim McCarthy y Steve Jarding. En el cuartel general de la campaña de Hillary Clinton, fueron Jorge Silva y Xochitl Hinojosa. En los estudios de Telemundo, fueron Leticia Herrera, Luis Fernández, Rubí Hurtado y Paula González. En el lounge de VICE, fue Adri Murguia, quien confió en mí y me nombró presentadora de la serie LATIN-X. Dentro de las camionetas de Inside Out/Dreamers y de Vote, fueron Meredith Webster, Robin Reck y Jaime Scatena. Y afuera, en el mundo real, fue Theresa Vargas Wyatt. Esas son tan solo algunas de las personas que me han ayudado a mantener los ojos abiertos en distintos momentos de mi vida.

Una de las partes más gratificantes de escribir este libro fue aprender sobre el trabajo increíble que están haciendo distintos grupos allá afuera. Tuve el honor de interactuar con algunos de los colectivos —organizadores, voluntarios, diseñadores, artistas— que están produciendo un cambio en este país. Incluyen a Center on Race, Poverty and the Environment; ACT for Women and Girls; Justice for Migrant Women; Mariposas sin Fronteras; Familia: Trans Queer Liberation Movement; Diversidad sin Fronteras; Casa Alitas Blake Gentry y sus servicios para comunidades indígenas Alianza Indígena sin Fronteras; Centro de Caridades Cató licas en McAllen, Texas; Freedom Network; Instituto Nacional de Latinas por la Justicia Reproductiva; Whole Women's Health Clinic; National Women's Law Center; Stories Untold US; el Proyecto Comunitario de la Herencia Maya en la Universidad Estatal de Kennesaw; las comunidades mayas de Canton y Greenville; Asociación de Estudiantes Puertorriqueños de la Universidad Internacional de Florida; la Asociación de Madres y Mujeres Venezolanas en el Exterior; el Cruzado Climático; Instituto CLEO; Struggle for Miami's Affordable and Sustainable Housing; New Florida Majority; Latinegras; Mijente; Huella Negra; UndocuBlack Network; Just leadership USA; New York Latino Muslims Coalition; Dolores Huerta Foundation; Make the Road New York; el Grupo Folclórico de Poughkeepsie; Latinx Project; Miss Rizos; Latina Theory; Latina Trans New York; Yessenya; Programa de Cuerdas de Artes Latinas; IowaWINS; el Distrito Escolar de West Liberty; el concurso de belleza Miss Gay America; United We Dream; Undocubac, y muchos, muchos más.

Me gustaría agradecer al Emerson Collective por apoyar mi trabajo y, en particular, este libro. Stacey Rubin y Laurene Powell Jobs creyeron en mí en cuanto me conocieron hace años, en la frontera entre México y Estados Unidos. Desde entonces, no solo han confiado en mis proyectos, sino en mi visión del cambio. Siempre les estaré agradecida por eso. Paola Piers-Torres, Alicia Benis, Estefanía Mitre, Olivia Raisner, Dayana Morales, Joey Morales, Samantha Bloom y mis primas, Sandra Ramos y Claudia Montaner, también fueron fundamentales por su ayuda en la investigación para este libro. Me ayudaron a pensar en distintos ángulos y tramas, me dieron su valiosa opinión a lo largo de todo el proceso.

Sobre todo, este libro no habría sido posible de no ser por el equipo editorial de Penguin Random House. Admito que es difícil vender al público el concepto de "latinx", por ser controversial y difícil de articular. Desde el inicio, Cristóbal Pera entendió la importancia histórica de contar esta historia, apoyó mi visión y me dio las herramientas para volver realidad mi idea. Maria Golverg no solo editó estas páginas, sino que me presionó y desafió constantemente para convertirme en mejor escritora y, por lo tanto, entregar la mejor versión posible de este libro. También quiero agradecer a mi editora, Felice Laverne, por moldear y dar forma a este libro más allá de mis expectativas y esperanzas. A pesar de todas las ediciones que se hicieron, Felice nunca me permitió perder mi voz. Y agradezco a Josanne Lopez, mi manager, por hacerme creer que puedo lograr cualquier cosa que me proponga.

Finalmente, quiero agradecer a mi familia. Mi padre, Jorge, me enseñó a usar mi voz. Mi madre, Gina, me enseñó a criarla. Mi pareja, De'Ara, le enseñó a esa voz a mantenerse fiel a sí misma. Mis hermanos, Gabriela y Nicolás, me enseñaron a alzar la voz por los demás. Mi abuelo, Carlos, y mi abuela, Linda, me enseñaron el significado de la resiliencia. Chiqui, Mari y Carlota le han dado un nuevo sentido a la alegría. Y mi familia en México —mi querida abuela, Yuyu, mis primas, tíos y tías— me ha enseñado a recordar, sin importar la distancia, el hermoso lugar del que provengo.

Todxs ustedes han formado mi voz.

Lectura adicional

Flores-González, Nilda. *Citizens but Not Americans: Race and Belonging among Latino Millennials*. Nueva York: New York University Press, 2017.

González, Sergio. *Mexicans in Wisconsin*. Madison: Wisconsin Historical Society Press, 2017.

Guidotti-Hernández, Nicole M. "Affective Communities and Millennial Desires: Latinx, or Why My Computer Won't Recognize Latina/o." *Cultural Dynamics* 29, no. 3 (2017): 141-59.

Morales, Ed. *Latinx: The New Force in American Politics and Culture*. Brooklyn, NY: Verso, 2018.

Ortiz, Paul. *An African American and Latinx History of the United States*. Boston: Beacon Press, 2018.

Zepeda-Millan, Chris. *Latino Mass Mobilization: Immigration, Racialization, and Activism*. Nueva York: Cambridge University Press, 2017.

Notas

Introducción: Salir del clóset como "latinx"

13. **60 millones de latinos que viven en Estados Unidos:** "Who Is Hispanic?", Centro de Investigaciones Pew, última modificación el 11 de noviembre de 2019, pewresearch.org/fact -tank/2019/11/11/who-is-hispanic/.

22. **"Los consumidores latinxs representan una de las apuestas más seguras":** "La Oportunidad Latinx: Cultural Currency and the Consumer Journey", Nielsen, 2019, https://www.niel sen.com/wp-content/uploads/sites/3/2019/09/nielsen-2019 -latinx-DIS-report.pdf.

23. **Los latinos jóvenes eran más proclives a ser independientes:** "Hispanics of All Ages Tilt Democratic", Gallup, 15 de julio de 2013, https://news.gallup.com/poll/163451/hispanics-ages -tilt-democratic.aspx.

1. El corazón del país

33. **Hay aproximadamente 2,5 millones de trabajadores agrícolas en el país:** "Selected Statistics on Farmworkers", Farmworker Justice, 2014, https://www.farmworkerjustice.org/sites /default/files/NAWS%20data%20factsht%201-13-15FINAL .pdf.

2. Iluminar el camino

52. **ser una latina transgénero en Estados Unidos:** "Report on the Experiences of Latino/a Respondents", 2015 U.S. Transgender Survey, última modificación en noviembre de 2017, https://www.transequality.org/sites/default/files/docs/usts /USTSLatinReport-Nov17.pdf.

4. El otro muro

76. **el ICE arrestó a 280 empleados en una empresa de tecnología:** "ICE Raids Texas Technology Company, Arrests 280 Over Immigration Violations", National Public Radio, 3 de abril de 2019, https://www.npr.org/2019/04/03/709680162/ice-raids -texas-technology-company-arrests-280-on-immigration-viola tions.

77. *The Houston Chronicle* **reportó:** "New 'Zero Tolerance' Policy Overwhelms South Texas Courts", *Houston Chronicle*, 8 de junio de 2018, https://www.houstonchronicle.com/news/hou ston-texas/texas/article/New-zero-tolerance-policy-over whelms-South-12981190.php.

78. **En algún punto de junio, se reportó que el refugio estaba recibiendo:** "Sister Norma, the Border Battle's Fiercest Fight, 'As Astute as a Serpent, and Gentle as a Dove", *Dallas News*, 20 de junio de 2018, https://www.dallasnews.com/news/immi gration/2018/06/21/sister-norma-the-border-battle-s-fiercest -fighter-is-astute-as-a-serpent-and-gentle-as-a-dove/.

81. **Según la Unión Americana de Libertades Civiles:** "Access Denied: Origins of the Hyde Amendment and Other Restrictions on Public Funding for Abortions", Unión Americana de Libertades Civiles, https://www.aclu.org/other/access-denied -origins-hyde-amendment-and-other-restrictions-public-fund ing-abortion, consultado el 13 de marzo de 2020.

82. **se están discutiendo más de 30 propuestas de ley antiaborto:** "Texas Has Its Own Bad Abortion Legislation. And It's About

to Become Law", Unión Americana de Libertades Civiles de Texas, última modificación el 21 de mayo de 2019, https://www.aclutx.org/en/news/texas-has-its-own-bad-abortion-legislation-and-its-about-become-law.

82. **Una quiere asignarle un abogado al feto nonato:** "Texas 'Unborn Child Due Process Act' (HB 1901)", Rewire.News, última modificación el 24 de octubre de 2017, https://www.aclutx.org/en/news/texas-has-its-own-bad-abortion-legislation-and-its-about-become-law.

82. **otra busca prohibir el aborto en cuanto se detecte el pulso cardiaco del feto:** "Bill HB 1500, Legislative Session 86 (R), Council Document 86R 9861 SCL-F", Texas Legislature Online, https://capitol.texas.gov/BillLookup/History.aspx?LegSess=86R&Bill=HB1500, consultado el 13 de marzo de 2020.

82. **prohibiendo a los gobiernos locales asociarse con proveedores de abortos:** "SB 22: Interfering with Reproductive Freedom", Unión Americana de Libertades Civiles de Texas, https://www.aclutx.org/en/legislation/sb-22-interfering-reproductive-freedom, consultado el 13 de marzo de 2020.

89. **En 2017, los latinos adolescentes y adultos conformaban casi el 30 por ciento de los nuevos diagnósticos de VIH:** "HIV Incidence: Estimated Annual Infections in the U.S., 2010-2016", Centros para el Control y Prevención de Enfermedades, última modificación en febrero de 2019, https://www.cdc.gov/nchhstp/newsroom/docs/factsheets/HIV-Incidence-Fact-Sheet_508.pdf.

5. Inquebrantables

94. **"Los latinos padecen un tipo de discriminación":** "Racial/Ethnic Discrimination Associated with Lower Well-Being Among Adolescents", Asociación Americana de Psicología, 18 de septiembre de 2018, https://www.apa.org/news/press/releases/2018/09/racial-ethnic-discrimination.

104. **más de 2,500 educadores pudieron señalar:** "The Trump Effect:

The Impact of the 2016 Presidential Election on Our Nation's Schools", Southern Poverty Law Center, 28 de noviembre de 2016, https://www.splcenter.org/20161128/trump-effect-impact-2016-presidential-election-our-nations-schools.

6. K'exel

116. **el Sur vivió un mayor crecimiento de población latina:** "U.S. Hispanic Population Reached New High in 2018, but Growth Has Slowed," Pew Research Center, July 8, 2019, https://www.pewresearch.org/fact-tank/2019/07/08/u-s-hispanic-population-reached-new-high-in-2018-but-growth-has-slowed/.

116. **por lo menos el 25 por ciento de los adultos latinos en Estados Unidos se consideren:** "Chapter 7: The Many Dimensions of Hispanic Racial Identity", Centro de Investigaciones Pew, 11 de junio de 2015, https://www.pewsocialtrends.org/2015/06/11/chapter-7-the-many-dimensions-of-hispanic-racial-identity/.

7. El epicentro

144. **casi el 50 por ciento de los estadounidenses ni siquiera saben que los puertorriqueños:** "National Tracking Poll 170916", Morning Consult, 22-24 de septiembre de 2017, https://morningconsult.com/wp-content/uploads/2017/10/170916_crosstabs_pr_v1_KD.pdf.

144. **alrededor de mil estudiantes universitarios puertorriqueños se transfirieron:** "Puerto Rico Sees Hundred of College Students Leave in Hurricane's Aftermath", The Wall Street Journal, última actualización el 8 de noviembre de 2017, https://www.wsj.com/articles/puerto-rico-sees-scores-of-college-students-leave-in-hurricanes-aftermath-1510146001.

158. **aproximadamente 114 mil cubanos con ancestros chinos:** "Barrio Chino: Meet the Chinese-Cubans Fighting to Keep Their Culture Alive," *Document Journal*, July 15, 2019, https://

www.documentjournal.com/2019/07/barrio-chino-chinese
-cubans-keep-culture-alive-in-havana/.

169. **Casi el 80 por ciento de los latinos dicen que les preocupa:**
"Climate Change in the Latino Mind," Yale Program on Climate Change Communication, last modified September 27,
2017, https://climatecommunication.yale.edu/publications/cli
mate-change-latino-mind-may-2017/2/.

8. Borrados

177. **Entre 1502 y 1866:** "What it Means to Be 'Black in Latin America'", National Public Radio, 27 de julio de 2011, https://www
.npr.org/2011/07/27/138601410/what-it-means-to-be-black-in
-latin-america.

177. **Para aumentar su población blanca, los gobiernos fomentaron:** Ibid.

177. **los gobiernos de toda la región empezaron a añadir datos
raciales:** "Afro-Latin America by the Numbers: The Politics
of the Census", *Revista Harvard Review of Latin America*,
invierno de 2018, https://revista.drclas.harvard.edu/book/afro
-latin-america-numbers-politics-census.

178. **cuando el gobierno incluyó a los afromexicanos en el censo
nacional:** "Now Counted by Their Country, Afro-Mexicans
Grab Unprecedented Spotlight", National Public Radio, 6 de
febrero de 2016, https://www.npr.org/2016/02/06/465710473/
now-counted-by-their-country-afro-mexicans-grab-unprece
dented-spotlight.

9. Las oscuras sombras de la libertad

189. **el 70 por ciento de los cubanos negros y mulatos ni siquiera
tienen acceso:** "Cuba's New Social Structure: Assessing the
Re-Stratification of Cuban Society 60 Years after Revolution",
Instituto Alemán de Estudios Globales y Regionales, última
modificación en febrero de 2019, https://www.giga-hamburg

.de/en/system/files/publications/wp315_hansing-hoffmann
.pdf.

190. **"Tarrio, quien se identifica como afrocubano, es el presidente":** "Why Young Men of Color Are Joining White Supremacist Groups", *The Daily Beast*, 6 de septiembre de 2018, https:// www.thedailybeast.com/why-young-men-of-color-are-joining -white-supremacist-groups.

194. **hasta un 15 por ciento de las familias cubanas viven en la pobreza:** "Facts on Hispanics of Cuban Origin in the United States, 2017", Centro de Investigaciones Pew, 16 de septiembre de 2019, https://www.pewresearch.org/hispanic/fact-sheet/u -s-hispanics-facts-on-cuban-origin-latinos/.

197. **en 2017, el FBI reportó que los crímenes de odio habían aumentado en un 17 por ciento:** "2017 Hate Crime Statistics Released: Report Shows More Departments Reporting Hate Crime Statistics", Buró Federal de Investigaciones 13 de noviembre de 2018, https://www.fbi.gov/news/stories/2017 -hate-crime-statistics-released-111318.

197. **En 2018, el FBI descubrió que la violencia y las amenazas de crímenes de odio habían alcanzado su nivel más alto:** "2018 Hate Crime Statistics", Buró Federal de Investigaciones, última modificación en 2018, https://ucr.fbi.gov/hate-crime/2018 /hate-crime.

10. El acto de ser ordinario

208. **en 2016 había aproximadamente 4,2 millones de inmigrantes negros en el país:** "Key Facts About Black Immigrants in the U.S.," Pew Research Center, January 24, 2018, https://www .pewresearch.org/fact-tank/2018/01/24/key-facts-about-black -immigrants-in-the-u-s/.

208. **en este país se encarcela a los negros cinco veces más:** "Criminal Justice Fact Sheet", Asociación Nacional para el Progreso de las Personas de Color, https://www.naacp.org/criminal -justice-fact-sheet/.

208. **los inmigrantes negros tienen una probabilidad mucho más alta:** "The State of Black Immigrants", Clínica de Derechos de los Inmigrantes de la Universidad de Nueva York y Black Alliance for Just Immigration, http://www.stateofblackimmi grants.com/assets/sobi-fullreport-jan22.pdf.

212. **En Panamá, hemos estado denunciando que la cara de la pobreza:** "Discriminación y pobreza rezagan a afropaname-ños", La Prensa, 15 de marzo de 2020, https://www.prensa .com/impresa/panorama/Discriminacion-pobreza-rezagan -afropanamenos_0_5322967699.html.

214. **el 21 por ciento de los negros viven en la pobreza:** "The Popu-lation of Poverty USA", Poverty USA, https://www.povertyusa .org/facts.

214. **las mujeres negras tienen el doble de probabilidad de morir en el parto:** "The U.S. Finally Has Better Maternal Mortality Data. Black Mothers Still Fare the Worst", NBC News, 29 de enero de 2020, https://www.nbcnews.com/health/womens -health/u-s-finally-has-better-maternal-mortality-data-black -mothers-n1125896.

214. **los estudiantes negros tienen una probabilidad tres veces más alta:** "Scarred by School Shootings", The Washington Post, 25 de marzo de 2018, https://www.washingtonpost.com/gra phics/2018/local/us-school-shootings-history/.

11. Invisibles

221. **la policía neoyorquina había detenido a 581,168 personas [...] resultaron inocentes:** "Annual Stop-and-Frisk Numbers", New York Civil Liberties Union, https://www.nyclu.org/en/stop -and-frisk-data.

221. **se añadieron más de 17 mil entradas al "libro de pandillas":** "Does NYPD Gang Database Fuel Mass Incarceration?", The Crime Report, última modificación el 17 de diciembre de 2019, https://thecrimereport.org/2019/12/17/nypd-gang-database -fuels-mass-incarceration-report/.

222. **tienen sus nombres inscritos en ese libro:** "NYPD Added Nearly 2,500 New People to its Gang Database in the Last Year", The Intercept, última modificación el 28 de junio de 2019, https:// theintercept.com/2019/06/28/nypd-gang-database-additions/.

224. **en 2017, los latinos conformaban más del 20 por ciento de los convictos:** "The Gap Between the Number of Blacks and Whites in Prison Is Shrinking", Centro de Investigaciones Pew, última modificación el 30 de abril de 2019, https://www.pewresearch .org/fact-tank/2019/04/30/shrinking-gap-between-number-of -blacks-and-whites-in-prison/.

234. **las mujeres [...] tuvieron índices de votación más altos que los hombres:** "In Year of Record Midterm Turnout, Women Continued to Vote at Higher Rates Than Men", Centro de Investigaciones Pew, 3 de mayo de 2019, https://www.pewresearch .org/fact-tank/2019/05/03/in-year-of-record-midterm-turnout -women-continued-to-vote-at-higher-rates-than-men/.

234. **Las latinas dirigieron muchas de esas tendencias:** "Key takeaways about Latino voters in the 2018 midterm elections", Centro de Investigaciones Pew, 9 de noviembre de 2018, https://www.pewresearch.org/fact-tank/2018/11/09/how -latinos-voted-in-2018-midterms/.

234. **en campos de batalla importantes, como Nevada:** "Exit Polls", CNN Politics, https://www.cnn.com/election/2018/exit-polls /nevada.

239. **En 2018, los arrestos por vagancia relacionada con prostitución aumentaron:** "Surge in Prostitution Related Loitering Charges Affects Undocumented Immigrants", Documented, 19 de diciembre de 2018, https://documentedny.com/2018/12/19 /surge-in-loitering-charges-may-affect-undocumented-immi grants/.

242. **Oaxaca es [...] uno de los más pobres del país:** "Chiapas, Guerrero and Oaxaca, the States with the Most Poverty in Mexico", *The Mazatlán Post*, última modificación el 8 de agosto de 2019,

https://themazatlanpost.com/2019/08/08/chiapas-guerrero
-and-oaxaca-the-states-with-the-most-poverty-in-mexico/.

242. **según el informe de Oxfam:** Rodrigo Aguilera, "On the Margins: Why Mexico's Southern States Have Fallen Behind", *HuffPost*, 10 de agosto de 2015, https://www.huffpost.com/entry/on-the-margins-why-mexico_b_7967874.

12. En casa

269. **todos los días, un promedio de 130 estadounidenses muere por sobredosis de opiáceos:** "Understanding the Epidemic", Centros para el Control de Enfermedades, 2017, https://www.cdc.gov/drugoverdose/epidemic/index.html.

283. **Milwaukee, la ciudad más segregada de Estados Unidos:** "Black-White Segregation Edges Downward Since 2000, Census Says", Brookings, 17 de diciembre de 2018, https://www.brookings.edu/blog/the-avenue/2018/12/17/black-white-segregation-edges-downward-since-2000-census-shows/.

283. **tu probabilidad de quedar desempleado, encarcelado y ser víctima de racismo:** "State of Black and Brown Wisconsin Address Brings Attention to Racial Disparities", WUWM Milwaukee's National Public Radio, 13 de febrero de 2018, https://www.wuwm.com/post/state-black-and-brown-wisconsin-address-brings-attention-racial-disparities#stream/0.

En busca de latinx

324. **"parecía considerar su historia multirracial como una suerte de vergüenza":** "Honoring L.A.'s Black Founders", *Los Angeles Times*, 13 de febrero de 1995, https://www.latimes.com/archives/la-xpm-1995-02-13-me-31591-story.html.

EL PRECIO DEL RACISMO
La hostilidad racial y la fractura del "sueño americano"
de Eduardo Porter

En *El precio del racismo*, Eduardo Porter muestra cómo la animadversión racial ha paralizado gran parte de las instituciones clave de una sociedad sana y cómo las profundas consecuencias se hacen cada día más graves. A través de un repaso de la historia reciente, Porter argumenta cómo la hostilidad racial ha bloqueado en cada paso la cohesión social, dando lugar a un país que no solo falla a sus ciudadanos de color, sino a todos, incluidos los blancos. Análisis riguroso del pasado y llamada de atención para el futuro, *El precio del racismo* señala también el camino para un porvenir esperanzador en el que sea posible construir un nuevo entendimiento de la identidad racial y una sociedad más unida.

Ciencias Políticas

CÓMO SER ANTIRRACISTA
de Ibram X. Kendi

En *Cómo ser antirracista*, Ibram X. Kendi lleva a los lectores a través de un círculo cada vez más amplio de ideas antirracistas que ayudarán a identificar claramente todas las formas de racismo, comprender sus peligrosas consecuencias y trabajar para oponerse a ellas tanto en nuestros sistemas sociales como en nuestro interior. Kendi entreteje una impresionante combinación de ética, historia, derecho y ciencia, incluyendo las experiencias de su propio despertar al antirracismo. Una obra imprescindible para todo aquel que desee ir más allá del simple reconocimiento de la existencia del racismo y contribuir a la formación de una sociedad verdaderamente justa y equitativa.

Ciencias Políticas/Derechos Civiles

PROHIBIDO NACER

Memorias de racismo, rabia y risa

de Trevor Noah

La impresionante trayectoria de Trevor Noah, desde su infancia en Sudáfrica durante el *apartheid* hasta el escritorio de *The Daily Show*, comenzó con un acto criminal: su nacimiento. Trevor nació de un padre suizo blanco y una madre Xhosa negra, en una época de la historia sudafricana en que tal unión era castigada con cinco años de prisión. Como prueba viviente de la indiscreción de sus padres, Trevor permaneció los primeros años de su vida bajo el estricto resguardo de su madre, quien se veía obligada a tomar medidas extremas —y, a veces, absurdas— para ocultar a Trevor de un gobierno que podría, en cualquier momento, llevárselo. *Prohibido nacer* es la historia de un niño travieso que se convierte en un joven inquieto mientras lucha por encontrarse a sí mismo en un mundo en el que no se suponía que existiera. También es la historia de la relación de ese joven con su intrépida, rebelde y ferviente madre religiosa: su compañera de equipo, una mujer decidida a salvar a su hijo del ciclo de pobreza, violencia y abuso que en última instancia amenazaría su propia vida.

Biografía

VINTAGE ESPAÑOL
Disponibles en su librería favorita
www.vintageespanol.com